民办教育蓝皮书

BLUE BOOK OF
PRIVATE EDUCATION

中国民办教育产业发展报告
（2019）

ANNUAL REPORT ON THE DEVELOPMENT OF PRIVATE
EDUCATION INDUSTRY IN CHINA (2019)

主　编／杨　娟

社会科学文献出版社
SOCIAL SCIENCES ACADEMIC PRESS（CHINA）

图书在版编目（CIP）数据

中国民办教育产业发展报告 . 2019 / 杨娟主编 . --
北京：社会科学文献出版社，2019.7
（民办教育蓝皮书）
ISBN 978 - 7 - 5201 - 4636 - 4

Ⅰ.①中… Ⅱ.①杨… Ⅲ.①社会办学 - 研究报告 -
中国 - 2019 Ⅳ.①G522.74

中国版本图书馆 CIP 数据核字（2019）第 065098 号

民办教育蓝皮书
中国民办教育产业发展报告（2019）

主　　编／杨　娟

出 版 人／谢寿光
责任编辑／陈　颖　陈晴钰

出　　版／社会科学文献出版社·皮书出版分社（010）59367127
　　　　　　地址：北京市北三环中路甲 29 号院华龙大厦　邮编：100029
　　　　　　网址：www. ssap. com. cn
发　　行／市场营销中心（010）59367081　59367083
印　　装／天津千鹤文化传播有限公司

规　　格／开　本：787mm × 1092mm　1/16
　　　　　　印　张：23　字　数：344 千字
版　　次／2019 年 7 月第 1 版　2019 年 7 月第 1 次印刷
书　　号／ISBN 978 - 7 - 5201 - 4636 - 4
定　　价／128.00 元

本书如有印装质量问题，请与读者服务中心（010 - 59367028）联系

主要编撰者简介

杨　娟　北京师范大学经济与工商管理学院教授，博士生导师。北师大学业规划研究中心主任，首都教育经济研究院研究员，《教育经济评论》编辑部副主任，民建北师大支部副主委。北京市海淀区第 16 届人大代表，海淀区财经委员会委员。曾任北京师范大学经济与工商管理学院院长助理，北京金隅商贸有限公司副经理。南开大学金融系本科，英国约克大学经济学博士，加拿大西安大略大学博士后。

主要研究领域为教育经济学、教育运营与管理。多次参加美国经济学年会、国际教育经济学年会等国际上本领域最高级别的学术会议，并做陈述。著有《最优教育选择研究》《代际流动性的经济学分析》《京津冀基础教育协同发展研究》等 6 部著作，并在 *Applied Economics*，*Economics of Transition*，*China Economic Review*、《经济研究》、《经济学》季刊等国内外核心刊物发表论文 40 余篇，并多次被《新华文摘》、人大复印报刊资料、《中国社会科学文摘》等期刊全文转载。多次主持世界银行、国家自然科学基金、教育部人文社会科学基金以及省部委的委托课题。2013 年入选北京市青年英才奖励计划。2015 年获北京市青年拔尖个人项目资助，2016 年获北京市"高创计划"青年拔尖人才。

李锋亮　清华大学长聘副教授，博士生导师。北京师范大学本科、硕士，北京大学博士，英国诺丁汉大学访问学者。主要研究领域为教育经济学，在研究生教育、工程教育和远程教育经济学研究方面有一定的贡献。社会兼职主要有《开放学习研究》副主编、常务编委，中国测绘地理信息学会第十二届理事会副主任委员，中国学位与研究生教育学会研究生教育学专业委员会秘书长。曾获北京市第五届教育科学研究优秀成果奖三等奖、全国教育科学研究优秀成果奖三等奖、北京市第十二届哲学社会科学优秀成果奖一等奖、第六届高等学校科学研究优秀成果奖二等奖、第五届全国教育科学研究优秀成果一等奖、2015 年度中国人文社科最具影响力青年学者等奖项。在 *Athens Journal of Education*、《经济学》季刊等国内外核心刊物发表论文40 余篇。

袁连生 北京师范大学经济与工商管理学院教授，博士生导师、注册会计师。首都教育经济研究院首席专家，《教育经济评论》主编。北京师范大学本科、硕士和博士，美国哥伦比亚大学访问学者。曾任北京师范大学经济学院工商管理系主任、会计系主任。主要研究领域为教育财政政策、教育成本、教育财务管理等，在教育成本计量、中国教育财政制度建设方面的研究具有重要贡献。社会兼职主要有：中国教育经济学研究会常务理事，中国教育发展战略研究会理事。曾获教育部人文社科优秀成果奖二等奖、北京市第八届哲学社会科学优秀成果二等奖。在《教育研究》《高等教育研究》《北京师范大学学报》等刊物发表论文40 余篇，著有《教育成本计量探讨》《中国教育发展报告》等著作，主持国家级、省部级和国际组织课题10 余项。

孙志军 北京师范大学经济与工商管理学院教授，博士生导师。经济与工商管理学院书记，首都教育经济研究院副院长。《教育经济评论》副主编，北京师范大学本科、硕士和博士，清华大学公共管理学院博士后。主要研究领域为：教育经济学与劳动经济学，在高等教育拨款方式改革方面的研究有一定的贡献，擅长于微观数据的计量分析。社会兼职主要有中国教育经济学会理事、秘书长，清华大学中国科技政策研究中心兼职研究员，北京市教委、财政局教育财政咨询专家。在《教育研究》《管理世界》《经济学》季刊等刊物发表论文30 余篇，著有《中国农村的教育成本、收益与家庭教育决策》等著作 3 部，主持国家社科基金项目、北京市政府部门委托项目多项。

刘泽云 北京师范大学经济与工商管理学院教授，博士生导师。北京师范大学本科、硕士和博士，美国耶鲁大学、香港中文大学访问学者。主要研究领域为教育经济学和劳动经济学，在教育收益率和基础教育财政方面的研究有一定贡献，擅长微观计量分析。社会兼职主要有中国教育经济学会理事、秘书长，世界银行/英国政府"贫困农村社区发展项目"（PRCDP）教育咨询专家。曾获北京师范大学第九届励耘奖学基金优秀文科学术成果奖一等奖。在 *Education Economics*、《统计研究》等刊物发表论文 30 余篇，著有《教育投资收益分析》等专著 3 部。主持全国教育科学规划项目 1 项。

孟大虎 北京师范大学首都教育经济研究院研究员，《北京师范大学学报》（社科版）编辑。新疆大学本科、硕士，北京师范大学博士。主要研究领域为教育与劳动力市场，在教育与劳动力市场、专用性人力资本方面有一定的研究。在《中国人口科学》、《高等教育研究》、《北京师范大学学报》（社科版）等刊物发表论文 40 余篇，著有《专用性人力资本研究：理论及中国的经验》等专著，主持国家社科基金项目多项。

序

民办教育作为公办教育的重要补充，在满足人们个性化、多样化的教育需求方面，正发挥着越来越重要的作用。近年来，随着政策支持、资本融入、AI 和信息技术的发展，民办教育领域自身也发生了翻天覆地的变化，取得了不俗的成绩。教育科技频频跨界，机器人上课、智能批改等逐渐被越来越多的学校认可；创新融合层出不穷，双师教育、翻转课堂等形式助力三、四线城市的学生也能够享受到优质教师资源；投资并购愈演愈烈，语言培训市场并购加剧，国际学校也吸引了大量外资渗透，教育市场的资本活力被不断激活……此外，诸多民办教育机构还利用自身在教学探索、科技研发及大数据方面的积累和优势，纷纷与公办学校展开教育信息化领域的深度合作，在教学产品上更是加快融合创新，推动优质教学资源的广泛应用。民办教育行业百花齐放的态势已然形成。

为促进民办教育持续、健康、稳定发展，2018 年我国先后出台了《中华人民共和国民办教育促进法实施条例（修订草案）（征求意见稿）》《中华人民共和国民办教育促进法实施条例（修订草案）（送审稿）》《中共中央国务院关于学前教育深化改革规范发展的若干意见》《关于规范校外培训机构发展的意见》《关于切实减轻中小学生课外负担开展课外培训机构专项整治活动的通知》。可以说，2018 年是民办教育政策年。这些文件在支持和规范民办教育发展的同时，也对民办教育最大的两块市场 K12 培训和幼儿园发展产生了深远影响，北京、上海等地更是对民办教育进行了史上最严的整治运动。这次整改主要涉及校外培训机构治理、清理规范竞赛活动、推动落实课后服务、提高学校教育教学质量、深化招生考试改革几个方面。随着有关文件和整治措施的出台，关于民办教育路在何方的讨论占据了各大教育

媒体的大量版面。

民办教育蓝皮书的出版可谓恰逢其时。该蓝皮书全面梳理了民办教育行业的现状、发展趋势、面临的机遇与挑战，并从最新的赛道划分阐述了素质教育、国际教育、教育科技、教育资本等分领域的发展现状，对于教育管理者、教育从业者或者资本方了解民办教育的整体发展情况提供了充足的数据和资料支持。

民办教育蓝皮书的创新之处体现在三个方面：第一，视角独特。根据民办教育行业的表现形式整合成六个板块，分析各个板块的市场和目标消费者，并重点介绍两到三家代表性企业的商业模式、营销渠道等，为教育行业赋予了很强的经济学意义。第二，数据独特。通过实地调研收集了很多公司的最新财务数据和市场占有率，借鉴企业的内部年报提取了较为有用的信息。由于民办教育行业特别是"互联网＋教育"、"人工智能＋教育"等领域发展非常快，只有最新的数据才能为读者了解行业趋势提供支持。第三，案例独特。本书不是整体介绍一个公司的发展历程，而是根据各细分领域，有侧重地介绍与领域相关的、市场反响最好的产品或者发展前景最好的技术应用。

教育是国之大计、党之大计，在实现中华民族伟大复兴进程中具有先导性、基础性作用。教育发展进入了新时代，民办教育发展也迎来了新机遇。民办教育蓝皮书的出版，是民办教育发展进程中的一个记录，这种记录是必要的，也是有助于民办教育发展的。

北京师范大学发展规划处处长
原经济与工商管理学院院长

北京师范大学
2019 年 2 月 22 日

摘　要

　　本报告是北京师范大学经济与工商管理学院"民办教育产业发展报告"课题组2019年度的分析报告，该报告立足于国家权威的统计数据、政策、法规以及严谨科学的社会调查和企业访谈，全面跟踪2018年民办教育行业的发展进程，密切关注教育产品的最新动向，深入分析民办教育行业的重大事件和热点问题对民办教育发展的影响。

　　民办教育作为公办教育的有益补充，越来越多地融合到从学前到大学的各个阶段，从课外补习到双师课堂，从习题批改和阅卷到智能教学智能学习的全场景应用，从线下的课堂教学到线上课堂圈子问答等多种模式的互联网应用。2018年教育行业最大的两块蛋糕K12补习和民办幼儿园遇到了寒冬，但智能和素质教育迎来了黄金发展之年。本书从综合、科技、融合、国际、素质、知识付费和资本几个维度分析民办教育产业发展的总体趋势、分领域行业发展前景、主要的产品应用以及面临的机遇和挑战。

　　本报告发现，2018年民办教育产业的主要变化有：智能教育更加深入地植入教育管理和基础硬件设施，产品应用不断深入和融合创新。更多企业运用科技手段提高教育教学效能，借助公办、民办教育各自的优势互惠合作，放大优质师资的价值，解决落后地区教育资源的匮乏问题。2018年的减负30条和第三批实行新高考省份的落地，使得素质教育的热度再次升级，致力于培养学生兴趣爱好、创新精神、实践能力的新兴素质教育行业得到了政策、资本等各方面的支持，获得了较大的发展。与此同时，出国留学人数和国际学校的招生人数也迎来历史新高。出国留学人员开始呈现低龄化的特征，但出国接受高等教育仍然是主流。国别方面虽然英美加等英语国家仍然是主流，但亚欧的留学人数开始增加。一线城市国际学校的增长速度放缓，

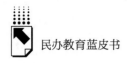
三、四线城市的国际学校开始发展。此外，互联网免费为王的时代开始终结，知识付费行业发展迅猛。学生可以通过微课、提问等形式获得精准高质量的解答，教师也多了一种收入模式。

本书通过独特的研究视角、翔实的调查数据和经典企业案例分析，对研究机构、学校和政府部门、民办教育企业或者其他对教育产业感兴趣的读者理解民办教育的发展状况和市场前景、教育产品的最新应用以及民办教育企业的商业模式具有重要的意义。

关键词： 教育产业　教育融合　教育科技　国际化　素质教育

Abstract

This report is based on the national authoritative statistical data policies and regulations, the strict scientific social survey or enterprise interviews. It comprehensively tracks the development process of the education industry in 2018, pays close attention to the latest trends of educational products, and in-depth analysis of the impact of major events and hot issues in the private educational industry.

As a useful supplement to public education, private education is more and more integrated into all stages from pre-school to university, from extracurricular tutoring to double-teacher classrooms, from exercise correction and test scoring to intelligent teaching and intelligent learning, from offline classroom teaching to online classroom question and answer and other modes of Internet applications. In 2018, the two biggest cakes in the education industry: K12 tutoring and private kindergartens, encountered a cold winter, but the intelligence education and quality education really ushered in the golden year of development. The Blue Book of Private Education will analyze the overall trend of private education industry development, the development prospects, the main product applications, and the opportunities and challenges faced by six subsectors: intelligent, international, integration, quality, capital and knowledge payment.

This report finds that the main changes in the private education industry in 2018 are: intelligent education is more deeply embedded in education management and basic hardware facilities, product application continues to deepen and integrate innovation. More enterprises use scientific and technological means to improve the efficiency of education and teaching, and rely on the advantages of public and private education to reciprocate cooperation, amplify the value of quality teachers, and solve the problem of lack of educational resources in backward areas. This year's burden reduction policy and the implementation of the new college entrance

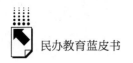

examination escalated quality education once again. And the new quality education industry dedicated to cultivating students' hobbies, innovation, and practical ability has received supports from policies, capital and other aspects. At the same time, the number of students studying abroad and the number of students enrolled in international schools also reached a record high. Studying abroad students began to show the characteristics of younger age, but going abroad for higher education is still the mainstream. Although the English-speaking countries such as Anglo-American are still the mainstream, the number of students studying in Asia and Europe has begun to increase. The growth rate of international schools in first-tier cities has slowed down, and international schools in second-and third-tier cities have begun to develop. In addition, the era of free Internet is beginning to end, and the knowledge-paying industry is developing rapidly. Students can get accurate and high-quality answers through micro-courses, questions, etc. Teachers also have a second income model.

Through unique research perspectives, detailed survey data and classic corporate case studies, this book understands the development status and market prospects of private education, the latest application of products and the business model of private education companies for research institutions, schools and government departments.

Keywords: Education Industry; Education Integration; Education Technology; Globalization; Quality Education

目 录

Ⅰ 总报告

B.1 我国民办教育发展概况与未来趋势…………………… 杨　娟 / 001

　　一　我国民办教育发展总体现状 ……………………………… / 002

　　二　我国民办教育发展趋势 …………………………………… / 011

　　三　我国民办教育发展面临的机遇和挑战 …………………… / 019

Ⅱ 教育科技篇

B.2 2018年智能教育产业发展报告 …………………… 李锋亮 / 026

B.3 通过机器人实现双师教育：智童时刻 ………… 蔡宏波　高长平 / 044

B.4 智课国际：全球化教育 …………………… 杨　娟　高长平 / 059

Ⅲ 教育融合篇

B.5 2018年教育融合产业发展报告 …………………… 刘泽云 / 078

B.6 双师教育圆梦偏远地区学生：好未来 ………… 刘泽云　赵心慧 / 097

B.7 科技助力公办学校课堂：科大讯飞 ………… 刘泽云　赵心慧 / 116

Ⅳ 国际教育篇

B.8 2018年国际教育产业发展报告……………………………… 杨 娟 / 135

B.9 出国留学业务的"独角兽":新东方……………… 杨 娟 姚效玲 / 164

B.10 用爱温暖学生的国际学校:海嘉国际……… 杨 娟 姚效玲 / 186

Ⅴ 素质教育篇

B.11 2018年素质教育产业发展报告 ………………………… 孙志军 / 204

B.12 做 STEAM 课程的引领者:诺加国际 ……… 孙志军 辛翔宇 / 224

B.13 研学领域的今日头条:亲子猫 ………………… 杨 娟 辛翔宇 / 240

Ⅵ 知识付费篇

B.14 2018年知识付费产业发展报告 ………………………… 袁连生 / 255

B.15 在线教育的精品课堂:网易有道 …………… 孟大虎 严梓洛 / 271

B.16 引领社群付费的平台:录趣 ………………… 孟大虎 严梓洛 / 287

Ⅶ 教育资本篇

B.17 教育资本领域发展报告 ………………………… 曹淑江 刘春阳 / 299

B.18 互联网＋教育的孵化器

　　　——记中关村互联网教育创新中心 ………………… 徐 玲 / 317

B.19 专注教育领域的资本:桃李资本 …………… 曹淑江 刘春阳 / 329

皮书数据库阅读 **使用指南**

CONTENTS

I General Report

B.1 General Situation and Future Trend of China's Private Education

Juan Yang / 001

Chapter 1. General Situation of China's Private Education

Development / 002

Chapter 2. Trend of China's Private Education Development / 011

Chapter 3. Opportunities and challenges of China's Private

Education Development / 019

II Education & Technology

B.2 Intelligent Education Industry Development Report 2018

Fengliang Li / 026

B.3 Double Teacher Education through Robots: KeeKo

Hongbo Cai, Changping Gao / 044

B.4 Global education: Smart Study *Juan Yang, Changping Gao* / 059

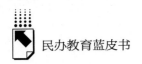
Ⅲ　Education Fusion

B.5　Education Fusion Industry Development Report 2018　　*Zeyun Liu* / 078

B.6　Double Teacher Education in Remote Areas: TAL Education Group

Zeyun Liu, Xinhui Zhao / 097

B.7　Technology Helps Public School Classrooms: Iflytek Co.Ltd

Zeyun Liu, Xinhui Zhao / 116

Ⅳ　International Education

B.8　International Education Industry Development Report 2018

Juan Yang / 135

B.9　"Unicorn" of Study Abroad Business: New Oriental

Juan Yang, Xiaoling Yao / 164

B.10　Warm the Students with love: Beijing International Bilingual Academy

Juan Yang, Xiaoling Yao / 186

Ⅴ　Quality Education

B.11　Quality Education Industry Development Report 2018

Zhijun Sun / 204

B.12　STEAM Course's Leader: Norga International

Zhijun Sun, Xiangyu Xin / 224

B.13　"TouTiao" in Studies Field: Qin Zi Mao

Juan Yang, Xiangyu Xin / 240

Ⅵ　Knowledge Payment

B.14　Knowledge Payment Industry Development Report 2018

Liansheng Yuan / 255

B.15 Quality Classes in Online Education: Netease Youdao

Dahu Meng, Ziluo Yan / 271

B.16 Leading Community Payment: Lu Qu   *Dahu Meng, Ziluo Yan* / 287

Ⅶ   Education Capital

B.17 Education Capital Field Development Report 2018

Shujiang Cao, Chunyang Liu / 299

B.18 Incubator of Internet+ Education: Zhongguancun MOOC

Times Building   *Ling Xu* / 317

B.19 Focus on Capital in Education: TAOLI CAPITAL

Shujiang Cao, Chunyang Liu / 329

总 报 告

General Report

B.1
我国民办教育发展概况与未来趋势

杨 娟[*]

摘　要： 总体看来，随着民办教育促进法的修订，我国民办教育发展
政策环境显著优化，行业治理深入发展，办学规模比例增长，
产业实力不断增强，产品应用持续推进，行业发展逐渐规范，
同时也面临新政策改革、新技术应用，以及市场环境等方面
的机遇与挑战。2017 年，我国各级各类民办学校总数已达到
17.76 万所，约占全国同类型学校 1/3 强，与 2016 年相比增
添了 6668 所。各级各类民办学校共招收学生 1721 万人，与
2016 年相比增加约 82 万人，增长 5%；各类教育在校学生数
达到 5120 万人，与 2016 年相比增加了 295 万人，增长超过
6%。2018 年，中国教育市场规模高达 2.68 万亿元，其中占

* 杨娟，北京师范大学经济与工商管理学院教授，学业规划研究中心主任，研究方向：教育经
济学。

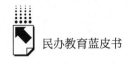

比最大的细分市场前三名分别是个人培训教育市场、K12 与 STEAM 教育市场和民办幼儿园教育市场。① 预期至 2020 年，民办教育的总体规模将达到 3.36 万亿元，至 2025 年，这一数字将接近 5 万亿元，并实现 10.8% 的年均复合增长率。

关键词： 民办教育　市场环境　教育产业

一　我国民办教育发展总体现状

（一）政策环境显著优化

国家出台了一系列相关政策支持和规范民办教育发展。对民办教育最大的两块市场 K12 培训和幼儿园发展产生了深远影响。下面将从支持、配套和规范三个方面分别阐述相关政策内容及带来的影响。

1. 支持民办教育发展的相关政策文件

2016 年 11 月，全国人民代表大会常务委员会通过了《关于修改〈中华人民共和国民办教育促进法〉的决定》，随后国务院颁布《关于鼓励社会力量兴办教育促进民办教育健康发展的若干意见》（以下简称《民促意见》），为促进民办教育的健康发展而鼓励社会力量兴办教育。具体体现在：其一，加强党对民办学校的领导。切实推进民办学校党的建设，发挥党组织的政治核心作用。加强思想政治教育，将社会主义核心价值观融入教育教学的整个过程以及教书育人的所有环节，不断增强广大师生中国特色社会主义道路自信、理论自信、制度自信、文化自信。其二，创新体制机制。《民促意见》要求政府放宽办学准入条件，规定只要不是法律法规禁止进入以及不损害第三方利益、社会公共利益、国家安全的领域，政府不可限制；拓宽办学筹资

---

① 德勤：《教育新时代——中国教育发展报告（2018）》，2018。

通道，提倡教育投融资机制的创新，从多个通道吸引社会资金；探究多元主体合作办学，广泛推行政府和社会资本合作（PPP）方式。健全学校退出机制。终止那些捐资举办的民办学校时，清偿之后的剩余财产需要统筹用于教育等社会事业。其三，完善扶持制度。《民促意见》要求各级政府加大对民办教育的财政投入力度，创新财政扶持方式，民办与公办学校的学生都需要按规定公平享受助学贷款、奖助学金等国家资助政策；将税费优惠和差别化用地等激励政策落到实处；对于依照法律法规自主办学和学校师生的权益进行保障。其四，推动建设现代学校制度。对于学校法人治理、资产管理和财务会计制度进行完善。完善党组织参与决策制度，推进党组织领导班子成员和决策机构、行政管理机构成员"双向进入、交叉任职"。完善资产管理和财务会计制度。其五，提升教育教学质量和管理服务水平。指导学校科学定位，推进教育教学改革，创新人才培养制度，积极培养优质教育资源和品牌口碑。加强教师队伍建设，全面提升教师素质和业务技能，积极引进各类高层次人才到民办学校任职。与此同时，改进政府管理方式，健全监督管理制度，鼓励行业组织将行业自律、交流合作、协同创新、履行社会责任等方面紧密联系起来。

2018 年 4 月，教育部颁布了《中华人民共和国民办教育促进法实施条例（修订草案）（征求意见稿）》，在原有条例上修改和增加了 30 多条内容，主要包括：增加了各级人民政府应当依法支持和规范社会力量举办民办教育，民办学校应当坚持中国共产党的领导，坚持教育公益性，落实立德树人根本任务；鼓励设立基金会依法举办民办学校，并强调举办民办学校的个人或者社会组织应当有良好的信用状况，明确了由县级以上地方人民政府教育行政部门审批民办学校；利用互联网技术在线实施的文化教育活动应当取得相应的互联网经营许可，并向机构驻地的省级人民政府教育行政部门、人力资源社会保障部门申请办学许可。规定了非营利性民办学校举办者的身份要求和变更条件，修改了民办学校办学章程的部分内容。

2018 年 8 月，教育部发布了《中华人民共和国民办教育促进法实施条例（修订草案）（送审稿）》，除了一些细微的文字修改外，主要体现在下面六个方面的变化：第一，民办学校的招生政策又回归到原来本位，除了义务教育的招生受到一定的限制外，非义务教育阶段的招生可以采取自主招生的模式。第二，公办学校品牌输出受到严格限制。《送审稿》明确了公办学校参与非营利性民办学校的举办时，"不能以品牌输出的方式获益"。第三，民办学校可以向家长募集办学资金。为吸引更多的社会资金进入民办教育领域，在《征求意见稿》中已放开了对社会募集资金办学的限制，但仍然禁止对学生和家长募集办学资金。《送审稿》有了进一步突破，但要把赞助费与募集资金明确区分开来。第四，放松了民办学校在编在职教师的限制问题和能人兼任多校校长的问题。第五，集团化办学受到一定程度的限制，除了要求集团化组织应该具备法人资格，具有与其所进行的办学活动相匹配的资金、人员、组织机构等条件外，还增添了实施集团化办学的相关限制——不可利用兼并收购、加盟连锁、协议控制等方式控制非营利性民办学校。第六，互联网在线教育监管更加严格。强调了互联网文化教育和互联网职业技能培训类的资质要求，同时要求对入驻互联网教育平台的机构和个人加强身份审查。

2018年11月，《中共中央国务院关于学前教育深化改革规范发展的若干意见》（以下简称《学前意见》）从总体要求、优化布局与办园结构、拓宽途径扩大资源供给、健全经费投入长效机制、加强幼儿园教师队伍建设、完善监管体系、规范发展民办园、提高幼儿园保教质量、加强组织领导等九大方面33个维度规范了学前教育的办学体系。《学前意见》指出坚持党的领导，实现幼儿园党组织、党工作全覆盖。促进普惠性幼儿园的建设，2020年全国学前三年毛入园率85%，普惠园覆盖率80%。2035年，将全面普及学前三年教育，构建完成覆盖城乡、结构合理的学前教育公共服务体系。

其中对民办教育影响最大的规定是稳妥实施民办园分类管理、分类治理无证办园，并遏制过度逐利行为。所有民办园都不可以独自上市，也不准许作为一部分资产打包上市。上市公司不能利用股票市场融资的形式投资营利性幼儿园，也不能利用发行股份或支付现金的形式购得营利性幼儿园资产。《学前意见》一出台，就使得以红黄蓝为代表的幼儿园资产大幅跳水。关于民营幼教路在何方的讨论占据了各大教育媒体的头条。下一步，幼儿园赛道注定不会像之前那么热闹，以证券化赢利为目的的社会资本将逐渐远离民营幼儿园投资。但这不会让幼教产业的发展停滞，供需矛盾还在，政府将会加大投入，民间资本也仍旧会参与。

2. 地方政府从实施层面出台，配套政策支持民办教育落地

2018 年 11 月，北京相继出台了《北京市营利性民办学校监督管理办法》及《北京市民办学校分类登记办法》，明确"民办学校"包括学历、学前教育，自学考试助学以及其他文化教育的民办学校和民办教育机构。对民办学校的设立规定了具体的审核标准和需要提交的材料，对民办教育的组织机构，特别是学校董事会的人员做出了详细的规定，规范了教育教学中的一些具体事项，如招生简章、专业设置、人才培养目标等。并对信息公开、学校的变更与终止以及财务资产等提出了要求。特别是出台了"不允许预收款超 3 个月，老师要有教师资格证，学校要有办学许可证，不准搞竞赛，线上时间不能过长，学校不能用 ipad"等精准定向监管。

上海市也根据民办教育促进法的修订方案，出台了一系列配套措施，包括《上海市民办学校分类许可登记管理办法》《上海市民办培训机构设置标准》《上海市营利性民办培训机构管理办法》《上海市非营利性民办培训机构管理办法》等，为民办教育落地提供制度保障和引导。

此外，其他省市更是在多个政策文件中表示明确支持促进民办教育发展。目前，我国大陆境内 31 个省份均出台不同政策、不同程度地鼓励推进民办教育。伴随民办教育地方政策落地，未来将基于政府补贴及购买服务、基金奖励、捐资激励、土地划拨、税费减免等种种层面对民办学校进行政策激励，为迅速发展民办教育行业消除障碍。

3. 相关监管措施及时出台，遏制培训机构发展过程中产生的问题

2018 年以来，民办教育产业发展最具有影响力的主要有四份文件。2018 年 2 月 13 日的 3 号令《关于切实减轻中小学生课外负担开展课外培训机构专项整治活动的通知》指出，过去"民非制"与"公司制"两大模式逐步合一，公司制从此纳入监管。8 月 10 日的《中华人民共和国民办教育

促进法实施条例修订草案（送审稿）》第十一条第一款指出新举办的民办学校不能卖钱，而那些能够卖钱的民办学校，其价款必须限定在依法享有权益与继任举办者的协议以内。8 月 22 日的国办〔2018〕80 号《关于规范校外培训机构发展的意见》规定了对 K12 课外辅导的监管，素质类、兴趣类，成人非学历培训、文化课按规定不受前置许可审批，可以到工商局登记。11 月 15 日的《中共中央国务院关于学前教育深化改革规范发展的若干意见》等政策陆续出台，使学前教育比义务教育受到更严格的限制。

四份文件的出台使得民办教育最大的两块蛋糕 K12 培训和幼儿园市场进入寒冬。北京、上海等地进行了史上最严的整治运动。这次整改主要涉及校外培训机构治理、清理规范竞赛活动、推动落实课后服务、提高学校教育教学质量、深化招生考试改革几个方面。主要围绕"减负"开展相关工作。北京已经整改的培训机构有 8000 余家，很多大型的培训机构不得不暂时关停歇业。

（二）办学规模比例增长

教育部 2018 年 7 月 19 日统计公布，2017 年，我国各级各类民办学校共 17.76 万所，与 2016 年相比增加了 6668 所，占比 3.9%；招收学生人数为 1721.86 万，与 2016 年相比增加了 81.63 万人，增长 4.98%；各类教育在校学生人数高达 5120.47 万，与 2016 年相比增加了 295.10 万人，增长 6.12%。

其中：民办幼儿园的数量达到 16.04 万所，与 2016 年相比增添了 6169 所，增长 4.00%；入园儿童人数达到 999.32 万，与 2016 年相比增加了 34.24 万人，增长 3.55%；在园儿童人数达到 2572.34 万，与 2016 年相比增加了 134.68 万人，增长 5.53%。

民办普通小学的数量达到 6107 所，与 2016 年相比增添了 132 所，增长 2.22%；招收学生人数达到 137.70 万，与 2016 年相比增加了 9.94 万人，增长 7.78%；在校学生人数达到 814.17 万，与 2016 年相比增加了 57.84 万人，增长 7.65%。

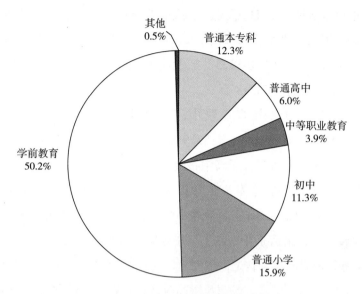

图 1 民办教育在校生规模结构

资料来源：教育部编《2017 年全国教育事业发展统计公报》。

民办初中的数量达到 5277 所，与 2016 年相比增添了 192 所，增长 3.78%；招收学生人数达到 209.09 万，与 2016 年相比增加了 20.36 万人，增长 10.79%；在校学生人数达到 577.68 万，与 2016 年相比增加了 44.87 万人，增长 8.42%。

民办普通高中的数量达到 3002 所，与 2016 年相比增添了 215 所，增长 7.71%；招收学生人数达到 111.41 万，与 2016 年相比增加了 8.52 万人，增长 8.28%；在校学生人数达到 306.26 万，与 2016 年相比增加了 27.18 万人，增长 9.74%。

民办中等职业学校的数量达到 2069 所，与 2016 年相比缩减了 46 所，下降 2.17%；招收学生人数为 78.68 万，与 2016 年相比增加了 5.04 万人，增长 6.84%；在校学生人数达到 197.33 万，与 2016 年相比增加了 13.19 万人，增长 7.16%。

民办高校的数量达到 747 所（其中包括 265 所独立学院以及 1 所成人高校），与 2016 年相比增添了 5 所。普通本专科招收学生人数达到 175.37 万，

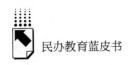
与 2016 年相比增加了 1.51 万人，增长 0.87%；在校学生人数达到 628.46 万，与 2016 年相比增加了 12.25 万人，增长 1.99%。硕士研究生招收学生人数达到 747 人，在学人数 1223 人。另有 800 所民办的其他高等教育机构，各类注册学生人数达到 74.47 万。

综上，在各级各类教育比较中，学前教育在校学生占比最大达到 50.2%，其次是普通小学，占比 15.9%，然后是普通本专科占比 12.3%、初中占比 11.3%，最后是普通高中占比 6.0%，中等职业教育 3.9%，以及其他 0.5%。从以上数据来看，在 2017～2018 年，学前教育发展规模最大，占全部规模的一半以上，其次是普通小学、普通本专科、初中，超出了全部规模的 10% 以上，最后是普通高中、中等职业教育增长缓慢，平均占比 5% 左右。这些数据表明我国普通高等教育和学前教育需求最大，小学教育逐渐增长，中等教育增长缓慢。说明我国高等教育正在大规模发展、学前教育迅猛发展，义务教育普及程度逐渐提高。

（三）科技教育迅猛扩展

大数据、人工智能、云计算在教育中应用的研究机构不断增多，技术产品不断取得新进展。当前科技在教育领域的应用可分为间接辅助型、直接学习型、基础运营型三大类。整体来说，目前"间接辅助型"在校外的各个年龄段渗透度最高，由于这些科技能够快速提升学习成绩，因此家长付费意愿也较高，而校内渗透度则相对较低。"直接学习型"则是无论在校内外皆有渗透度上升的趋势，在政策方面或是资本方面皆受到了较大力度的支持。"基础运营型"则体现了从早期的校园信息化迈向更智能化的智慧校园建设。

1."间接辅助型"教育科技百花齐放

人工智能等先进科学技术的突破能够动态调整学生教学方案与路径，实现自适应学习的规模化。K12 辅导、语言学习、智能机器人在各教育阶段渗透度有待提升，在线直播教育持续井喷式增长，同质化竞争激烈。同时，虚拟现实教育将成为教育科技领域发展的重点之一，目前 VR/AR 应用领域主要集中于虚拟现实早教、K12 辅修课程以及高等职业教育，但面临技术难、变现难、推广难的三方面挑战。

2. "直接学习型"教育科技驶入快车道

STEAM 教育推动力强劲，市场开始进入快速发展期。STEAM 机器人教育在小学和初中、大学渗透度最高，其中校内和校外持平。高中渗透度中等，其中校内高于校外。机器人教育已成为"985"、"211"高校的敲门砖。各大"985"、"211"高校，纷纷将机器人知识、科技竞赛获奖者，作为自主招生优先录取对象。

3. "基础运营型"教育科技不断深化，智慧校园稳步向前推进

为了智慧校园的高质量、有序建设，2018 年 6 月 7 日，国家市场监督管理总局、中国国家标准化管理委员会公布了国家标准文件《智慧校园总体框架》，明确了智慧校园的五大应用板块和建构体系，通过大数据、人工智能等技术的融合，为校园的学习生活等多方面提供了全新视角的升级。

（四）市场规模不断扩张

持续受到来自政策、消费者及资本层面的高度重视，无论从整体行业规模还是从市场活跃度来看，中国教育产业皆处于不断扩张阶段。德勤估计，中国教育市场规模在 2018 年高达 2.68 万亿元，所占比重最大的细分市场前三名分别是个人培训教育市场、K12 与 STEAM 教育市场和民办幼儿园教育市场。[①] 预期至 2020 年，民办教育的总体规模将达到 3.36 万亿元，至 2025 年，这一数字将接近 5 万亿元，并实现 10.8% 的年均复合增长率。

具体来看，2018 年教育资本市场存在三个显著的特征：第一，政策落地。从宏观的角度上来讲，最大的变化是政策层面发生了变化。教育行业从国家政策上不太重视到高度重视，2018 年无论是公办体系还是民办体系，政策颁发的频次和速度都是远远超乎想象的。第二，资本避险。全球范围

① 德勤：《教育新时代——中国教育发展报告（2018）》，2018。

内，资本先从投石油等能源，到投科技互联网，现在基本上进入投产业的阶段，比如投教育与医疗，其实是避险的投资。第三，人才辈出。大量的创业者、投资人涌入教育行业，教育领域的投资人倍增。2015年整个行业专门做教育投资的不超过30人，2018年增加到600人。人口红利、消费升级、科技进步以及政策实施是未来影响教育投资的四个要素，这四个要素中，任何一个要素发生显著变化，都会带来资本市场的波动。

（五）融合创新持续推进

以人工智能、大数据和云计算为主体的现代科学技术，在人工智能企业、互联网企业、行业企业、行业机构等多方的共同推进下，我国教育科技应用推广正持续展开，一批新产品、新平台、新服务不断涌现，以合作共建、融合创新、平台先行为突出特点的应用模式持续显现。

但整体而言，目前中国教育科技行业依然处于起步时期，推出的各项应用产品和服务都亟待升级，构造的各类应用平台仍需进一步确保落地。具体来看，智能教育领域是我国行业应用最为活跃的领域，在走班排课、智能规划、英语语音测评、习题批改、分级阅读和教育机器人等方面早已逐渐形成一系列可以发展实际业务的新产品，并逐步大规模地应用。在在线教育领域，双师课堂、智慧校园、区域教育云的应用方面已经形成一些成果。在传统教育领域，如中小学课外辅导、学前教育、职业教育、资格考试、语言培训等已有新东方在线、沪江网校、腾讯课堂、百度传课、起点学院、达内学院等各种应用走向规模化发展。在国际教育领域，中美双师课堂、智能习题批改、智能教学系统等方面应用已经很成熟。在素质教育领域，在线教育已经渗透到体育、艺术、科学和研学等方面，即使很多公司正关注和展开教育科技行业的应用，然而由于研发新产品以及构建新平台都需要大量时间，成熟产品和平台就相对比较少，行业应用水平也相对略低。此外，在知识付费领域，知乎、得到、在行、分答、百度问咖、薄荷阅读等已深入各种应用场景。

二 我国民办教育发展趋势

（一）市场发展空间广阔

中国拥有世界最大的学龄人口以及基础教育市场，长期以来，民办学校的发展都处于一个较低的水平。国家统计局近年来数据分析表明：一是民办学校办学经费与全国教育经费相比差距明显，民办学校办学经费占全国教育经费的比重很小。二是从增速角度分析，相比之下，民办学校教育经费的年均复合增长率比总教育经费的增速低。三是民办教育的增长表现出较大的波动性，民办教育市场的量级过小，易受个别大额资本的进入或者退出的影响，对比教育行业巨大的市场容量，民办教育的发展空间尚有潜力。

民办学校在学前教育市场中占优势，而小学初中高中都是以公立学校为主。国家统计局数据显示，截至 2015 年，学前教育阶段中民办学校所占比重达到 65.44%。但在基础教育阶段（小学、初中到高中）中民办教育学校所占比重分别为 0.32%、9.30%、36.33%。高等教育阶段中民办教育所占比重也较少，低于 1/3。民办学校只参与了市场的一小部分，对于教育市场的巨大需求，民办学校存在缺位。

数据显示，从 2009 年以来，民办幼儿园招生人数持续增长，六年内的复合年均增长率达到 9.64%，增速从 2012 年开始有所放缓，但是基本稳定在 5% 上下。截至 2015 年，民办幼儿园已招 998 万人，占据市场可达数百亿元，至 2018 年以来增长更大，潜在的市场需求也在进一步扩张。

民办教育在高等学历教育和初高中教育市场中表现相对较差。一是民办小学与初中人数持续增长，六年里的复合年均增长率分别为 2.35% 和 6.75%，2015 年总招生人数已经接近 300 万人。二是民办高中招生人数出现"U"形变化，从 2012 年以后呈现稳定增长的势头。三是高等学历教育中的民办学校包括民办高校和民办独立学院，2009 年以来招生人数总体呈

增加的趋势，复合年均增长率为 2.40%，2015 年总招生人数约 241 万人，至 2018 年来增长更大。市场的巨大需求催生广阔的发展空间，加之政策与法律都予以大力支持，民办教育的发展势头整体向好。

桃李资本认为，教育资金主要来源于政府财政性教育经费、社会的教育固定资产投资、家庭的教育支持（分为城镇家庭和农村家庭），三者对教育市场规模的贡献分别为 48%、10% 和 42%。

（二）投资热度持续增长

随着持续受到来自政策、消费者及资本层面的高度重视，无论从整体行业规模还是从市场活跃度来看，中国教育产业皆处于不断扩张阶段。德勤估计，中国教育市场规模在 2018 年高达 2.68 万亿元，所占比重最大的细分市场前三名分别是个人培训教育市场、K12 与 STEAM 教育市场和民办幼儿园教育市场。预计至 2020 年，民办教育的总体规模将达到 3.36 万亿元，至 2025 年，这一数字将达到 5 万亿元，并完成 10.8% 的年平均复合增长率。与此同时，政策和资本也将加快教育产业的发展，尤其在资本市场表现瞩目：在首次公开募股市场（Initial Public Offerings, IPO 市场），截至 2018 年 8 月，有 8 家教育企业相继于港股和美股上市；而在投资市场，截至 2018 年 6 月，已经产生 137 件与教育行业相关的投资案例，投资总量达到 25.7 亿美元，大大超过上一年的全部投资总量（15.8 亿美元）。这些都体现出中国教育市场具备旺盛的生命力和宽阔的发展空间。

1. 学前教育行业稳定增长，行业发展空间广阔

据德勤预计，2020 年学前教育适龄人口将超过 1.2 亿人，这将为学前教育的发展提供良好的人口规模基础。根据学前教育市场城镇家庭教育支出估算，预计 2020 年整体学前教育市场规模将达到 8000 亿元。

从国家政策方面，对学前教育市场的落点仍集中在发展普惠性幼儿园方面，并增加了针对幼儿园方面的教育开支。

财政部披露的 2018 年中央财政预算显示，2018 年教育支出预算为

1711.22亿元，比2017年执行数增加105.01亿元，增幅为6.5%。而其中以普通教育中的学前教育和高中教育增幅最大，二者预算分别为8.03亿元和20.64亿元，较上一年度执行数增长35.6%和21.5%。

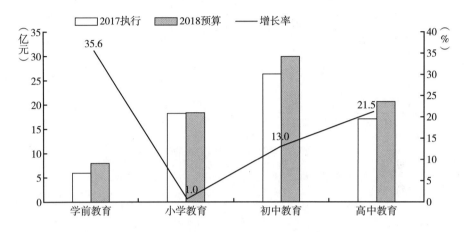

图2　中央财政教育支持中学前教育和高中教育支出及增长率

资料来源：财政部。

2. K12课外辅导市场梯队分化，辅导空间依然很大

K12课外辅导是教育领域中需求最强劲的细分领域之一，市场空间巨大。据Frost & Sullivan报告，截至2017年12月31日，中国有超过10万家K12课外辅导服务供应商，市场格局仍相对分散。根据在校学生整体人数及人均消费额度，预计整体市场规模2018年将达到4331亿元，而到2020年预计超过5000亿元，未来三年复合增长率达9.2%。

2017年中国城市学生每周平均花费10.6小时进行课外辅导，而随着升学压力的增长以及对优秀学业成绩的期望增加，越来越多的家长为孩子选择课后辅导。特别是随着求学阶段临近高考，中国学生的K12课外辅导参与程度逐级提高，在高中阶段有超过一半的学生参与K12课外辅导。

以上数据表明，2017年大约有12.7%的幼儿园儿童、21.9%的小学生、36.8%的初中生以及57.8%的高中生，参加了K12课后培训课程，大量持续而稳定的生源将推动中国课后辅导市场保持稳中增长。

图3　我国课外辅导市场收入

资料来源：Frost & Sullivan。

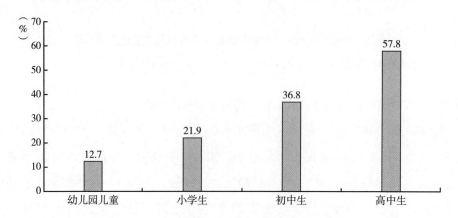

图4　2017年中国各阶段学生课外辅导参与程度

资料来源：Frost & Sullivan。

3. 在线教育快速增长，以直播双师模式为主

根据艾瑞数据，在线教育的市场规模在2018年将高达2351亿元，2019年将高达2727亿元，年增长率高达16%。

虽然以上数据表明我国在线教育市场用户规模庞大，然而技术手段与国际水平相比还处于薄弱地位。考虑到在线教育市场仍未饱和，未来必定有更大的发展潜质。

图5　中国在线教育市场规模及增长率

资料来源：iResearch。

（三）竞争格局更加激烈

1. 早教市场发展空间依然较大

从早教行业供给端来看，前瞻产业研究院数据显示，目前我国各品牌早教中心共有1000个线下教学网点，前八大早教中心的教学网点合计约2400家，市场集中度约22%，竞争格局较为分散，早教市场发展空间依然较大。

表1　2018年早教重点投融资事件一览

企业简称	时间	地区	融资额	轮次
启蒙听听	2017/07	武汉	数千万元	Pre-A 轮
凡学教育	2017/09	上海	2000 万元	股份投资
彗星科技	2017/09	深圳	3550 万元	Pre-A 轮
火火兔	2017/11	深圳	亿元及以上	A 轮
育学园	2018/02	北京	数千万美元	C＋轮
聚思教育	2018/01	北京	近千万元	天使轮
睿小麟	2018/01	苏州	500 万元	天使轮
凯叔讲故事	2018/03	北京	1.56 亿元	B 轮

资料来源：根据公开资料整理。

2. K12教育培训市场依然呈现分散格局

德勤中国根据培训企业收入和市场布局，将其分为三大梯队。第一梯队是全国性巨头，布局遍布全国，包括好未来、新东方，年营收水平在100亿元以上，不仅支撑起千亿市值，而且遥遥领先于第二梯队；第二梯队是区域性龙头，主要是区域发展较好，营收水平在5亿~30亿元，如学大教育、精锐教育、龙文教育、卓越教育、高思教育、昂立教育等；第三梯队主要是区域性机构，营收水平多在5亿元以下，包括佳一教育、龙门教育、大智教育、金石教育、四季教育等。

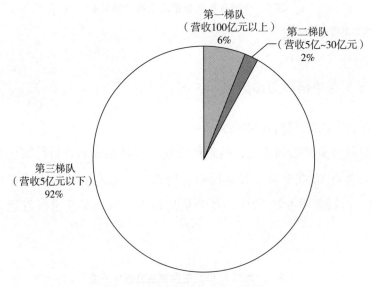

图6　培训企业收入的市场布局

资料来源：德勤中国。

3. 在线教育中两大鳌头并行发展，直播双师课堂仍是主力军，知识付费市场崭露头角

2017年国内教育领域最受追捧的教学模式非双师课堂莫属，在新东方和好未来的带领下，高思、飞博、凹凸、智趣互联、优读学院等大中小机构也纷纷入局双师课堂。目前，双师课堂的渗透已经覆盖IT培训、K12课后辅导、幼教等众多领域。好未来公司自2017年起新进入的分公司与现有城

市分公司均启用为双师模式，由此可见集团对该模式的重视程度。

新东方、好未来正在凭借双师模式实现其三、四线城市的布局与扩张。而高思教育则选择与巨人教育携手合作，由高思提供课程内容，巨人教育提供线下助教，两者合作开发高端班课程，开辟了一种共享共赢的双师课堂模式。

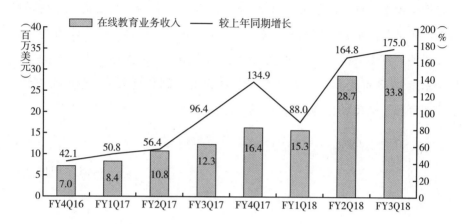

图7　好未来公司在线教育收入高速增长

资料来源：好未来公司年报。

此外，在线知识付费教育市场也是在线教育中较为活跃、表现突出的市场。伴随着用户对于知识需求的深化以及消费理念的升级，市场陆续出现付费模式的"轻知识"教育产品。据艾瑞咨询分析，我国知识付费产业规模在 2017 年达到 49.1 亿元，同比增长了将近 3 倍。随着我国逐渐提升的平均教育水平，乐意为优质知识进行付费的群体不断扩大，今后知识付费产业规模仍将持续扩大，预估在 2020 年该产业规模高达 235 亿元，从 2017 年到 2020 年的复合增长率高达 68.5%。

（四）政策驱动资本注入

2017 年以来，《中国教育现代化 2030》发布，促进信息技术与教育的融合创新发展，促进教育公平，提高教育质量。《全国人民代表大会常务委员会关于修改〈中华人民共和国民办教育促进法〉的决定》出台，针对学

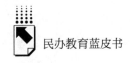
校法人属性不清、财产归属不明、支持措施难以落实等问题，民促法的修正案进一步明确了营利性和非营利性管理，合理划清学校的法人属性和财产属性，促进营利性民办教育和非营利性民办教育各取所长，健康发展。因此，吸引了大量资本注入民办教育市场，尤其是教育科技市场。

根据投中数据，2014 年以来，VC/PE 对教育市场频频投资，无论是投资案例还是总额都在持续增加。截至 2018 年 6 月，已经产生 137 件与教育行业相关的投资案例，投资总量达到 25.7 亿美元，大大超过上一年的全部投资总量 15.8 亿美元。从 2018 年上半年投资案例数量来看，STEAM 教育、职业教育和早教市场分别占据投资热点的前三名。

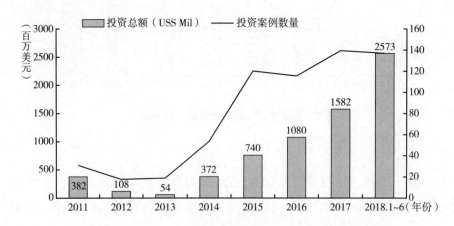

图 8　2011 年至 2018 年 6 月中国教育企业 VC/PE 投资一览

资料来源：投中数据。

根据投中数据，2017 年至 2018 年 8 月 3 日，共有 11 家教育企业在香港上市，7 家企业在美国上市。未来随着逐渐落实《民促法》，逐渐确立《民促法》的更多细节与流程，以及逐渐规整对教育市场的管理，预计仍将不断有教育企业上市案例出现。

以上数据说明，科技教育依然是当下投资热点所在，港股和美股迎来教育机构上市。尤其是新一轮考试招生改革所驱动的中小学教育信息化，带动了科大讯飞、百度等大型科技企业投资教育。随着教育行业和新技术的不断

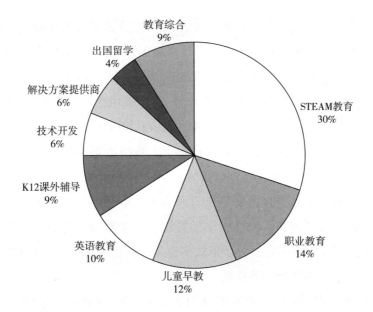

图9　2018 年上半年中国教育行业投资细分（按案例数）

资料来源：投中数据。

融合，两者结合创造的新产品和业绩增长点都有可能令教育产业于资本市场而言充满魅力。

三　我国民办教育发展面临的机遇和挑战

20 世纪 80 年代，中国民办教育重现社会。多年来，随着我国社会经济不断发展、市场经济的发育程度逐渐成熟，民办教育的创办形式以及层次正在不断规划、调整、提升，早已从一开始的非学历文化补习班覆盖到生命周期的各个阶段以及社会生活的所有领域。

民办教育作为构成教育体系的重要方面，是公办教育的对立形式。从法律角度而言，自从 20 世纪 80 年代起，民办教育的合法地位逐步受到社会认可之后，一直增强树立自身法律法规，从而不断推动和改善民办教育的发展方向。

经过将近三十年的经验积累，无论是从学校数量还是在校学生数量而言，民办教育的规模都在不断扩大，早已辐射到包括学前教育、基础教育、职业教育、高等教育、出国考试等在内的诸多领域。2017 年，我国各级各类民办学校的数量高达 17.76 万所，与 2016 年相比增添了 6668 所，占比34.57%；招收学生人数达到 1721.86 万，与 2016 年相比增加了 81.63 万人，增长 4.98%；各类民办教育在校学生人数高达 5120.47 万，与 2016 年相比增加了 295.10 万人，增长 6.12%。

目前，我国民办教育发展呈现"两头大、中间小"的态势，非义务教育和学前教育发展较快，民办中小学数和在校生数占全国的比例较小。同时，呈现办学主体多元化、办学形式多样化，职业教育所占比重较大，区域发展不平衡、差异性较大等特点。

《民办教育促进法》于 2016 年 11 月 7 日通过第二次修正，自 2017 年 9 月 1 日起施行，这使得民间资本更能在法律的支持下布局教育市场，同时推动了民办教育行业蒸蒸日上。当然，在民办教育领域基本政策的引导下，此行业虽然获得了新发展机遇，但同时也将面临更严酷的挑战。

具体而言，有研究认为，民办教育行业迎来新的发展机遇，主要基于两点：一是良好的政策环境，二是人才需求持续增加。政策环境趋好的重要标志之一便是《民办教育促进法》（2016 修订版）（以下简称《民促法》）的颁布与实施，第一，此政策将有益于民办教育顺利实行学校分类管理改革；第二，将有益于推动民办教育的稳健发展；第三，将有益于执行支持和鼓励民办教育的政策；第四，将有益于进一步保障民办学校教职员工以及学生的合法权利。

国内经济的快速发展，令社会各个领域对人才尤其是专业性人才和技术类人才的需求不断增长，而中国公办学校数量有限，培养出的人才远远不能满足需要。这就给民办教育创造了发展的机会和空间，未来人才需求将进一步增加，显然，民办教育机构由于能够满足多样化的需求，必将实现快速的发展。

不过，民办教育行业也面临一定威胁。一方面，目前的教育环境中，由于多样化的办学方式以及多种教育模式共存，有限的教育资源持续不断地受到争抢。在这场竞争中，民办教育较之公办教育明显处于劣势。特别是随着中国普通高校的扩招，普通高等教育规模急剧扩大，大大挤占了民办高等教育的资源；同时，这种挤占向下延伸，不可避免地挤占了民办中小学教育的资源。民办教育不但需要承受学生数量的锐减与质量的下滑，还需承受优秀教育人才的大量流失。

另一方面，传统社会观念的影响仍未彻底消除。尽管中国民办教育近年来取得了快速的发展，规模不断扩大，但是目前社会上依然存在对民办教育的偏见，认为民办教育不如公办教育，其中民办高等教育尤其如此，其文凭甚至得不到广泛的承认，不利于民办教育的发展。

随着需求及政策的进一步发展，我国民办教育正在面临国际教育、科技教育、高等教育等教育形式迅猛发展，科技教育与学前教育、基础教育和职业教育融合与创新的局面，对我国民办教育政策战略和运营变革既是机遇也是挑战，直接影响到民办教育在我国教育体系中的地位和健康发展。

（一）国际教育规模扩张，行业壁垒越来越高

据德勤报告，新修订的《民促法》不仅能够推动民办国际学校、双轨制学校和双语学校等国际化教育的迅速扩展，还能为语言培训、游学、出国服务等教育业务提供庞大的市场需求。而且 2017～2020 年三年间，以民办教育为主体的国际学校数量将会从 367 所增加到 2600 所，面临着迅速发展的时期。随着教育全球化理念和人才市场需求发展，出国留学已从原有的中产阶层渗透到普通中等家庭。依据教育部的统计数据可知，2017 年，我国出国留学人数第一次超过 60 万人，具体人次高达 60.84 万，与 2016 年相比增长了 11.74%，连续维持着全球最大留学生生源国的地位。

目前国际学校并没有形成绝对的领头企业，现有较具规模的国际学校集团均经历了 15～25 年的发展过程。由于国际学校对土地、资本、师资力量及品牌沉淀的高要求，国际学校市场分散度高，据华创证券称，前八大市场竞争者的集中度低于 20%，属低集中竞争型。然而对于新进入者，行业壁

垒将越来越高，原因主要来自政策和品牌两个方面。

新修订的《民促法》明确了义务制阶段不能举办营利性学校，政策对于学校的合规性要求越来越严格，这既体现在条文本身，也体现在执行层面。而如果将幼儿园和高中转成营利性学校，在税费方面的增加对于 K12 学校经营成本的上升也将提出新的挑战。同时，行业竞争壁垒高，学校赢利能力和扩张速度为发展关键，竞争的激烈程度也是不容小觑。

（二）高等教育稳定增长，资金风险依然较大

2017 年以后，伴随着新修订的《民促法》正式实施，从法律的角度来看，民办学校与公立学校的地位正趋于平等。尤其是在高校招生的组成中，民办高校占据了非常重要的地位。根据教育部的官方统计数据，2017 年，民办高校的数量达到 747 所（其中包括 265 所独立学院以及 1 所成人高校），与 2016 年相比增添了 5 所。普通本专科招收学生人数达到 175.37 万，与 2016 年相比增加了 1.51 万人，增长 0.87%；在校学生人数达到 628.46 万，与 2016 年相比增加了 12.25 万人，增长 1.99%。硕士研究生招收学生人数达到 747 人，在学人数 1223 人。另有 800 所民办的其他高等教育机构，各类注册学生人数达到 74.47 万。

只有在拥有巨大资金能力的情况下，才有可能独自运行一家民办高等学校，而且规模化经营的挑战更加严峻。主要原因在于高等教育领域面临着行业准入、人才、资本、品牌等多方面的壁垒。由于民办高等学校的资金基本都是举办者自己筹集，融资通道只有银行贷款和社会捐赠等模式，再加上民办高等学校的收入主要来自学生的学费和住宿费，形式略微单一。这种情形下将会使一些民办高等学校产生高风险的财务运行，如果发生生源市场衰败或者主要收入来源锐减的情况，都会直接导致民办高等学校难以稳定运营。

（三）学前教育需求巨大，遏制过渡逐利行为

2015 年，随着国民经济生活水平的逐渐提升以及政府宣布二孩政策全面放开，2016 年出生总人口达 1780 万，成为 2000 年以来的巅峰。今后，

新生儿的数量也会保持逐步上升的情况。预计到 2020 年，学前教育的适龄人口将超过 1.2 亿人，这将为民办学前教育的发展提供庞大的群体需求。然而，到目前为止民办学前教育的整体生态包含各种类型的企业，竞争较为激烈。

首都师范大学副教授沙莉所著的《北京市学前教育事业发展：绩效与需求分析》中预测了北京市学前教育的未来需求。报告表明，今后三到四年之内北京市在园儿童数量以及幼教规模将连续增加，将于 2021～2022 年达到高峰值，然后逐步下滑，又从 2024 年起渐渐增加，而北京市对于幼教的需求将在 2025 年达到第二个高峰值。

2018 年 11 月 15 日的"幼教新政"计划 2020 年全国学前三年毛入园率 85%，普惠园覆盖率 80%。2035 年将构建覆盖城乡、合理布局的学前教育公共服务体系，从而全面普及学前阶段教育。同时，该政策明确要求必须规范建立民办幼儿园，遏制企业单独建立幼儿园或将幼儿园作为一部分资产打包上市的过渡逐利行为，并且再次表明通过大力发展公办园和积极扶持民办园的形式来完成惠普性幼儿园比例达到 80% 的目标。此外，为了防止资本侵蚀学前教育的公益性质，将严格抵制民办园上市。虽然遏制过渡逐利行为不等于遏制民办学前教育，但是仍对民办园监管带来极大挑战。

（四）教育科技迅速发展，有待完善行业应用

一直以来，教育行业存在的资源错配等问题将伴随着大数据、互联网、人工智能等信息技术的发展得到改进。随着新一轮考试招生和基础教育阶段的改革，教育科技、智能教育、教育融合将迅速潜入各级各类学校，各种产品应用持续推进，并改变着学校变革和教学生态。由此产生了智能排课、智能安防、智能教学、智慧校园等融合创新教育模式，正在赋能今天的教育。

据教育部统计，全国普通高中 1.36 万所，比上年增加 172 所，增长 1.29%；招生 800.05 万人，比上年减少 2.87 万人，下降 0.36%；全国共有义务教育阶段学校 21.89 万所，招生 3313.78 万人，在校生 1.45 亿人，普通中小学智能转型需要的新技术、新产品给民办教育科技产业带来巨大的机

会，各种新业态和创业机构迅猛发展、方兴未艾，将产生数亿万级的投资市场及规模。但目前科技企业进入教育的融合创新还很不够。

（五）新兴技术不断渗透，高效赋能不可忽视

近年来，不断诞生的信息技术持续渗透着教育行业，如何将新兴信息技术运用到教育行业，从而为教育实行高质量的赋能成为难以忽视的问题。自适应学习发展是必然的一个趋势，新高考政策取消文理分科、英语听力和阅读分开考试、综合招生多因素考虑等有望 2020 年在全国范围内落实。

虽然自适应学习平台能够更好地帮助教师和学生应对新高考政策，但自适应学习平台依然面临来自技术和内容两方面的挑战：技术层面上，现在市场上的自适应学习平台与人工智能的融合还停留在相对较低的水平，人机互动以及 AI 自我升级的功能有待进一步提升；内容层面上，知识点分拆仍需解决，自适应设计的关键点在于灵活规划知识点路径，分拆不够细化或损失部分内容就会直接降低学习质量。

此外，智能机器人、STEAM 教育、智慧校园的建设都不同程度地渗透到各级各类教育。智能机器人、虚拟现实教育的渗透目前在学前教育、职业教育和校园安防中有典型的应用，但在其他类型学校及应用场景中还有待提升。STEAM 机器人教育面临教育理念误导、教学方式偏颇、课程设计揠苗助长三方面的挑战。同时，当前智慧校园还存在校政企合作不足、产品适应度不佳等挑战。

参考文献

中华人民共和国教育部：《2017 年全国教育事业发展统计公报》，［2018－07－19］，http：//www. moe. gov. cn/jyb_ sjzl/sjzl_ fztjgb/201807/t20180719_ 343508. html。

德勤中国：《教育新时代——中国教育发展报告 2018》，［2017－08］，http：//wemedia. ifeng. com/80683700/wemedia. shtml。

《2018 年中国民办高等教育行业发展现状及发展前景分析》，［2018－06－26］，

http：//www. chyxx. com/industry/201806/653134. html。

《2018 年中国民办学前教育行业发展现状及发展前景分析》，［2018 - 04 - 09］，http：//www. chyxx. com/industry/201804/627821. html。

《学前教育深化改革当坚持公益方向》，《中国教育报》2018 年 12 月 2 日。

《办好新时代学前教育，实现幼有所育美好期盼》，《中国教育报》2018 年 12 月 5 日。

《学前教育尤需坚守质量》，《中国教育报》2018 年 12 月 9 日。

中华人民共和国国务院：《关于鼓励社会力量兴办教育促进民办教育健康发展的若干意见》，［2018 - 01 - 18］，http：//www. gov. cn/zhengce/content/2017 - 01/18/content_5160828. htm。

中华人民共和国教育部：《中华人民共和国民办教育促进法实施条例（修订草案）（征求意见稿）》，［2018 - 04 - 20］，http：//www. moe. gov. cn/jyb_ xwfb/s248/201804/t20180420_ 333812. html。

《教育行业一二级市场联动》，《华夏桃李》，2018 年 12 月 15 日。

教育科技篇

Education & Technology

B.2
2018年智能教育产业发展报告

李锋亮*

摘　要： 当前智能教育更集中于教育管理和基础硬件设施，融资总额
快速增长、多数处于发展期，产品应用不断深入和融合创新。
主要产品包括智能排课规划、英语语音测评、智能习题批改、
分级阅读和教育机器人等方面，应用场景包括智能管理、智
能教学、智能学习、智能招生与学生发展等领域。报告力求
研究视觉现代创新、应用场景全面深入、案例研究真实可靠、
理论实践统筹兼顾等。报告从智能教育概念、应用领域、战
略与政策入手，分析了智能教育产品资本、市场及应用形态，
提出智能教育具有非常有利的政策、舆论、金融、市场和人
才供给等发展机遇，但是存在缺乏清晰定义、学校和教育机

* 李锋亮，清华大学教育学院副教授，主要研究方向：教育与劳动力市场。

构的管理者对其认知不足等挑战，并从融资规模迅速增长、产品形态多样化、新高考带来的深刻变革等方面对智能教育的未来发展趋势做出前瞻性展望。

关键词： 智能教育　教育产业　投资分析

科技日新月异，人工智能已经改变了生活中的各行各业，根据头条指标的数据，2017 年全年最受关注的人工智能应用领域，教育、金融、交通和医疗列为前四位。智能教育掀起一股风潮。随着物联网、云计算和新一代移动网络技术兴起和快速发展，教育信息化建设从数字技术进入智能化时代，智能教育成为教育信息化发展的新趋势。在 2017 年两会上，"人工智能"这一曾被认为热得有些过头的概念，首次出现在总理的政府工作报告中，上升为我国的国家战略。2012 年教育部发布《教育信息化十年发展规划》明确指出以教育信息化带动教育现代化，破解制约我国教育发展的难题，是加快从教育大国向教育强国迈进的重大战略抉择。可以预见，人工智能技术的发展必将对传统教育行业带来挑战。教育如何适应未来人工智能的发展趋势，培养适合社会发展的人才，成为摆在教育工作者、家长和社会面前的难题。

随着新一轮高考改革不断深入，智能教育转型时代的到来真正打破传统教育的固定模式，会带来教育界的深刻变革，必将彻底打破长久以来教育体系改革"换汤不换药"的两难局面。智能教育在信息时代智能化不断发展之下，能够更好地实现教育普及和教育整合，结合现有的教育资源水平，将实际应用最大化落实。社会发展呼唤多元化、复合型、创新型人才，个体对教育的需求更加多样和复杂，对教育目标、教师角色、学习内容、学习方式、学习环境等提出新的要求。智能教育变革的方向是呼唤教育公平、教育质量，呼唤对人性的尊重，突破传统教育整齐划一、关注学习者的个体差异，为学习者提供多样化的学习支持。智能教育通过信息技术与教育的深入

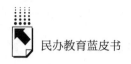

融合，形成优质教育资源的开放共享，通过教育管理变革构建现代教育治理体系，从而催生新的教育生态，形成规模化教育和个性化教育的有机结合，为每一位学生提供更好的人生，获取人生的成功和幸福。

尽管智能教育技术已经应用到教育教学活动的各个方面，但对于什么是智能教育，其发展现状和未来会怎样，还存在不同的观点。无论是政府、公众、企业，还是学校、教师和学生，对智能教育这一新兴技术均表现出浓厚的兴趣。国内外研究机构对中国智能的发展也予以高度关注，推出了相关研究报告，但对智能教育产业的认识，甚至是一些观点和事实不尽客观全面。有鉴于此，北京师范大学经济与工商管理学院、首都教育经济研究院对智能教育行业及一些具有代表性教育公司进行调研，研究撰写了《中国智能教育产业发展报告2018》，力图全面展现中国乃至全球智能教育发展现状与趋势，以提升公众认知水平，助力产业健康发展，服务国家战略决策。

一　智能教育发展概况

人工智能与教育的融合一直是备受关注的一个领域。本部分在界定"智能教育"的基础上，分析了"人工智能＋教育"的主要技术架构，并对2015～2017年国家发布的相关教育科技政策进行分析，得出技术和政策双重驱动智能教育的结论。

（一）智能教育的概念①

虽然"人工智能＋教育"在行业内已经成为热点概念，但对"智能教育"这个词目前在学术界和产业界还没有明确的界定。智能教育，即"人工智能＋教育"的简称，也称智能化教育，其定义目前还比较模糊，内涵和外延界定范围还不清晰。传统的人工智能教育思路是研究如何将人工智能

---

① 百度百科："人工智能＋教育"名词解释。

应用于教育。现代智能教育观点认为,在"互联网+"、云计算和大数据环境下,既不存在单一的人工智能教育,也不存在完全脱离人工智能的教育。现代教育发展的必然趋势是智能教育。亿欧智库认为,智能教育属于教育科技,是人工智能技术对教育产业的赋能现象,本质上是人工智能对教育工作的替代和辅助,将教师和学生从低效率重复的工作中解放出来,进而提升教学与学习效率,解决了传统教育中以教师为核心的成本高、效率低、不公平的问题。本研究认为,智能教育属于现代教育的范畴,是人工智能技术与教育发展的深度融合和高度整合。

(二)中国智能教育应用领域

智能教育技术应用领域主要包括教育机构应用(智慧校园、智能图书馆、智能走班排课、智能招生管理、智能升学规划、智能考勤管理、智能校园安防),教师教学应用(英语语音测评、学生习题批改、分级阅读、智能机器人、智能陪练),学生学习应用(智能书写本、拍照搜题)。不考虑基础硬件,国内智能教育技术应用领域分布如图1所示。

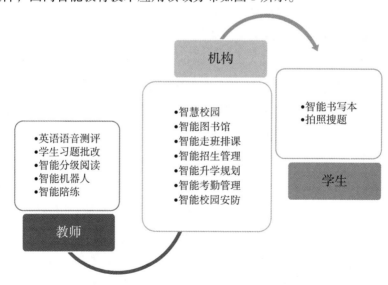

图1　中国智能教育技术应用领域

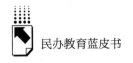

相比人工智能在企业的领域，智能教育产品的应用技术更集中于教育管理和基础硬件建设，而教师教学和学生应用目前还集中在语音和视觉较少的部分。

（三）智能教育战略和政策

近五年来，世界各国关注和推进人工智能领域研究，围绕人工智能发展制定了相应的国家战略和政策。如美国发布的人工智能政策《为人工智能的未来做准备》（*Preparing for the Future of Artificial Intelligence*）、《人工智能白皮书》（*Artificial Intelligence White Paper*）等。欧盟发布了《衡量欧洲研究与创新的未来》（*Gauging the Future of EU Research & Innovation*）等，德国发布了《将急速带给人类——人机交互的研究项目》（*Teach zum Menschen bringen-Forschungsprogrammz ur Mensch-Technik-Interakion*）、《联邦教育研发部关于创建"学习系统"平台的决定》（*BMBF gru ndet Plattform "Lernende Systeme"*）。围绕人工智能发布的政策有《机器人与人工智能：政府对委员会2016～2017年会议第五次报告回应》（*Robotics and Artificial Intelligence：Government Response to the Committee's Fifth Report of Session 2016 – 2017*）。此外，法国、日本发布了相应的人工智能政策。

中国在2013年开始围绕人工智能颁布了《国务院关于推进物联网有序健康发展的指导意见》《国务院关于印发〈中国制造2025〉的通知》《国务院关于积极推进"互联网＋"行动的指导意见》《国务院关于印发促进大数据发展行动纲要的通知》《国民经济和社会发展第十三个五年规划纲要》。2015年，教育部《关于"十三五"期间全面深入推进教育信息化工作的指导意见（征求意见稿)》，通过大数据采集和分析，因材施教，使教学更加个性化和均衡化。2016年，《教育部教育信息化"十三五"规划》，积极利用云计算、大数据等新技术，创新资源平台、管理平台的建设及应用模式。2017年，《国务院新一代人工智能发展规划》发布，构建包含智能学习、交互式学习的新型教育体系，推动人工智能在教学、管理、资源建设等全流程应用。

2017年，中国发布了具有纲领性作用的《国务院关于印发新一代人工智能发展规划的通知》，被媒体称为"人工智能"元年，对未来中国人工智能产业的发展方向和重点领域给予了指导性的规划。在《规划》中提出要在中小学阶段设置人工智能相关课程，开始编程教育，推动人工智能领域一级学科建设，完善人工智能教育体系内容。说明国家教育科技政策在逐年加强，与教育财政投入形成双管齐下的政策驱动。近年来，让下一代学会与熟练使用编程技术、重视计算思维等培养，已成为世界性的教育发展趋势。教学标准化程度提高，双师课堂及教学可视化、智能化程度提升明显等，预示着一场技术，特别是智能技术重构中国教育产业革命正在到来。

自人工智能研究在中国兴起以来，我国关于人工智能的政策陆续制定出台，有效推动人工智能技术在教育等相关产业的稳步发展。相关政策文献达到数百篇，"在基于大数据分析的类人智能方向取得重要突破，实现类人视觉、类人听觉、类人语言和类人思维，支撑智能产业的发展，并在教育、医疗、办公等关键行业形成示范应用"。2016～2017年人工智能处于稳定发展期，对人工智能的研发和产业发展的认识越来越成熟，政策文献稳步发布，2017年至今，处于人工智能发展的热潮，社会各界对人工智能教育的认识更加深入，相关政策更具有针对性。

二　智能教育产业发展状况

本部分从智能教育企业风险投融资、市场规模与结构、产品和应用等角度，介绍中国智能教育产业发展的现状，由于人工智能在教育中的应用越来越广泛，本报告所指智能教育企业只包含人工智能在教育应用中为核心业务的典型企业，其具体界定范围和统计来源于亿欧智库。

（一）智能教育产业的资本①

AIED公司融资总额快速增长，多数处于发展初期。亿欧对63家披露融

---

① 亿欧智库：《2018人工智能赋能教育产业研究报告》，http：//www.iyiou.com/intelligence。

资信息的 AIED 公司进行统计，2012～2017 年，我国 AIED 融资额呈现快速增长的趋势，尤其是 2015 年开始爆发式增长，2017 年 AIED 融资额达 42.17 亿元。中国目前大多处于 B 轮及 B 轮之前，占比高达 82.6%，大部分 AIED 公司处于发展初期阶段。中国目前 AIED 领域投资 3 次及以上的投资方包括关注 AIED 领域的投资机构、教育培训机构和百度、腾讯等科技巨头，其中教育培训机构好未来投资次数最多，高达 8 次。

表 1　中国投资 AIED 领域 3 次及以上机构

投资机构	投资次数	投资机构	投资次数
好未来	8	挚信资本	3
创新工场	7	ATA 教育	3
IDG 资本	6	北极光创投	3
启明创投	5	真格基金	3
GGV 纪源资本	5	君联资本	3
联想之星	5	腾讯	3
百度	4	经纬中国	3
红杉资本中国	4	H capital	3

资料来源：亿欧智库。

（二）智能教育产业的市场

1. 中国教育财政投入增加

国家统计局数据显示，财政性教育经费占 GDP 的比例自 2012 年以来连续 5 年保持 4% 以上。2016 年，中国财政性教育经费已达 31.393 亿元。

2. 教育消费升级驱动增加

随着我国居民整体生活水平不断提高，消费能力上升，家长和学生日益重视教育方面的支出及学校教学质量。国家统计局数据显示，教育娱乐支出占居民人均消费支出的比重，从 2010、2011 年的 9.9%，持续增长至 2016

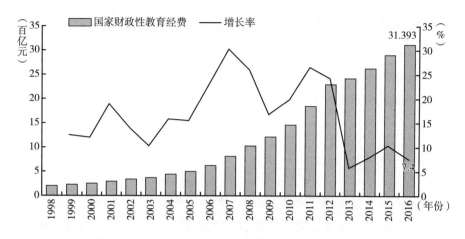

图2 2010～2016年中国GDP总额及财政性教育经费

资料来源：国家统计局。

年的11.2%。HSBC 2017年调查显示，包括小学、中学和大学教育，中国
大陆家庭平均教育支出42892美元。

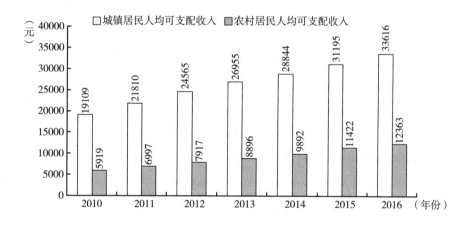

图3 2010～2016年中国城乡人均可支配收入变化情况

资料来源：国家统计局。

3. 技术驱动智能教育发展

互联网基础发展驱动智能教育发展。中国在线教育/手机在线教育课程
用户规模和网民使用率均呈快速上升趋势，截至2017年6月，我国在线教

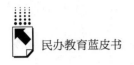

育用户和手机在线教育用户规模达 2.6 亿人。

人工智能技术发展驱动智能教育发展。2012 年，深度学习算法在语音和视觉识别上实现突破，人工智能教育的浪潮逐渐开始，从基于语音识别测评到基于图像识别的智能情绪分析，人工智能在教育领域已经实现十余种产品类型。

（三）智能教育产品和应用

随着人工智能在教育领域应用的不断深入和融合，伴随着算法、算力的不断演进和提升，基于语音、自然语言处理和视觉技术在教育领域有越来越多的应用和产品落地。比较典型的包括语音交互类产品（如英语语音测评等）、智能自适应学习（如智能习题批改等）、智能机器人（如教育机器人、智能安防等）。在行业解决方案方面，人工智能在教育的应用则更加广泛，目前在学校管理、校园安防、教学管理、图书管理、学生发展、考试招生等多个应用场景得到应用。

1. 智能教育终端产品

目前，人工智能技术虽然尚处于发展阶段，且以机器学习、深度学习为代表的新一代人工智能技术主要体现在算法层面，而成熟的实体终端产品并不多。主要应用在教育的产品并不少，下文主要对发展较为成熟且已初具市场规模的五款终端产品予以介绍，分别是智能排课规划、英语语音测评、智能习题批改、分级阅读、教育机器人。

（1）智能排课规划

随着新一轮考试改革，选科排课、走班管理、综合测评一直是困扰学校亟须解决的难题，新高考改革（语文、数学、外语统一考试，加三科自主选择普通高中学业水平等级考试）后，自主选课、分层走班、导师匹配的机制，使之前实施的行政班制度受到很大冲击，市场上迅速涌现一批智能分班排课学校管理的产品，如晓羊科技、智能升学和职业规划公司的国信世教，以及基于大数据的爱云校，包括科大讯飞、百度教育、智课教育、上海易教、全宝在线、爱云校、课程帮、申请方、校管家等等。

表2 国内智能教育市场主流产品

公司名称	主要功能
科大讯飞	智能选科排课、智能升学规划、智能图书馆
百度教育	人工智能实验室、VR 虚拟现实、智能备课系统
智课教育	智能习题批改、智慧图书馆、智能教学系统
晓羊科技	智能选科排课、智能校园管理
国信世教	智能选科排课、智能升学规划
上海易教	智能选科排课、智能校园安防
校宝在线	智能选科排课、智能升学规划、智能招生管理
爱云校	智能选科排课、智能学习诊断、智能过程诊断
校管家	智能选科排课、智能招生管理
申请方	智能升学规划、智能走班排课
课程帮	智能选科排课

资料来源：根据公开资料整理。

（2）英语语音测评

英语语音测评产品有智能口语考试系统和 AI 口语老师。主要替代教师口语陪练及评分统计等工作，提高教师工作效率，同时实现了口语自适应学习。受发音本身的不确定性和语音采集的设备、条件等因素的影响，英语语音测评结果会出现一定的偏差，但总体结果相对准确。目前，该类产品相对不足在于口语反馈的结果只针对了单词发音准确度，是否错读、漏读等情况，互动性也有待提高。

产品分为 2C 和 2B，技术发展相对成熟。我国高考改革方案日益重视对学生英语口语的评测，2017 年北京和上海已分别将英语口语考试纳入中考和高考的总分之中，2018 年有 29 个省市加入新高考，更多省份将在未来几年落实英语口语改革方案。中高考改革反向促进国内英语口语学习的市场需求，AI 在该领域的应用也大量出现。为了学习和测评口语的语音语调标准度、口语流利度以及口语表达能力类"英语语音测评"的 AIED 产品口语考试系统和 AI 口语老师应运而生。基于自适应学习的计算机辅助学习产品分析结果相对准确，但还存在一些技术局限，如反馈结果主要是针对单词发

音，而不是语法错误。互动性也需要提高。针对语音测评的相关企业有十多家，技术相对成熟，如驰声科技。

表3 国内主要智能教育市场产品形态

产品形态	主要功能	产品类型
AI 日常口语老师	通过英语水平测试,将用户的英语水平分级,不同级别的用户设置不同课程,矫正用户口语发音,同时配有听力等英语练习,生成学情分析报告	2C
AI 应试口语老师	通过摸底测评学员的水平后,进行多次现场模拟考试,人工智能评分,并逐句纠音,生成分析报告	2C
微口语解决方案	基于微信公众号,为教育机构提供快速构建智能移动英语学习产品的途径,使用户能通过微信进行口语练习	2B
英语学习行业解决方案	为教育机构的教学提供口语练习、测评和模拟考试,辅助教师教学	2B
正式考试评分方案	面向中高考等考试,提供人机互动口语考试,成绩自动打分,有统计功能	2B
校园版考试辅导方案	运用于学校组织英语听说考试及日常练习,模拟正式中高考考试流程	2B

资料来源：亿欧智库。

（3）智能习题批改

智能习题批改是指"智能批改＋习题推荐"，一种通过线上布置作业到智能批改，生成学情报告的过程。其产品使用了图像识别、自然语言处理、数据挖掘等技术，完整流程是从教师线上布置作业，到人工智能自动批改、生成学情报告和错题集，而后对教师、家长和学生进行反馈，并根据学生学情进行自适应推荐习题。教师在产品系统中布置学生课后任务，这些任务可以同时通知学生和家长，学生在纸面上完成作业后拍照上传至系统，或直接在系统上完成作业提交，系统会自动批改学生提交的作业，并生成分析报告。一方面家长可以在系统上监督学生作业完成情况；另一方面，教师通过学生分析报告，可以针对不同学生学习情况制定个性化教学方案，同时系统也会整理学生错题并为学生智能推荐习题。相对于教师批改更快更细、更客观。

代表性产品有科大讯飞与新东方联合推出的 RealSkill 产品，针对雅思、托福的智能批改，口语练习等方面的学习，据新东方测试，各项指标准确率高达 96.91%。极致批改网是专门针对英语口语和作文的智能批改的网站，同时提供文书润色的功能。极致批改的英语作文是对线上英语文章的批改。

（4）分级阅读

分级阅读是指根据不同学生的智力和心理发育程度匹配适合的书目。其产品使用了数据挖掘、语音识别、自然语言处理等技术，首先对学生的阅读水平进行测试，并将书库的书按照分级标准进行智能分级，根据学生的测试结果匹配相对应级别的书目，实现智能推荐的功能。系统对学生的阅读情况进行测评，生成分析报告后，教师和家长可根据分析报告对学生阅读情况进行监督并进行针对性练习。其中，英文分级阅读测评方式包括学生的听说、跟读、测试，中文分级阅读的测评是根据学生阅读时长和阅读试题的测评结果。分级阅读还可以替代手机高质量书目、推荐书目阅读监督等工作。产品主要集中在英文分级阅读上，国内市场上亟须中文分级阅读产品。据亿欧2018 年 8 月 31 日消息，如新东方在线宣布与英语阅读分级系统提供商美国Metametircs 教育公司（蓝思 Lexile 阅读指母公司）达成战略合作，双方将共同完善新东方在线自主研发的"新东方在线双语阅读整体解决方案"的评测体系，标志着新东方在线双语阅读产品拥有完整和权威的阅读环节。

目前，国内英语分级阅读产品的分级方式主要采用国外分级方式，该方式适用于母语是英语的国外儿童，但对于非英语母语的中国学生的适用性仍有待观察。产品较少，且以英语分级阅读为主，如悦读家园、雪地阅读，考拉阅读是一款针对小学阶段的中文智能分级阅读产品。

（5）教育机器人

教育机器人主要协助教师教学、辅助家长陪伴和照顾孩子、增加儿童学习兴趣。在学校，教育机器人辅助教师教学，增加课堂生动性和趣味性；在家庭，教育机器人起到家庭教师的功能，可以进行简单的英语教学、STEAM 教学、同时可以起到帮助家长看护陪伴孩子的作用，解决了教师和家长不能长时间陪伴和一对一针对性教育问题。如智童时刻研发的 Keeko 机

器人会讲故事，还会给孩子们出题测试逻辑能力，在多家幼儿园颇受欢迎。目前专门研究教育机器人的公司较少，大多数是为各个行业提供机器人解决方案的公司（如寒武纪智能科技），产品特点不强，智能化功能还需要加强，功能与手机、平板电脑等各类智能电子设备相比有突出的优点，如视频、拍照、播放儿歌等；编程游戏以及一些故事内容不够丰富，容易使孩子失去兴趣，在对话和语音教学上，不管是汉语还是英语，机器人发音过于机械，不利于儿童学习，总体来看，未来发展和改进空间巨大。

针对素质教育可以在音乐、美术、围棋等方面，通过人工智能陪练，分析学生学习程度，进行智能纠错，生成学情报告。目前主要用于钢琴陪练，实现自适应学习，并且尚处于早期阶段。

2. 智能教育场景应用

相较于终端产品，智能教育相关的场景应用目前已比较丰富。下文重点介绍智能教育技术在智能管理、智能教学、智能学习、智能招生和学生发展等方面的应用。

（1）智能管理

人工智能对教育管理工作主要表现在教学资源管理和学校运营管理两大主题。教育机构包括学校和教育培训机构，其管理工作包括教学、学生和学校三大板块，包含选科排课、招生就业和学生辅导，以及学校安防和信息管理等工作。尤其是新一轮高考改革和基础教育课程改革下，学生管理机制和教育教学工作将发生深刻的变革，以选科排课为核心的智能化管理应用发展将更加深入、亟须和凸显。

（2）智能教学

人工智能对教师工作主要表现在改进教学方式和辅助教师管理两大方面。由此解决教师数量和质量不足与学生教学需求量巨大的矛盾。此外，还有智能学情分析（如东方智学）、智能情绪识别等，智能学情分析是在积累了学生学习成绩、学习进度和学习习惯等数据后，对其进行智能分析，并给出分析报告，协助教师对学生学习情况进行管理，设计个性化教学方案，如新东方优能"多元智能测评系统"、极课大数据的"极课EI"，目前专门做智能学情分析的公司较少，主要渗透在以上五款终端产品之中，对学生学习结果进行分析并反馈，如爱云校的"好分数"。智能情绪识别是指通过图像识别技术识别学生课堂表现，了解学生学习的心理过程，性格、兴趣和注意力，目前该产品主要是教育培训机构应用技术公司合作研发，如好未来、VIPKID 等。

（3）智能学习

人工智能对学生学习主要表现在辅助学生在学习中整体归纳的过程、节省学生大量的时间，减少搜图找题的麻烦，针对小学、初中和高中的学生，拍照搜题产品功能大同小异。笔记整理和错题归纳的产品既包含智能批改与习题推荐的产品，也包含智能书写本产品（如云书写）。前者产品发展相对成熟，市场上产品同质性大，产品内容大同小异、竞争激烈；后者需要硬件支持，通过智能产品录入手写笔记、公式等，智能书写本能实现自动批改、分析功能。

AI 在学生完成课后作业与课外习题练习中的应用，主要包括题目搜索与推荐，如拍照和题库类的 AIED 产品。可以通过系统将答案反馈给学生，并如小猿搜题，题库类产品为学生提供大量的习题，并通过学生在系统上做的题目和正确率进行分析，智能推荐习题，如学吧课堂。

智能书写本产品不仅可以用于学生日常学习，也可以应用于教师备课、教学等工作之中。此类产品目前还处于初期阶段，相关应用较少，代表性产品包括科大讯飞智能书写本、汉王教育电子书包、Anote 智学本等。一般产品也会包含智能推荐视频课程等功能。

（4）智能招生

目前比较典型的产品有针对国际教育的智课网和针对 K12 的艾学教育"智适应系统"。智课网是以翻转课堂为核心，致力于打造"学、练、改、管、测"一站式学习服务的在线学习平台。智课网汇聚了出国考试、考研全科、四六级、语言学习等各科首席专家以及遍布全球的外教专家，通过智能系统为学员提供名师课程、真题精讲、写作批改、口语诊断、学习督导等专业服务。同时还为学员提供模考、练习、抢考位、院校库、备考资料等功能。

（5）学生发展

艾学教育是目前市场上对人工智能应用相对系统化的教育培训机构，公司定位国内第一家人工智能自适应网络教育公司。自主研发了针对 K12 领域的学生自适应学习产品的"智适应系统"模拟真实教师教学，在教学过程中的教、学、评、测、练均应用了人工智能技术。教学过程中，艾学教育采用线上"智适应系统"与真人教师结合的教学模式。以"智适应系统"为主，负责教学授课，真人教师进行辅助，负责答疑解惑和学生心理辅导等内容。艾学教育系统模拟特级教师给孩子一对一量身定做的教育方案并且一对一实施教育过程，该公司称，其教学模式比传统教育效率提升 5 ~ 10 倍。2017 年，艾学教育研究调查显示，智适应系统比真人老师有显著的提分效果，平均高出 10 分，在"有效性"和"满意度"上获得了学生良好的反馈，其知识状态检测准确率已达到 90%。

三　智能教育发展趋势：机遇与挑战

本部分从智能教育发展趋势、问题、展望等角度，结合既有研究报告和本文以上具体发现，我们可以得到以下几点对中国智能教育发展的初步判断和认识。

（一）智能教育发展趋势

1. 智能教育投资热情高涨，融资规模轮次增长迅猛

据亿欧智库统计，目前学生任务、教育机器人、"智能批改 + 习题推荐"、语音测评类公司融资总额相对较高。其中，由于大多数机器人公司是为各个行业提供机器人解决方案，教育类型的机器人只是其中一项业务，所以教育机器人类的公司实际融资并未达到 24.84 亿元。2012 ~ 2017 年，我国 AIED 融资额总体呈现快速增长的趋势，其中学生任务类的 2C 产品增长最为迅速。

与医疗、金融领域横向对比分析，据亿欧智库统计，截至 2017 年 8

月，国内医疗人工智能公司累计融资额 180.2 亿元，国内智能金融公司累计融资额 20.9 亿元；截至 2017 年 12 月，国内 AIED 公司累计融资额 110.3 亿元。

2. 众多机构将纷纷布局智能教育产品，产品形态多样化

除人工智能公司外，目前，众多教育机构通过收购、战略合作、建立专门的技术研发部门等方式纷纷布局智能教育产品，以争取先入优势，占领智能教育的市场份额。双师模式、学科融合、认知神经科学和数据科学将引领未来教育发展新方向。

据亿欧智库统计，教育培训机构布局智能教育的主要产品如表 4 所示，主要集中在英语语音测评、分级阅读、智能考试、情绪识别等方面。

表4　国内教育培训机构主要布局智能教育产品

公司名称	产品名称
新东方	Realskill、SPT、分级阅读
好未来	ITS 系统、魔镜系统、分级阅读
智课教育	智课选校帝、智课崭雅思、智课崭托福、智课名师课
泸江网	Uni 智能学习系统、Hitalk、天天练口语
51Talk	Air Class 空中教师、分级阅读
VIPKID	Homework 系统、智能情绪识别、分级阅读
哒哒英语	智能情绪识别
精锐教育	ALTS 智能学习系统
掌门 1 对 1	智能情绪识别
高顿财经	Epiphany 系统

资料来源：首都教育经济研究院，参考亿欧智库，www.iyiou.com。

3. 新一轮高考改革推动智能教育生态系统的深刻变革

新一轮高考改革不仅撬动了基础教育的教育教学和学校管理全面变革，智能排课、智能选科、职业规划、智慧校园、区域数据管理等在"互联网＋"环境下的大数据、云计算和深度学习，还将原有信息化程度较低的基础教育全面并深度激活，从学术水平测试（SPT）、云平台、智能排课，到

以智能化职业规划，基于大数据的高等教育管理咨询服务，教育机器人智能陪伴和安防等广泛的应用。

（二）机遇与挑战

教育系统的各个方面、各个维度关系复杂，作为学校和教育机构的管理者，对人工智能的认知还很模糊，对驾驭人工智能技术在教育中的应用还很陌生，对人工智能辅助学校管理和教育教学的能力提出了新的挑战与考验。不仅要改进和完善现有教育体系，满足学生需求，更要能够预见来自新技术的威胁，及时采取相应的对策措施，未来教师的重复性工作将会逐渐替代掉，教师的工作内容也会逐渐改变，教育者应该主动学习人工智能相关知识，对于教师来说，能与人工智能系统配合，分析智能系统的数据报告，找到适合学生的学习路径的技能显得愈发重要，同时，学生的学习心理等发展方面需求也越来越多。

同人工智能一样，目前，对于智能教育还没有完全清晰的界定依据，这是研究此新兴领域面临的普遍难题。虽然查阅了相关研究文献，但均未找到学界对智能教育概念的定义。由于智能教育概念划分还比较模糊，因此，许多产业数据统计无法查找，相关资料来源仅依据亿欧智库和国双中心统计分析，还缺乏全面性、科学性和准确性。本研究对中国人工智能企业发展、市场与规模、产品和应用还缺乏数据统计与分析，因此，仅从社会认知和综合影响等方面对具有代表性的企业展开案例研究，从而弥补本研究的不足。

中国人工智能领域的技术发展与市场应用已经进入国际上前沿国家群体，发展势头和速度迅猛，中央和地方政府都积极出台大力支持人工智能发展的政策；资本市场对人工智能热情高涨，随着新一轮高考改革所推动的教育信息化浪潮，人工智能在教育等领域的应用逐渐深化且发展迅猛，大多数国民对人工智能持乐观态度，而且乐于接受人工智能产品，这为人工智能在教育产业的发展提供了非常有利的政策、舆论、金融、市场和人才供给等发展环境。我们必须借人工智能发展的东风，加强人工智能在教育领域应用的深入研究，大力鼓励产学研合作，让企业成为智能教育的主导力量，将人工智能技术与教育科学深度融合，将其纳入相关的教育和设计实践中。此外，我们还应当积极加强认知神经科学、脑科学等基础研究，在人工智能未来的技术发展、体制发展和人才培养等领域发挥独特的作用，促进人和社会的全面发展，促进人类健康和幸福。

参考文献

刘正宗：《智慧教育背景下高校工程管理专业人才实践创新能力培养质量研究》，《科技进步与对策》2018年第24期。

黄璐、郑永和：《人工智能教育发展中的问题及建议》，《科技导报》2018年第17期。

张利：《"智慧教育"理念下提升职业教育教学有效性研究》，《职教论坛》2018年第12期。

张晓芳：《智能化背景下成人学习支持服务模型构建探讨——以开放大学为例》，《成人教育》2018年第12期。

魏忠：《发展人工智能 教育应有作为》，《中国教育报》2017年3月10日，第002版。

B.3
通过机器人实现双师教育：智童时刻

蔡宏波　高长平*

摘　要： 智童时刻是以融合 STEAM 学前教育内容、人机融合的双师课堂和自适应 AI 学习引擎的创新型科技企业，以"科学启蒙智慧"为愿景，秉承"创造不止、无缝连接"的价值观，致力于人工智能在幼儿教育领域的应用，打造专业的 AI 幼教内容平台。主要产品线，一是基于人工智能技术和儿童 STEAM 教育相结合的 Keeko 机器人系列；二是通过机器人载体幼师制作 AI 课件为广大幼师提供课件定制工具的 AI 幼教内容平台，以及智能小硬件 Keeko 智能吸色笔。本研究从技术与变革分析入手，重点分析智能化教育科技企业商业模式与技术创新所面临的机遇与挑战，以此探索中国教育科技企业智能化之路，并为先发企业提供发展与创新的借鉴。

关键词： 学前教育　AI 双师课堂　教育机器人　自适应学习　STEAM

一　公司的创立①

智童时刻〔智童时刻（厦门）科技有限公司〕是一家以从事儿童智能教育机器人研发生产，同时打造 AI 幼教内容平台，围绕人工智能在幼儿教

---

* 蔡宏波，北京师范大学经济与工商管理学院副教授，主要研究方向：国际贸易理论与政策。高长平，北京师范大学教育学部进修教师。
① 参考资料来源于智童时刻。

育领域的"AI＋幼教"服务供应商，由毕业于东京大学工学院人工智能实验室、资深的语音人工智能专家，原太阳微电子亚太区任职的郭长琛创办。总部位于厦门市同安区同集中路 2002 号人才创业园，以"科学启蒙智慧"为愿景，秉承"创造不止、无缝连接"的价值观，致力于人工智能在幼儿教育领域的应用，打造专业的 AI 幼教平台。

公司于 2016 年 6 月发布了 Keeko 第一代教育机器人，Keeko 教育机器人是智童时刻创造的基于人工智能技术和儿童 STEAM 教育相结合的首款产品。2017 年 9 月，发布了 Keeko 家庭版教育机器人。2018 年 4 月发布智能小硬件——Keeko 智能吸色笔，并为广大幼师提供了一款课件定制工具，通过机器人载体就可以制作出 AI 课件。

早在留学日本期间，郭长琛就长期关注人工智能的商用市场，思考人工智能落地方向。2014 年，郭长琛入选厦门市政府"双百人才"（A 类）引才计划，次年在厦门创办智童时刻（厦门）科技有限公司，组建技术团队，从智能教育机器人的研发开始介入"AI＋幼教"领域。为完善教研团队，智童时刻全资收购台湾教研公司，在台湾设立教研中心，为项目注入教育基因。当年 4 月，项目获得天使投资。

2016 年 6 月，经过一年多的研发，智童时刻发布了首台教育机器人 Keeko 小骑兵。产品定位于 0 ~ 6 岁幼儿教育，除了语音对话、百科问答、唱歌跳舞等基本功能之外，还内置了大量益智游戏，更提供了针对幼儿的实物编程功能，让幼儿可以通过卡片、语言等工具完成基础的编程，并通过机器人表演出来。产品发布后，开始在国内部分幼儿园试用，并被台湾、香港等地的幼教机构引进，用于特定目的的教学实践。当年，智童时刻先后于 1 月、10 月完成 A 轮、A＋轮融资，投资人包括赛富资本、卢智资本、两岸青创基金等。

2017 年，公司开始加强产学研合作，利用高校智力提升研发实力。4 月，公司正式成为教育部"蓝火计划"合作成员单位。5 月，与南京师范大学联合成立儿童认知发展与言语智能产学研联合实验室。6 月，与北京师范大学联合成立教育机器人产业发展研究中心。在强大的科研力量支持下，公

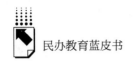

司新品研发进一步提速。9 月，公司发布第二台机器人 Keeko 小水滴，产品加入企鹅式移动系统及声源定位功能，表现形式更加丰富。

这一年，智童时刻先后荣获首届中国高校科技成果交易会优秀合作奖、2017 年度中国双创好项目、福建企业创新优秀成果等荣誉，2017 年底，正式获评国家级高新技术企业。当年 9 月，公司完成 B 轮融资，投资人为华教未来。

二　愿景与使命：以"科学启蒙智慧"为使命，
解决幼教师资短缺难题

近年来"双师"概念兴起，在职业教育及中小学教育均取得良好的效果。智童时刻以"科学启蒙智慧"为使命，将"双师"概念引入幼教领域，打造幼教机器人和人类幼师相配合的"AI 双师"服务，通过技术手段，实现优质师资的普及，已取得初步成效。

在中国，师资瓶颈已经对幼教行业发展造成很大的困扰。从数量到结构，都有很大问题。西南大学教育政策研究所曾经对缺口做过估算，到 2021 年，我国学前教育阶段的在园幼儿数将达到 5750.82 万人，需要专任教师 383.39 万人，保育员 191.69 万人，教师总需求量 575.08 万人。除了数量缺口大以外，幼师素质参差不齐也是一个问题。根据教育部统计，2016 年全国幼儿园教职工的学历主要集中在专科水平，占总数的 56.37%，22.4% 的教师只有高中及以下文凭，本科以上学历仅 21.23%。师资瓶颈问题凸显，市场亟须能够解决或者缓解问题的解决方案。

郭长琛认为，要破解幼教师资瓶颈，需要从两方面入手：一是给幼师减负，减少师资流失的情况；二是为幼师赋能，帮助幼师提升教学水平。通过 AI 幼教内容平台可以降低幼师制作机器人课的难度，帮助幼师提高教学水平。但对于更广大的普通幼儿园而言，"他们希望能够有更简单、更有体系化的产品"。郭长琛说。

在此背景下，智童时刻打造了一个名为"AI 双师课堂"的产品，这个产品包括三个部分：名师做课、机器人交互、普师助教。公司邀请优秀的幼教名师、内容商制作成体系的 AI 机器人课程，让机器人做名师的"分身"，普通老师只需要在现场组织管理，相当于助教的角色。"由于机器人的介入，普通幼师也可以上出名师课。"郭长琛表示。

针对当前幼儿园提倡减少集中授课、增加分组活动的特点，AI 双师把直接互动变为 AI 互动，更适合幼儿园日常教学场景。同时，通过将名师、内容商的优质课程"封装"到 AI 教案中，优秀的经验可以摆脱时间、空间的限制，更低成本、更大范围服务更多的幼儿园，帮助普通幼儿园提升教学水平，而机器人交互与现场老师引导互相补位，保障互动效果。

AI 双师的优点不止于此，"机器人承担主要的互动，也可以为老师提供更大的空间，用来观察幼儿的反应，进行有针对性的引导。"郭长琛说，此外，机器人可以记录幼儿的活动数据，为课程进一步优化提供大数据基础。

同时，AI 双师也可以向家庭场景延伸，由家长充当现场助教的角色。同样，通过机器人收集、分析幼儿的使用习惯，还可以向幼儿智能推荐适用的课程，实现自适应学习。

2018 年 9 月，智童时刻正式推出基于 Keeko 机器人的第一个"AI 双师"课程。KeeKo"执教"的第一个课程是幼儿编程课，这套课程目前有 16 节课，让小朋友们在游戏中系统了解编程的概念，培养编程思维。郭长琛介绍，目前推出的 16 节编程课只是"小试牛刀"，未来这门课程还将继续拓展，覆盖学前教育的各个阶段。此外，智童时刻还与不少著名的伙伴合作，已经有几套课程正在研发当中，范围包括幼儿英语、思考力开发、幼儿安全教育、情绪管理等等。

三　模式与创新：STEAM 的幼儿学习内容＋人机 融合式双师课堂＋自适应 AI 学习引擎

（一）智童时刻的主要商业模式：硬件销售和服务收费并行的盈利模式

通过推出"AI 双师"服务，智童时刻的商业模式也实现了从硬件销售

向课程销售的转变。智童时刻向幼儿园所提供 AI 教室教具教辅材料，帮助幼儿园打造适合机器人双师课程的 AI 教室，让幼儿园开设 AI 双师特色课程的兴趣班（特色课、区角课等），帮助幼儿园增加收费项目。公司根据幼儿园开课情况，按开班量收取课程使用费，通过不断推出新的 AI 双师课程，提高单位教室的创收能力。

目前，智童时刻的销售体系为课程销售与硬件销售并行。对于大部分园所，可以通过引进 AI 双师服务，突破师资瓶颈开设特色课程；部分预算宽裕的园所，可以直接采购整套设备，除了开设公司提供的双师课程之外，也可以用于设计自己的特色课程，打造园所品牌，扩大影响力、竞争力。

（二）智童时刻的主要技术模式：从"教玩具"始，经"辅助工具"，到"机器人老师"的三段进阶

智童时刻从智能机器人硬件入手到"AI 双师"，经历了三个发展阶段：智能教玩具、上课辅助工具、机器人老师。

1. 智能教玩具：表演性强于实用性

郭长琛认为，在未与课堂充分结合之前，再智能的教育机器人也只能称为"教玩具"。智童时刻也走过这一历程，刚推出的 Keeko 机器人可以唱歌跳舞、播放内容、投屏、打招呼，和使用者进行语音对话、做各种表演，通过可爱的外形和憨态可掬的动态赢得幼儿的关注和喜爱，甚至还具有实物编程功能，但是由于此时的产品与教学的直接关系不大，表演性要强于实用性，因此只能称为教玩具。

2. 辅助工具：介入课堂辅助教学

这一阶段机器人已经进入课堂并成为课堂的一部分。

公司通过提供 AI 内容平台，由内容方在平台上生产 AI 课件，并由机器人执行。在课堂上，Keeko 机器人呈现为人类老师的辅助工具，通过将平面交互转为立体交互，调动幼儿的兴趣度、专注度，提升课堂趣味性，有效提高教学成果。从 2017 年开始，Keeko 机器人作为辅助工具在部分幼儿园投入使用，有效提升了教学效果。与此同时，在高校专家的指导下，智童时刻

与多所幼儿园展开联合教研，推出幼师制作的 AI 双师课，除了日常教学外，还用于参与教学技能竞赛及行业交流，影响力进一步扩大，智童时刻对幼教行业的理解也进一步加深。

3. 机器人老师：由机器人主导，人类教师辅助机器人的课堂模式

受制于幼师教研能力，初期的 AI 双师课程仅适用于部分公立幼儿园及高端私立幼儿园。也正是在此时，智童时刻明确通过教育机器人的应用解决幼教师资瓶颈问题，开始以机器人为主、人类教师为辅的 AI 双师课程的研发。

2018 年夏，智童时刻推出 AI 教室方案并发布首套 AI 双师课程，通过内容 AI 化工具，将名师教案转化为在机器人上可以表现的 AI 课程并"封装"到机器人中。实际课堂上由机器人主导，人类教师作为机器人的助教组织课堂秩序、观察学生学习效果，并将现场数据反馈给 AI 内容开发者，为后者完善课程提供数据支持。

四　产品与服务：基于人工智能的幼教助手 Keeko 小骑兵、幼儿成长好伙伴 Keeko 小水滴、一笔一童年 Keeko 智能吸色笔

（一）Keeko 小骑兵：专为老师打造的教学工具，3D 立体化的课件展现

Keeko 小骑兵是专为老师打造的教学工具，改变传统载体 2D 的表现方式，将课件从墙上搬到地面，3D 立体化展现，互动效果更加人性化。对学生是一个高体验、高交互的教育载体，引导儿童自主参与，激发儿童的学习兴趣。

1. 八大机能，安全设计：让人工智能更贴切幼儿教育体验

Keeko 小骑兵拥有视觉、听觉、触觉、情绪、逻辑、协同、沟通、移动八大机能，让人工智能更贴切幼儿教育体验。幼儿专家精心调测的儿童语言

指令系统，实现与儿童轻松交流的能力，实现多台协同操作；自由定义角色，实现机器人话剧的表演，具备自主场景触发模式，训练孩子学会如何表达友好和亲密，独立的智能制动模块，结合教学场景，灵活运动，唱歌跳舞；可以自由编程，机身设计 8 个触摸点最大程度地感知和触摸可以进行组合编程，300 种符合儿童审美的拟人化表情，真实感受情绪变化，具有基础学习记忆能力和简单推理判断能力，自主判断接受到的信息并做出正确反馈。安全设计源于对低龄儿童每个细节的关注。

2. 示范课堂：提供了一系列模块化示范课，操作简便

Keeko 提供了一系列模块化示范课，操作简便，可以迅速完成大部分课堂所需课件的准备工作，即使在人工智能方面零基础的老师，也能轻松上手。Keeko 还专门提供了一套人性化的订制工具，通过这套工具，老师可以非常轻松地把自己的 word、PPT 等形式的教案，制作成独一无二、生动活泼的机器人课程，提升课堂体验和个人技能。

3. 编程功能：让2岁小孩也能玩的实物编程、能编故事

Keeko 独创的实物编程，让 2 岁的幼儿即可通过卡片、语言独立编辑一段话、一个小故事、一个舞蹈，并通过机器人绘声绘色地表演出来，激发幼儿表达欲望，在游戏中训练逻辑思维、发散思维能力。

Keeko 将语言人工智能应用到幼儿教育领域，随机刷入卡片，即可创造精彩故事。同时通过对海量经典名著、儿歌、童谣的深度学习，即使刷入相同卡片也能创造出不同的故事，大大拓展了幼儿思维。

4. 内容体系：满足使用需求，让幼儿园各种活动耳目一新

为丰富产品内容体系，Keeko 收购台湾内容团队、组建内容部门针对学前教育场景独立开发大量基于机器人的课程，益智游戏并根据幼儿年龄段的特点，对海量内容进行科学分类，满足用户使用需求，陪伴在幼儿园的每个角落，成为语言区、阅读区等各个活动区的新伙伴。针对孩子日常吃饭、睡觉、穿衣、穿鞋、洗手、上厕所等场景，Keeko 专门定制了相应的辅导内容，让孩子在精美的画面、轻柔的音乐声中，养成好习惯，同时也减轻了老师反复演示的工作。

同时，家长开放日、读书节、儿童节、毕业典礼……在幼儿园的各种精彩活动中，都能让 Keeko 在大家面前一展身手，无论是一段舞蹈、一首儿歌、一首古诗或者精心安排的趣味对话，保证都能萌翻全场，给嘉宾们带来耳目一新的感觉，展示园所与众不同的特色。

5.家园共育："会思考的教室"，孩子、家长发生"智"变

Keeko 还致力打造"会思考的教室"，让孩子的每次思考都"可视化"，在这样的机制下，家长从园所接受到的不只是孩子完成的作品，机器人将还原孩子每次思考的过程，更直观地展现孩子的学习和成长，对家长来说，没有什么比这更美妙的了。

（二）Keeko 小水滴：专为家庭 AI 幼教课程服务，两岁可以编程的机器人

Keeko 小水滴是专为家庭用户提供丰富的 AI 幼教课程服务，帮助家庭提高亲自教育质量开发的产品，是幼儿两岁就可以玩转的编程机器人。擅长于编程互动、故事创作、才艺表演。产品主张通过故事培养思考力，用 Keeko 编程卡片创作故事，亲自互动，让孩子思维可视化，故事输出立体化。

1.核心功能：创建交互化、情景化、主题化的优质游戏课程

根据不同年龄段，智能联想匹配最合适的交互答案，通过编程卡片及语音录制，结合动作及表情，完成句子、歌曲、故事创作，并可以生成立体化故事，让孩子发挥无限想象力，才艺双全、能歌善舞、知识百科、培养一种情感沟通方式，配合视听觉板块，让孩子在娱乐互动之余涉及更广泛的知识，窥探更大的世界。名师策划制作，结合 0~6 岁不同年龄的幼儿身体发展特点，从语言学习、事物认知、思维拓展、独立思考的方面启蒙，满足不同年龄段孩子的成长学习需求，让孩子在玩乐中学习。名校名师指导与专业团队打造五大领域，1000 多课程满足幼儿旺盛求知欲。

2.扩展功能：打造全球安全、优质的儿童人工智能开放平台

贴近幼儿生理特点的安全设计，全身 4 个触摸点可提供拟人的反馈；轻触语音两种唤醒方式，另有长距离语音识别功能。企鹅式移动系统实现灵活

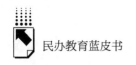
的运动机能，不用轮子也能走路、跳舞。机器人能实现学习、亲子、分享和交流互动，另还针对幼儿行为特点持续优化 AI 机能，打造全球优质的儿童人工智能开放平台。

（三）Keeko 智能吸色笔：可以吸取自然界中六万余种颜色，让世间万物都成为孩子的调色盘

Keeko 智能吸色笔是智童时刻推出的首款智能教玩具。笔尾轻触实物取色，轻松捕捉生活中的美妙色彩，手眼互动，认知多彩的世界，Keeko 智能吸色笔功能可以吸取自然界中六万余种颜色，让世间万物都成为孩子的调色盘。

在儿童教育中，纸条和颜色是孩子感知世界的桥梁，美术教育普及尤为重要。Keeko 智能吸色笔是针对儿童学前教育推出的吸色触控画笔，以万物色彩为基础，通过智能取色和绘画涂鸦功能，开发孩子创新能力、观察力和记忆力，让孩子提前接受有效有益的美术熏陶，提高孩子审美和艺术修养。

1. 核心功能：丰富孩子童年色彩的好伙伴，极力保护宝宝涂鸦的兴趣和想象力

笔尾轻触实物取色，轻松捕捉生活中的美妙色彩，内容丰富的涂鸦模板资源随取随用，不再局限于孩子的单一想法，帮助孩子放飞思维，即兴涂画，畅想涂鸦带来的快乐。探索色彩本源，帮助孩子快速掌握调配颜色方法，辨认颜色、提高色彩感知能力。一笔智能生成的曼陀罗线稿，让孩子充分体验描摹上色带来的成就感，还可以培养孩子的毅力和耐心。拍摄取景后可以选择黑色或彩色的照片进行轮廓描摹并上色，磨炼孩子对事物的印象，同时提高孩子的审美意趣。用孩子的画留住童年，为孩子记录每个成长的瞬间，孩子画的每一幅作品，都将保存下来，时刻见证成长，分享快乐。

2. 拓展功能：RGBW 传感器色彩空间矩阵算法，精准捕捉色彩

RGBW 传感器色彩空间矩阵算法，接近实际人眼的环境光光谱，精准捕捉色彩。模板丰富，轻松愉悦，便捷的蓝牙配对，一键回撤，超轻便电池，支持模糊拍照进行临摹，拍照的图片可以进行模糊调整。

据介绍，这些产品除了单独使用外，公司还在开发相关课程，使其充分融入 AI 双师课程。郭长琛介绍，接下来智童时刻将结合幼儿成长各阶段的能力培养特点，每年推出 2~3 款智能教玩具，不断丰富 AI 双师的产品线。

五　成长与发展：作为中国 AI 幼教行业代表，走向国际市场

2018 年，智童时刻进入第三年。随着软硬件产品的不断完善，公司战略从研发为主转向研发、市场并重，开始组建销售团队，开拓全国经销网络。同时，公司秉持开放心态，积极开展战略合作，共同开拓市场空间。

在市场方面，公司先后与中视前卫（央视全资子公司）、恒信东方、人类智库（台湾）等重要合作伙伴达成战略合作。

公司的研发实力也进一步增强。年初，公司加入新一代人工智能产业技术创新战略联盟，并当选理事单位。6 月，公司入围 2018 中国人工智能商业落地 100 强榜单，9 月，公司与中国技术供需在线厦门中心共同建设的蓝火计划教育机器人研究院正式揭牌，将重点开发人工智能小硬件、机器人操作系统、内容 AI 化平台以及儿童 AI 绿色搜索引擎，利用人工智能技术为幼儿提供更多寓教于乐的学习工具、为老师提供更便捷的教学帮手。同时，研究院还将联合各大高校，针对性地开发一系列 AI 双师课堂，涉及课程包括英语、国学、美术、编程等。此外，研究院还将在全国选择部分幼儿园、早教机构建设试点实践园所，推广 AI 双师服务，为这些试点实践园所提供最新研发的 AI 双师课程，并与园方开展合作教研活动。郭长琛透露，蓝火计划教育机器人研究院正牵头开发全国首套《人工智能与幼儿编程》教材，最快 2019 年 9 月即可进入全国各地的学前教育大专院校。

产品方面，2018 年 5 月，公司与中视前卫联合发布一款智能吸色笔。产品采用了中央电视台少儿频道著名节目《智慧树》的多款 IP，并作为节目常备道具在节目中展示。产品目前已上市销售。此外，公司还有多款针对 0~6 岁幼儿教育的 AI 智能硬件正在开发当中。

2018 年 8 月，公司发布首款平台产品——"AI 幼教内容平台"，为幼教内容制作方（教师、出版社、课程商等）提供简单易用的内容迁移工具，使之可以轻松将传统内容制作为可在机器人上使用的 AI 内容；并提供交流、分发平台。同时，为贴近实际教学场景，智童时刻推出包含机器人、教辅材料包在内的 AI 教室方案包，供幼儿园打造 AI 教室。

（一）"Keeko 小骑兵"进入国内外幼教机构

公司首台教育机器人 Keeko 小骑兵发布于 2016 年 6 月，2017 年初实现量产。目前，产品已经进数百家幼儿园及早教机构，中国台湾、中国香港、新加坡、马来西亚也有幼教机构引入，受到市场的欢迎。

（二）"Keeko 小骑兵"教学辅导效果获得学界认可

在大陆不少幼儿园，幼师将 Keeko 作为教学创新的重要助手引入课堂并参与公开课及教学比赛，取得不俗的成绩。香港一所幼儿园的老师用 Keeko 机器人辅导非汉语母语的幼儿学习中文，跟踪观察了 20 名母语非中文的孩子使用机器人学习中文的效果。研究证明，在 20 个随机选择的孩子中，有 15 个孩子汉语水平获得有效提升，不仅扩大词汇量，口语水平也显著提高。老师们认为机器人可以用来帮助幼儿发展语言技能，并且在相关的活动中发挥作用，比如提高孩子的学习兴趣、在潜移默化中练习阅读和发音能力、帮助老师了解孩子的词汇量水平并据此优化后续的教学方案。此外，Keeko 的易用性也获得老师的认可。[1] 从理论和实践上认可了 Keeko 机器人帮助老师开展教学、提升教学水平的功能。

（三）"Keeko 小骑兵"作为中国 AI 幼教行业代表，赢得国际声誉

2018 年，智童时刻经过近四年的发展，已经成为 AI 幼教行业的代表企

---

[1] *Foreign Language Adoption of Young Learners（3 – 6 Years Old）Through the Robot.*，2018 年亚洲语言学习会议，2018 年 4 月 27～29 日。

业，并具有相当的国际影响力。

从 2017 年开始，机器人进入幼儿园课堂，全新的教学方式引起国内外媒体的强烈好奇，纷纷采访、报道智童时刻的产品和服务。当年，埃菲社（全球最大的西班牙语通讯社）、欧洲新闻图片社、专题采访了 Keeko 小骑兵在幼儿园的使用并进行了产品介绍，文章被世界多地媒体刊发，并被国内《参考消息》转载。

2018 年 8 月底，著名通讯社法新社专题采访 Keeko 机器人作为"小老师"在幼儿园的上课场景，刊发了一系列的视频及图文报道《机器人老师"涌入"中国幼儿园》，被法国新闻广播集团、欧洲新闻电视台、新加坡《商业时报》、沙特的《阿拉伯新闻报》、英国著名的老牌媒体《每日邮报》、中国香港的《南华早报》、中国台湾的《工商时报》、马来西亚的《波罗洲邮报》、印度历史悠久的《印度教徒报》等著名媒体纷纷转载，"Keeko"成了中国幼教机器人的代名词。

六　机遇与挑战

目前，我国教育科技产业也正在经历欧盟、美国、德国、法国、日本等跨国教育公司经历过的全球化发展之路。[①] 智童时刻作为全球化教育科技企业，在我国儿童教育机器人方面已经取得了开创性的成效，"AI 双师"解决了我国幼教师资面临的瓶颈与难题。目前，幼儿信息化仍处于发展初期阶段，学前教育生态包含多种企业类型，竞争较为激烈。其中在教育信息化方面提供了幼儿园多媒体产品和家园共育平台两类产品和服务类型。幼儿园多媒体产品分为硬件和软件两部分，硬件包括幼教白板、投影机、教学主机、一体机等，软件为多媒体数字课件等。家园共育平台为幼儿园和家长提供实时沟通的平台，并搭载个性化育儿方案指导家长开展家庭教育。目前，家园共育 APP 产品同质化略为严重，基础功能相似的情况下差

---

① 清华大学中国科技政策研究中心：《中国人工智能发展报告（2018）》，2018。

异性仅体现在软件色彩与操作方式等方面，且多数尚未探索出可行的赢利模式。①

作为幼教市场的新物种，智童时刻的 AI 双师为幼教创新及教育均衡提供了一个新的方向。不过作为新事物，优劣势都比较明显。

（一）AI 教室、AI 双师服务的推出，智童时刻的 Keeko 机器人完成了从进入幼儿园到进入课堂的过程，让机器人在幼儿园中找到位置

经过近两年的探索，尤其是 AI 教室、AI 双师服务的推出，智童时刻的 Keeko 机器人完成了从进入幼儿园到进入课堂的过程。AI 双师服务打造清晰的应用场景，明确了机器人在幼教课堂中的定位，使其实现了从"好玩有趣"到"有用""好用"的进阶，拓出市场空间。同时，公司针对不同需求的园所提供针对性的解决方案，照顾到各方需求的同时，也扩大市场容量。

（二）AI 双师服务可以直接弥补师资不足的瓶颈，通过较少的投入实现教育质量的大幅提升

近年，众多少儿服务机器人产商纷纷投身机构市场，但是对于实际使用园所而言，机器人仍是新鲜事物，加上费用不菲，若直接采购试错成本较高。智童时刻的 AI 双师服务使服务收费成为可能，通过开设收费兴趣班、区角课、特色课等形式，引进 AI 双师服务为园所打造了新的盈利点，园所参与的积极性大幅提高，对于项目的推广十分有利。对于广大幼儿园而言，AI 双师服务可以直接弥补师资不足的瓶颈，通过较少的投入实现教育质量的大幅提升。尤其是教育资源比较薄弱的三四线城市及乡镇幼儿园，引进 AI 双师课程可以同步一、二线城市的优秀教育资源，虽然无法完全复制，但是仍对提升教育水平有很大帮助。

---

① 德勤：《教育新时代——中国教育发展报告（2018）》，2018。

（三）AI 双师服务模式中，课程费具有低单价、高毛利的特点，只有不断推出高质量的 AI 双师课程，让引进产品的幼儿园提高硬件复用率，才能获得可观利润

课程质量及开发速度直接决定项目发展速度。在智童时刻的 AI 双师服务模式中，课程费具有低单价（相对机器人本身价格）、高毛利的特点，幼儿园引进的课程数、每个课程的开班量直接决定单个教室的利润。智童时刻只有不断推出高质量的 AI 双师课程，让引进产品的幼儿园提高硬件复用率，才能获得可观利润。

随着社会化技术的进步，人工智能日益普及，深入各行各业，在幼教领域更是扮演着重要的角色，人际协作形式的变化，为人类能力培养提出新的要求，为教育方式的变革创造了新的可能。北京师范大学智慧学习研究院指出，未来 5 年（2016～2021 年）全球教育机器人的市场规模将达 111 亿美元。其中教育服务机器人市场的成长将占据重要角色，其服务与内容营收更可能占据市场整体 77% 以上。[①] 作为儿童教育机器人，需要结合幼儿的生理、心理特点，进行有针对性的硬件、软件开发，这与其他成人使用的智能设备存在不同之处。幼儿心理学研究表明，有针对性的反馈比简单的输入更重要。高质量的早期教育不但给予幼儿丰富的知觉刺激，更能准确识别幼儿反应并予以反馈。一个更像人类、能够充分理解儿童表达并给予恰当反馈的机器人才能充分调动儿童的积极性，完成普通交互设备不能实现的效果。同时，内容也是智能机器人幼教产品面临的一个重要课题。

近年来，行业内涌现出许多优秀的内容公司，但是表现形式主要为视频和音频，如果简单植入机器人，无法发挥机器人运动性能，互动能力无法获得充分发挥。为了解决这个问题，智童时刻除了自己组织幼师团队生产内容外，还打造了一个强大的内容迁移机制，让家长、老师轻松地将内容迁移到机器人上面，同时加入动作能力，自主制作适合机器人表现的内容，公司还

---

① 北京师范大学智慧学习研究院：《2016 年全球教育机器人发展白皮书》，2016。

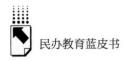

通过发明专利"小小编程",可以让幼儿通过卡片和语音创作属于自己的故事并通过社交媒体相互交流。未来人工智能需要与传统教育深度融合。作为儿童机器人产品与服务提供商,除了广泛地与国内相关高校和科研机构合作之外,还需要积极与海外著名高校联系,引进海外先进的儿童发展理念,优化传统教育模式,提供基于人工智能的家庭教育和机构教学体验。①

①　郭长琛:《智能机器人在幼教领域的应用实践》,中国网。

B.4
智课国际：全球化教育

杨 娟　高长平*

摘　要： 智课教育是以融合高品质国际教育内容、线上线下融合的翻转课堂和智适应 AI 学习引擎的创新型科技企业，以科技主义和人文情怀为产品理念，定位于一站式高品质国际教育，成为能塑造人一生的教育企业为愿景，通过科技促进教育进化，通过教育培养国际化人才为使命，以良心、科学、创新、协同、务实为价值观。主要分为两条运营线，一是面向 12 岁以上个体用户提供一站式高端美国留学服务和专注于 3 ~ 12 岁少儿国际教育的中美双师学堂；二是面向大中小学、科研院所、运营商和智能电视厂商提供智慧学习空间及信息化服务。本研究从技术与变革、模式与创新分析入手，重点分析智能化教育科技企业商业模式与技术创新所面临的机遇与挑战，以此探索中国教育科技企业智能化之路，并为先发企业提供发展与创新的借鉴。

关键词： 国际教育　翻转课堂　中美双师　智适应 AI 学习　全球化

一　公司的创立①

智课教育〔智课教育科技（北京）有限公司〕是一家以教学研发和科

---

*　杨娟，北京师范大学经济与工商管理学院教授，学业规划研究中心主任，主要研究方向：教育经济学；高长平，北京师范大学教师教育学院研修教师，主要研究方向：教育心理学。

①　参考《智课教育企业手册》等相关信息，资料来源于智课教育。

技创新为核心的全球化国际教育机构，由原新东方高管，人工智能技术、国际教育与管理专家韦晓亮和原新东方留学考试专家，互联网与国际教育专家翟少成及许国璋家族联合创办。总部位于北京市海淀区上园村3号北京交通大学知行大厦，并在北京、天津、上海、广州、深圳、杭州、长春、大连等30多个国内城市，以及美国的波士顿、纽约等全球各地建立学习中心，为用户提供高品质、一站式国际教育服务。

智课教育拥有面向个体用户（B2C）提供一站式美国留学服务品牌"智课"，以出国考试、留学申请和海外服务为核心，为用户提供一站式的个性化留学服务。专注于3~12岁少儿教育教学产品研发和国际化教学培训服务品牌"USKid"，旨在打造适合中国3~6岁儿童的第二语言习得模式并探索有益有趣的学科英语内容，让孩子成为具有全球化语言、思维和习惯的世界公民。还有面向机构用户（B2B）提供一站式教育信息化服务的品牌"智课教育云"，为高等学校、普通中学，教育运营商、科研院所、智能电视商等提供基于人工智能技术和教学研发内容、工具与系统的翻转课堂搭建，人机结合英语批改系统，英语学术论文润色，以及高品质名师课堂平台等专业服务。智课教育云同时还是中国最先提出VR教学理念以及制作VR课程的服务商。

智课教育目前聚集220位出国考试、国内考试与语言教育各科首席专家，592位全职英语写作批改外教、口语诊断外教，211位全职教学督导，以流行的翻转课堂教学模式进行陪伴式的教与学，全面涵盖美国课程、出国考试、英语学习等多领域。旗下智课网为学生提供高质量的"学－练－改－测－评"一站式服务；分布在全国30多个线下"智课出国精英学习中心"为学生提供5对1个性化"陪伴式"面授教学。截至2017年，智课注册学员超过600万。

智课教育作为集内容研发、产品设计、技术开发、智能语料库与学习数据挖掘于一体的综合性互联网教育服务提供商，以高品质国际教育内容、线上线下融合式的翻转课堂和智适应AI学习引擎的教育教学模式，先后与中国科技大学、中央财经大学、中国人民大学、西安交通大学、武汉大学、广东外国语大学、上海财经大学、福州大学等全国 1100 多所大学，300 多所中学，首都图书馆、吉林图书馆，以及深圳、辽宁、黑龙江等省级 150 多所图书馆达成合作。

智课教育成立以来，先后获得国家科技火炬计划（2013），百度 1060 万美元 A 轮战略投资（2014），国家高新技术企业证书（2015），金砖资本、海通文化、广东南方媒体融合基金、南方资本与百度 2 亿元 B 轮联合投资（2016），国科嘉和、远洋集团、世纪金源 2 亿元 B + 轮融资（2017）。经过短短五年的发展，智课教育目前已经成为国际教育领域创新与实践的引领者。

二 愿景和使命：基于科技主义和人文 情怀的国际教育[①]

智课教育自 2013 年 5 月创办以来，始终以"成为能塑造人的一生的教育"为发展愿景，以"通过科技促进教育进化，通过教育培养国际化人才"为发展使命。以下研究将从传统留学到"新留学"展开分析，重点以"智课选校帝"及 Smart 留学系统等重磅产品展开介绍，来阐释智课教育如何用科技主义和人文情怀做教育的使命和愿景。

（一）智课教育为何与众不同？——倡导"科技主义与人文情怀"的产品型教育企业

智课教育秉承科技主义与人文情怀，基于"标准化产品 + 个性化教学服务"的小前台 - 大后台的教学产品中央厨房式体系，成为智课教育各条业务线发展的共同基础。

智课教育通过互联网、大数据及人工智能技术的融合持续进化教育模式，解放老师、解放学生。结合一线教学专家教学经验及数据分析精心研发

---

① 2018 年 3 月 29 日，智课留学发布会通稿，资料来源于智课教育。

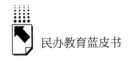
的基于知识图谱的教学内容服务于学习者，也服务于行业。实现个性化、可视化、精细化的全流程线上线下混合式教学服务，学员推荐率高达 64%，并打造与人才和客户相互赋能，相互成就的企业文化，适用于人才，也适用于伙伴。并形成了智课教育独特的产品生态体系

图1　智课教育产品生态体系（2018 年）

资料来源：智课教育。

（二）独创留学方法论，从软硬实力为学员成长赋能

根据全球化智库（CCG）发布的中国留学发展报告蓝皮书中给出的数据，超过 70% 中国留学生被国外大学拒收或劝退的原因是学术表现差或学术诚信度低。中国学生若想在到达美国后顺利融入新的学习和生活环境，需要尽快适应当地学校的教学模式和理念。然而现在国内很多以营销结果为导向的留学中介，为了在最短时间内促成录取成果，在没有深入了解学生特点的情况下推荐学校和专业。在韦晓亮看来，这种传统中介提供的只是简单的"代办"服务。在这样的市场环境下，本来是需要通过长期个性化指导服务来获取成果的留学服务，被变成了以单一结果和利益为驱动的低端中介

营生。

在智课的留学服务体系中，对学生的专业院校规划、标准化考试教学和文书创作指导是一个长线过程，在这一过程中，学生通过提升自己的学术能力和专业认知，在收获高分和名校录取的同时实现更全面的成长。在韦晓亮总结的"留学方法论"中，这一过程被总结为对学生的"赋能（Empower）"。换句话说，只有脱离传统中介的"代办"式服务，中国学生才能在留学申请阶段从硬实力和软实力两个方面做好更充分的准备，从而让自己更快适应美国大学的学习模式和节奏。

在韦晓亮看来，对学生硬实力的赋能是通过长时间精细化、高质量的教学管理才能实现的。在智课打造的个性化翻转课堂和"学、练、改、测、评"的闭环式学习模式中，学生在老师的教学指导下提升自己在托福、雅思、SAT 等标化考试中的成绩，同时在智课数据化院校信息库的帮助下对美国大学专业背景进行调研和规划，并在申请导师的辅助下锻炼申请文书的破题和写作。通过以上几个维度的综合提升，学生才有能力在申请季到来时拥有过硬的标准化考试成绩和优秀的申请文书。

另外，智课根据联合国教科文组织的 PYP 人才标准画像，总结了包括坚持能力、合作沟通、研究探索意识、领导组织能力、利他精神、自我认知、批判性思维、时间管理能力在内的"八大软实力"。通过为学生制定个性化的阅读清单（如《你能写出好故事》、《哈佛幸福的方法》、《学习之道》等英文读物）和课外活动规划〔如各学科奥林匹克竞赛、美国数学邀请赛（AIME）、"乡土探索者"课程等〕，让学员在学习成果以外的各项能力上达到美国顶尖大学对学习者的要求水准。"一个孩子在做背景提升和个人经历规划时，主要并不在于参加活动数量的多少，而是更应该注重活动的质量和每个阶段的精细化评估和考核。"韦晓亮说。

"为成长赋能，牵手适合你的美国名校"，这是智课留学服务的核心价值观。通过在"硬实力"上的指导和提升，赋予学生进入自己心仪学校的"能力"，而在各项"软实力"的打造上赋予学生在留学过程中实现自己梦想的"能量"。在韦晓亮看来，真正有意义的留学指导是通过非功利、非短

智课留学方法论　　　　　　　　　　智课 一站式美国留学专家
　　　　　　　　　　　　　　　　　　出国考试/留学申请/海外服务

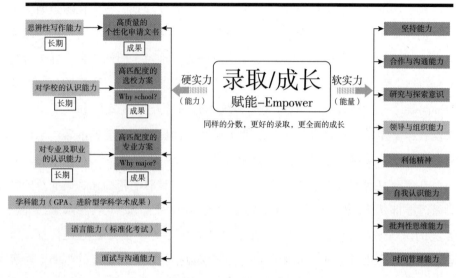

图2　智课留学方法论

资料来源：智课教育。

期、非碎片的长期科学系统化的提升，在帮助学员成功走进美国名校大门的
基础上，同时具备顺利完成学业的能力。

（三）重磅发布"赋能产品"，学生和从业者都将受益

在 2018 年 3 月 29 日举办的以"美国留学，向中介时代告别"为主题
的留学发布会上，智课在其留学方法论的基础上推出"美国留学精英赋能
产品"。"我们希望做的，是按照优秀的国际化人才培养标准，由优秀的
软实力和硬实力导师团队，结合智课的教学和留学服务体系，把每一个学
生培养成更加优秀的人，而不仅仅是帮他拿到了一份成绩单或录取通
知书。"

据悉，智课推出的"美国留学精英赋能产品"是以学员的能力和性格
发展管理相结合的长线辅导和申请计划，每位学员均由专业的硬实力和软实
力专家导师共同服务。硬实力导师团队重点训练学员的思辨性写作和学科规

划能力，通过定期为学员布置写作任务，提供关于日常学习方法的评估和建议。在这一过程中，学员在导师的带领下进行学校和专业的深入调研，并接受专业的评估和建议，同时导师还会对学员的申请进度进行整体把控，通过基于 AI 智能技术的 Smart 留学系统让学员在留学申请的每一个环节得到真正有意义的帮助和指导。

与硬实力导师不同，软实力导师负责从学员的成长规划和背景提升入手，为学员提供基于 MBTI 和霍兰德职业性格测试的全面评估，再根据测评结果为学员量身定制一系列提升规划方案。除了帮助学员进行完整的活动背景提升方案定制外，软实力导师还会全程推进学员的单线活动，打造具有竞争力的学术和活动背景。甚至当家长和学员出现沟通问题时，软实力导师还会以第三方的角色切入，成为解决学员成长心理问题的助力。

在成立的五年多时间里，智课通过潜心研发教学内容和产品，形成了线上与线下深度融合的教学服务模式和"学、练、改、测、评"的实时反馈式学习闭环。通过将优秀的师资力量和先进的教学技术系统相结合，形成了以美国翻转课堂为基础的个性化教学模式，老师再也不用将精力投入到繁复的讲堂授课环节，而是可以把工作重点转移到教学内容研发和解决方案的制定上，从而成为学生在学术上的教学者和未来发展规划的引路人。

近两年，智课在出国留学领域埋下的种子已经陆续开花结果。进入2018 年以来，来自智课的学员相继被哈佛大学、耶鲁大学、哥伦比亚大学、斯坦福大学、芝加哥大学、宾夕法尼亚大学、康奈尔大学等世界顶尖的美国大学录取。他们中的每个人通过在智课的学习，在收获更高分数和录取结果的同时，也在能力和能量上获得了更好的提升，对自己未来的道路有了更清晰的规划。

（四）用智能来赋能产品，智课新留学充满"科技范"

韦晓亮强调，在互联网时代，如果想要实现为学员在软硬实力上的双重"赋能"，促进留学行业的改变和进化，先进的教学技术和系统不可或缺。

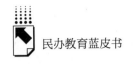
智课自主研发的基于 AI 技术的 Smart 智能学习系统，在个性化教学管理基础上，添加了学习行为抓取、大数据收集和分析、智能批改和学习日报生成等功能，全面提高了老师和学生的教学效率。

在 3 月 29 日的留学发布会中，智课正式推出 Smart 留学系统，将数据分析、时间轴规划、在线文档云端管理等功能从教学延伸到留学领域。老师可以在 Smart 留学系统的训练中心、知识库、服务报告、任务中心、选校中心与申请管理六大功能模块下管理学员的每一项任务，并根据实时学习状态进行动态调整，真正实现了集教学辅导、申请管理、选校规划、进度查询于一体的留学申请在线管理体系。

除此之外，智课移动端留学选校产品"智课选校帝"APP 也已经升级到 2.0 版本，在原有的院校信息库和在线互动社区的基础上，后端与 Smart 留学系统的申请功能相连接，成为集信息查询、智能选校推荐、考试查询、在线互动交流于一体的全方位个性化留学规划工具。

"经过全面升级的智课选校帝 2.0 将在内容上为学员提供更高品质的信息库，这其中包括院校的专业录取信息，也包括与各类专业相关的背景提升微课堂，通过线上互动功能构建学员、专家、海外学长学姐的高活跃度社区。"韦晓亮说。

作为赋能计划的一部分，智课在打造高质量的服务体系和产品的同时，还会致力于构建"产品、内容、服务、系统"的行业生态圈，将 Smart 教学系统和 Smart 留学系统的各项功能开放给业内有良知的留学机构和顾问，从而共同提升整个留学行业的产品服务质量。

当被问到为什么要选择"科技 + 教育"的双 DNA 的心态来做教育，并在前期投入如此巨大的研发和创新成本时，韦晓亮回答道："这（教育行业）是一个基于高度专业素养、强大的自驱精神以及需要不断提高修为的操心活。育人是人类史上最复杂的'工程'之一，所以教育企业必须要拥有极强的愿景和使命感，同时这个行业中的从业者也需要做到'把别人的孩子当成自己的孩子'，从而实现整个教育行业的进化。因为说到底，教育是个良心活。"

三 模式与创新：高品质的国际学习内容＋线上线下 融合式翻转课堂＋智适应 AI 学习引擎①②

（一）智课教育的主要教育理念：让留学告别中介时代，用赋能 和智能定义"新留学"

教育部统计数据显示，我国留学生数量继续保持全球第一。2017 年中国留学生出国人数首次突破 60 万大关，其中赴美留学人数超过 35 万人，在全美国际学生数量中的占比达到 32.5%，中国连续 8 年成为美国最大的国际学生来源国，赴美留学竞争日趋激烈。

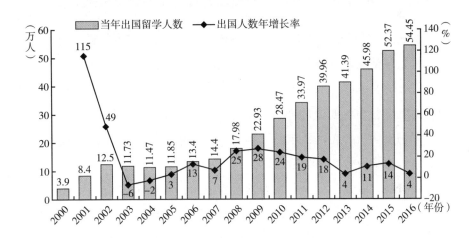

图 3　中国出国留学人员数量变化（2000～2016 年）

资料来源：和讯网。

近些年，随着赴美留学平民化和低龄化的趋势不断上升，关于中国留学生在美国的负面报道也是层出不穷。2018 年，中国前往美国留学人数突破

① 《美国留学，向中介时代告别智课美国留学产品的认知进化与产品、服务、系统的进化》，智课教育。
② 《智课教育发布少儿国际教育品牌 USKid，首创"中美双师学堂"》，智课教育 USKid 发布行业会通稿。

36 万，留学申请的竞争也日趋激烈。然而，在面对国外复杂多变的生活和学习环境以及层出不穷的挑战时，中国留学生在跨文化学习交流、独立生活规划、安全意识等方面的问题依然有待提升。

作为曾经出国留学领域的教学名师，国际教育学术派专家，韦晓亮曾经总结了传统留学中介的"八大弊端"，同时提出随着互联网科技的发展，出国留学行业已经进入以赋能为核心的"新留学"时代。"面对当下不断变化发展的环境，智课将秉承科技主义和人文情怀，用科技为教育赋能，用教育为孩子的成长赋能，打造强大的一站式高品质美国留学服务平台"。

（二）智课教育的主要技术路线：个性化翻转课堂、Smart 智能教学系统、智适应 AI 学习引擎的现代教育与学习科学技术

1. 个性化翻转课堂：以"学生"为主体的个性化教育教学理念

智课教育是国内首家将"美国翻转课堂教学理念"带入中国并基于该理念进行教学实践的互联网教育企业。智课翻转课堂一改传统课堂中"老师填鸭式教学、学生被动式学习"的问题，真正做到把"课堂"交给学生，强调"学习动力"、"学习方法"和"学习习惯"三个形态的智能动态组合，提高整体学习效率和学习效果。

在智能翻转课堂中，学生成为学习的主角，从被动学习变为主动学习，每位学员的学习计划都是基于智能 Smart，智能学习系统以及学员数据分析的动态调整而产出的个性化动态学习计划，以效率和效果为目的，帮助学员收获真正的个性化学习与有效学习。同时，老师变成了学生的教练，是整个教学过程中的观察者、组织者和个性化教学的实施者。教师从知识传授升级为学生指导，基于学员的精心化测评报告和数据分析开展个性化教学。通过陪伴式的教学，结合"学、练、改、测、评"的智能动态学习闭环以及学习过程的实时反馈，管理学员学习行为和进行精细化的动态教学任务调整，提高学习质量，加速学员对于知识的内化。

2. 亲密度教学体验：老师和学生之间"小伙伴"式现代师生关系

智课教育采用以"学生"为主体的个性化翻转课堂教学模式，以"实

时过程反馈式教学"和"5 对 1"的陪伴式教学，为学员、家长和老师之间搭建了一条专属的情感纽带，自然而然形成了特色的"亲密度教学体验"，有助于老师和学员之间的沟通，通过"小伙伴"式的关系建立，学员主动学习意愿更高，学习效果更好。同样是因为亲密度而建立起来的师生之间的信任感，能够更好地渗透把智课的教育理念，实现真正基于"以学员为中心的"的翻转课堂学习，把"教"和"育"进行深层次的整合。

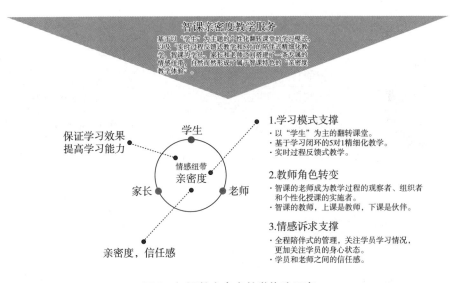

图 4　智课教育亲密教学体验示意

资料来源：智课教育。

3. Smart 智能教学系统：基于自适应学习、AI 智能技术、学习大数据和个性化管理的线上线下相结合的智能教学管理系统

智课教育自主研发的"Smart 系统"（"中央厨房"）是智能教育数据（中央内容厨房）和智能教学系统两部分组成。中央内容厨房（智能教育数据）包括汇集云端系统的全球优秀师资，高品质的课程内容，精细化的知识点，所构成的关联性知识图谱；智能教学系统是基于 AI 引擎、任务管理和个性化适应的现代教学应用系统，一方面为线上教学提供学习方案和内容，以方便学生自主学习，另一方面，又为线上线下陪伴式学习提供融合教学和混合式学习。

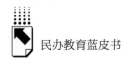

基于智课的"学、练、改、测、评"＋"管"的智能动态学习闭环和全陪伴式的教学管理，以及 Smart 智能教学系统的庞大数据支持，融合线上、线下、移动端多场景学习维度，实现个性化学习路径规划，贯穿智课学习过程的闭环，满足学生的个性化学习需求，实现学习目的并提升学习效果。

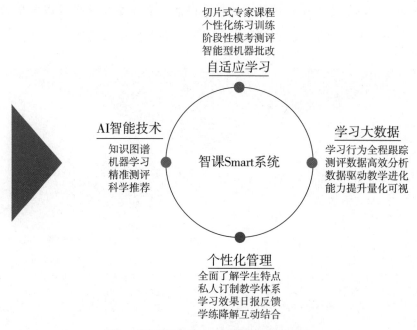

图 5　智课教育 Smart 智能教学系统结构

资料来源：智课教育。

四　产品与服务：中美双师学堂"USKid"、一站式美国留学专家"智课"、智慧学习空间"智能教育云"智能化多形态智慧教育组合

（一）中美双师学堂"USKid"：培养全球化的语言、思维和习惯，让孩子成为世界公民

智课教育旗下 USKid 中美双师学堂是少儿国际教育品牌，针对中国 3～12

岁儿童学习习惯，历时三年研发而成。利用智能教学系统实现线上外教直播、线下中文引导的中美双师模式，采用 6 人小班教学，培养孩子语言、思维方式以及跨文化能力的国际教育。致力于为 3 ~ 12 岁的中国孩子的英语学习，让英语成为第二母语，助力孩子成为世界公民。通过五年的实践，已经构建了标准产品 + 中央厨房（个性化教学服务的"大后台 - 小前台"）体系，拥有 34 家分布于全球的智课出国学习中心，其在国际教育领域线上线下融合式教学的成功经验无疑将成为全新子品牌 USKid 的有力支持。

第一，精选"中美双师"专为中国儿童研发。秉承母品牌智课教育集团的良心、科学和创新的核心价值观，USKid 坚持科技主义与人文情怀相结合，精心打造适合中国 3 ~ 12 岁少儿的国际教育课程。USKid 是"中美双师学堂"教学模式的教育品牌。在国内首家将少儿英语教育领域线下线上深度融合的教育模式。

通过"线上外教直播与线下中教辅导教学"创新的授课模式，采用小班教学的 USKid 不但给中国儿童提供了纯正美国发音、拥有一线专业教学经验的优秀外教，还满足了儿童同龄人之间，以及儿童与老师之间互相陪伴、充分互动学习所必需的氛围，一方面提升了教学效果，实现了高完课率，另一方面也得到了儿童及家长的双重肯定。

第二，用匠心与科技，让孩子成长可视化。结合多元智能理论、五大领域理论及 PYP 项目要求，USKid 研发了兴趣和实用并重的课程体系，包括歌曲童谣、自然拼读、综合能力、分级阅读、小小演说家，以及情景动画，覆盖 3 ~ 12 岁幼儿及少儿学科英语的 5800 个知识点，分为 8 个级别。该课程体系参考美国共同核心州立标准和欧洲共同语言参考标准，并全面对标国内小学英语新课程标准。《Welcome to America》系列教材为 USKid 在中国大陆独家引进。

USKid 强互动的"导 - 学 - 习 - 评 - 拓"教学体系，是在美国心理学家布鲁姆的分层学习目标体系的基础上，根据中国儿童特有的语言习得和习惯培养而搭建。在技术应用上，USKid 将全身动作捕捉、AI 及 AR 技术实际运用到课程教授中，进而增强课堂的表现力和互动性。授课中，中教观察每个

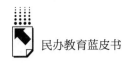

孩子的学习状况并利用儿童成长评估系统时光迹 ChildFolio 打分，使孩子的学习轨迹形成可视的量化图谱，帮助老师、学生及家长了解孩子成长规律，便于对每个孩子进行个性化追踪和辅导。

（二）智课一站式美国留学专家：以出国考试、留学申请和海外服务为核心，为用户提供一站式的个性化留学服务

基于 Smart 系统和人工智能技术的智能学习与备考工具等服务，满足学员线上学习、线下学习及移动端学习的不同场景要求，从而帮助学员养成最佳的学习习惯和学习方法，提高学员的学习动力；同时基于"学生"为主体的个性化翻转教学课堂教学模式，也让智课的老师成为教学过程中的观察者、组织者和个性化授课的实施者，最终实现智课所倡导的"亲密度"教学模式。

图6　智课教育美国高端留学服务体系

资料来源：智课教育。

（三）智课教育云：面向高校、中小学、幼儿园、运营商等提供智慧学习空间及教育信息化服务

智课教育云面向高校、中小学幼儿园、平台和运营商提供上万节顶尖高

品质教学课程、VR 课堂等内容服务。同时，提供智能机器批改与人工批改工具，手写识别工具，教学数据采集分析平台，USKid 全套外教授课平台等技术，并输出外教人工写作口语批改，英语学术论文润色服务平台，USKid 成熟外教 1 对多授课服务，翻转课堂模式的混合式学习中心植入共建的服务，USKid 众筹社区机构。并面向加盟校与培训机构体系输出学习中心全套教学内容、教学管理系统、教学服务体系和培训体系。

智课教育云向各类教育机构输出优质教学内容、技术及服务

智课教育云
智慧学习空间

面向幼儿园及小学	面向高校、中学、平台、运营商	面向教育机构
内容、系统授权使用费+收入分成模式	共建基于混合式学习模式的智慧学习中心	内容、系统授权使用费+收入分成模式
USKid内容及服务输出	一站式内容、工具、服务解决方案	Inside计划
·USKid中美双师学堂：提供完整的解决方案，包含高品质的教学体系、高标准的外教团队、有趣实用的课程内容、科学有效的授课模式 ·内容提供：覆盖3~12岁儿童全体系课程，对标CCSS和CEFR体系进行本土化个性课程定制研发，基于思辨能力培养的课程设计 ·技术提供：学员成长测评工具、教学管理大数据平台 ·服务输出：从语言教学理论、儿童心理学、授课技能等方面全面提升中教老师专业素养	·智慧学习空间：全面升级传统教室与图书馆，线上提供资源、工具与数据支持，线下提供指导、研讨与学习氛围 ·内容提供：上万节顶尖高品质教学课程、专业在线教学 ·内容研发：讲好中国故事课程系列、VR课堂 ·技术提供：智能机器批改与人工批改工具、手写识别工具、无纸化考试系统、教学数据采集分析平台 ·服务输出：外教写作口语批改、英语学术论文润色服务	·系统inside：开放Smart教学系统、Smart留学系统，为教育培训留学行业赋能 ·内容inside：7000小时名师在线课程资源 ·技术inside：学员及学习行为大数据管理平台 ·体系inside：提供智课学习中心全套的教学内容、教学管理系统、教学服务体系与培训体系

图7　智课教育云向各类机构输出优质教学内容、技术及服务

资料来源：智课教育。

五　成长与发展：致力于打造中国第一的全球化国际教育

截至 2017 年底，智课线上注册学员已经超过 600 万人，付费学员超过 15 万人次，学员提分及申请目标达成率高达 98％，TPO30 名校录取占比高达 65％。优秀的业绩和家长与学员肯定的口碑背后是韦晓亮和智课团队对

教育的良心和科学技术的追求、对"科技主义"＋"人文情怀"的付出，是在国际教育赛道愈加出色前行的必然结果。

（一）"Smart 系统"加速国际教育赛道布局

自 2013 年成立以来，智课教育走出了一条高速稳健的发展道路，其坚持的线上＋线下融合式教学模式和中央厨房教学产品及技术研发能力，是智课教育稳健发展的内核，也为其"先强后大"企业发展战略奠定了基础。

2019 年，随着一站式美国留学专家－智课和 USKid 中美双师学堂的深入布局，B 线业务的逐渐完善，智课教育在国际教育的细分赛道将更加高歌猛进，为学员和教育机构赋能。

（二）"Inside 计划"应运而生

智课教育与供应链系统合作，享受到的将是 C 端客户一样的服务标准：科技主义＋人文情怀。已有的内容和技术全部面向同样有教育情怀的业界伙伴分享，通过"Inside 计划"把智课教育的产品、内容、技术和服务开放，致力和教育伙伴一起在国际教育赛道上，把产品做强，把服务做精细。

智课教育推出的"Inside 计划"与英特尔的"Intel Inside"一样，愿做助力行业机构发展的"无名英雄"，向培训机构开放其中央厨房的内容和系统平台，让优质的教育内容和资源普惠到中国的每一个家庭之中。该计划主要分为三个类别，面向不同需求、不同阶段的结构。

一是面向幼儿园、早教机构及教育综合体等有扩品类需求的企业或机构，给予品控的内容、产品以及系统进行合作，USKid 中美双师学堂提供一整套完整的解决方案，助力其实现一站式用户服务及经营提升。

二是面向少儿英语培训机构，为其提供系统或内容植入，包括 USKid 覆盖 3 ~ 12 岁儿童全体系课程、教材、外教团队、教学管理系统、智学教学系统等，保障其拥有高质量的教学内容以及流程的运营管理。

三是为出国语言培训与留学中介机构提供系统或内容支持。包括智课的所有名师在线资源、Smart 留学系统、学员大数据管理平台等。

（三）开放共享、跨界融合，赋能国际教育行业

智课教育还与众多教育机构战略合作，在国际教育领域结成深度战略合作伙伴关系。随着全球化进程的推进，中国更加需要具备全球视野、民族灵魂，通晓国际游戏规则，传递中国声音的人才。在更多业务领域积极开展合作，共同打造一站式国际教育平台。一方面扩大了智课教育在国际教育领域先进研发成果的实践范围，使更多学生和家庭受益，同时，"教育＋行业"的跨界合作模式，也将带给业界更多思考，将更多优质资源引进国际教育合作领域中，促使教育发展更为公平、便利和先进。

六　机遇与挑战

随着大数据和人工智能技术的发展，未来教育及教育的发展趋势如何？这是中国乃至世界教育界许多人都在追问的问题。在教育数据化、智能化、全球化和现代化高度发展的今天，未来的教育变得扑朔迷离。"教育和技术的赛跑。"[1] 正如乔布斯所说，"为什么计算机改变了几乎所有领域，却唯独对学校教育的影响小得令人吃惊？"《2018 年美国教育趋势》报告"揭示了美国民众所关注的 20 个教育热点，其中大部分与超越传统学习的方法或形态有关"[2]。但从报告中，"我们依稀的可以看出美国人对课堂中引入信息技术的谨慎、理性和冷静"[3]。教育无法拒绝科技的改变，但学生决不能成为技术的工具或奴隶。"教育技术支撑学习的适度性"成为教育科技时代所面临的重要课题。

传统教育存在许多问题，基于云端的教育大数据智慧空间使智能化"教与学"成为可能，帮助学生全面了解学习状态，诊断学生的认知水平与学习能力，通过机器学习为学生提供个性化学习、针对性练习，帮助教师实

---

① 曹培杰、黄蔚：《智能教育：开启教育和技术的竞赛》，《中国教育报》2019 年 2 月 3 日。
② 郑钢：《透视大数据，美国教育热点与趋势》，《中国教育报》2019 年 2 月 1 日。
③ 郑钢：《透视大数据，美国教育热点与趋势》，《中国教育报》2019 年 2 月 1 日。

现个性化教学，大数据驱动的智慧教育是国家信息化战略的重要组成部分。在大数据时代，学生的学习数据（如答题记录）可以伴随式收集，为准确进行教育资源的理解，学生认知水平的诊断跟踪，进而实现个性化学习提供了良好的契机。

（一）以"学生"为主体的个性化翻转课堂，基于智课Smart智能学习系统促进了学员个性化学习与有效学习，同时对教师、学生以及教育媒介提出了更高的要求

结合教学实践，以"学生"为中心的翻转课堂教学视频、教学平台和课堂教学这三个构成要素进行设计，分别从内在学习动机、学习策略、学习意志等构成自主学习能力的内部条件出发，引导学习者做到愿学、会学、乐学，最终实现自主学习能力的提高。以"学生"为主体的个性化翻转课堂，基于智课Smart智能学习系统促进了学员个性化学习与有效学习，同时对教师素质、学生能力以及教学媒介提出了更高的要求。

（二）基于数据驱动的智适应AI学习，提高了学生的学习效率，教师的教辅能力，但教育大数据的稀疏性等因素也给现有统计模型和机器学习方法带来诸多挑战[①]

基于数据驱动的教育研究大背景，适用于异构信息联合建模的教育资源深度表征方法，以及动态教育学习场景的学生认知能力诊断方法，这些基于概率图模型、深度学习模型等方法，不仅提升了对学生认知能力预测精度，而且分析结果还具有良好的可解释性，可以进一步帮助学生提高学习效率，提高教师的教辅能力。然而，教育大数据的稀疏性，异构性及学生认知过程的复杂性和认知能力的异变性等都给现有统计模型和机器学习方法带来诸多挑战。

---

① 刘淇：《基于大数据的教育资源理解和学生认知画像方法研究及应用》，中国科学技术大学计算机学院、大数据学院，北京师范大学未来教育高精尖中心学术报告，2018年9月6日。

（三）在线教育发展走向智能时代，自适应学习发展是一个必然的趋势，智慧校园稳步向前推进，国际教育、双师学堂面对新的市场竞争格局、新的业态和扩张模式等挑战[①]

随着国内新一轮教育深化改革，外语考试社会化，出国留学人数剧增且走向低龄化，出国留学各类标准化考试已经从大学融入中小学阶段。"在线教育＋直播"来自内容、政策上的局限，在线教育发展走向智能时代，"直播＋双师学堂"成为在线教育增长的主力军，但同时也面临课堂诸多挑战！学前教育信息化仍处于发展初级阶段，平台模式盈利有待市场验证。自适应学习范围未来将进一步扩大，自适应在语言学习上的效果在国外已有成熟的经验，考试题库和知识资料相对完整，语言学习在中小学和学前教育阶段渗透较高。教育新业态的迭代，国际教育赋能学生和机构已成为现代教育发展必然，正从一线城市竞争扩展到二三线城市的不断渗透，对未来的业态和扩张模式提出了新的挑战。

当前，中国经济的高速发展和国际化的不断深入，中国家庭对教育需求和支出都逐步提高，出国人数持续增长，低龄化留学人数剧增，中外教育理念和教育方式、学校教育和社会教育有机的结合将成为当前教育的主要形态。我国新一轮高考和基础教育课程改革，双一流大学及智慧校园等教育信息化建设掀起了从大学向中小学深化变革浪潮，中国教育也从强调大规模的应试能力向大规模的自主学习力巨大转型时期，国际教育将向更广阔的学习生态系统的维度去培养适应未来的人才。在《国务院新一代人工智能发展规划》大背景下，中国教育发展应改变过去"学科化"模式和"行政化"思路，利用现代教育科技与技术，超越传统学习的方法和形态，促进学生的成长思维和精神追求，提升学生面向未来的能力，打造21世纪具有全球化视野的世界公民。

[①] 德勤：《教育新时代——中国教育发展报告（2018）》，2018。

教育融合篇

Education Fusion

B.5
2018年教育融合产业发展报告

刘泽云*

摘　要：　随着科学技术的迅速发展，教育信息化已经上升到国家战略
的高度。时至今日，教育融合通过合理运用科技手段提高教
育教学效能，借助公办、民办教育各自的优势互惠合作，从
而逐步放大优质师资的价值，推动教育资源共享，不断促进
教育信息化的健康前行。与此同时，以"双师课堂"为例的
线上线下教育融合、以"校企合作"为首的公办、民办教育
融合都成为当下教育的新热点，受到广大师生与社会的好评。
基于此，本文将从相关概述、主要产品应用、机遇与挑战三
个维度对教育融合产业进行阐述，提出发掘教育新形式、受
到教育信息化的推动等发展机遇，但是存在教学不平衡、业

---

* 刘泽云，北京师范大学经济与工商管理学院教授，主要研究方向：教育经济学。

务壁垒、教学方式和管理等压力的挑战，从而较为详细地介绍了教育融合领域目前的主要发展趋势。

关键词： 教育融合　教育信息化　双师课堂　校企合作

互联网、科技的飞速发展，不仅让教育企业用科技驱动"内生"进步，也促使其积极寻求"外延"机遇。2017年7月8日，由国务院发布的《新一代人工智能发展规划》提出，"构建包含智能学习、交互式学习的新型教育体系"，这表明教育信息化已经上升为国家战略的水平。现如今，随着我国科技的迅速发展，教育行业将面临更多难得的机遇和未知的挑战：人工智能（Artificial Intelligence，AI）、线上教育、早期教育等词语已经成为行业热点。然而，教育领域是一个以人为本的行业，人工智能再先进，机器也永远都无法替代人的服务。所以，机器所缺少的感性部分以及精神交流必须由人来弥补。基于此，教育行业显示出前所未有的清晰的融合迹象——线上线下教育融合、公办民办教育融合等都将成为未来教育的主要发展趋势。

当下，伴随网络直播技术的成熟发展，为了弥补传统教学方式存在的不足，诸多教育机构逐步探索了线上与线下相结合的混合教学方法，并结合AI等科技手段不断扩大优质教育师资的价值，提倡个性化教学的理念。一方面，能在学生个性发展的同时令其热爱学习，逐渐提升学习能力；另一方面，还能为他们构造"课前、中、后"的学习闭环，从而使其拥有学习效率更高的良好体验。2017年10月，新东方宣布打入在线外教小班课业务；同年11月，好未来旗下的学而思英语新产品HEPlus将加入北美外教课程；此外，早教行业的"领头羊"——育儿网站宝宝树也积极深入线下，打造星罗棋布于全国社区的连锁早教中心。这些都充分实现了线上资源效率和线下教学效果的优势整合。

而2017年新修订的《民办教育促进法》的正式实施，为公办、民办

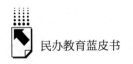

教育融合提供了有力的政策支撑。在教育教学相关政策不断改革的时代，民办教育逐渐取得了令人瞩目的成果，并推进教育行业朝着互相融合的方向发展。诸多民办教育机构运用自身在教学探索、科技研发以及大数据方面的资源优势，纷纷与公办学校开展教育信息化领域的深度合作，在教学产品上更是加速融合与创新，推进优质教育资源的广泛应用。例如，科大讯飞推出的"智慧课堂"、校园管理、考试评测等一系列智慧教育产品，已步入全国31个省自治区、直辖市的约1.2万所学校；好未来也陆续向公立学校市场推出了多款科技产品，例如英语分级阅读平台"雪地阅读"、教学云平台、双师课堂等。

融合不是目的，而是为了达到有效教育的手段。教育融合领域的缘起是什么？行业发展规模和现状如何？典型机构以及代表性产品有哪些？存在哪些机遇与挑战？未来的发展趋势如何？这都是本章接下来将进行解答的问题。

一　教育融合产业相关概述

（一）线上线下教育融合的概述

1. 线上线下教育融合的背景

近年来，课外辅导在我国拥有日益庞大的市场。中国教育学会发布数据显示，"2016年全国中小学辅导机构市场规模超过8000亿元，参与课外辅导的学生达到1.37亿，参加辅导机构的教师将近700万~850万人"。毋庸置疑，国民收入水平的迅速提高以及国民教育观念的提升为k12教育培训拓展出广阔市场。目前我国教育培训有线上和线下两种形式，根据中国产业信息网的数据，线下教育仍是当前教育的主流，占参加辅导总人数的52.2%；完全靠线上辅导的只占4%，属于小众选择；而线上线下辅导均有参与的占43.8%。对未来预期的调查显示，选择线上线下结合作为课外辅导形式的比重为64.5%，其中以线下为主仍占多数，达到75%。

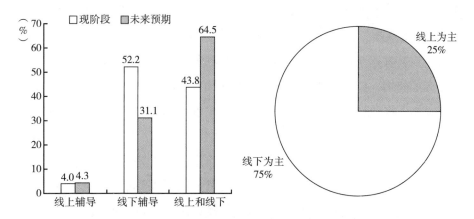

图1 2016年家长偏好课外辅导形式以及预期线上线下融合辅导的偏好

资料来源：中国产业信息网。

综上，线下教育依旧处于课外培训的主要地位，然而线上教育的发展规模也日新月异。一方面，两者各有优点，在教育市场上难以一决高下；另一方面，双方各自的缺点也是阻碍其继续发展的原因。在教育信息化迅速发展的今天，课外辅导机构应尽快构思线上与线下教育相互融合的新手段，以此提高自身在众多同行中的综合竞争力。

2.线下教育和线上教育的各自劣势

线下教育的劣势

随着城市经济和互联网技术的发展，线下教育的弊端逐渐显露出来。第一，交通不便。线下培训其实相当于学生的第二课堂，需要走出家门去完成学习。而在一二线城市，交通成本比较高，学生不仅需要乘坐交通工具，还需要花费一定的时间才能去上课。第二，成本高。线下培训机构必须要有充足的场地进行授课，这就涉及教室的选择以及租金等问题。由于教室必须选择在环境良好、交通方便的位置，因此租金往往较高。随着学员的增多，所需场地的数量必定增加，租金费用的花销也会由此上涨。第三，传播速度慢。线下培训机构不同于线上，公司建设良好的口碑具有延迟性，难以迅速而广泛的传播，所以线下教育机构的发展也相对比较

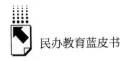
滞后。

线上教育的劣势

在线教育近几年发展势头迅猛，而且种种迹象证明在线教育能够弥补线下教育的弊端，譬如交通、传播等，但在线教育也有自身的不足。第一，设备需求高。在线教育是随着互联网技术的发展而兴起的，没有网络，没有设备，在线教育跟线下教育也并无区别。第二，学习氛围较差。线上学习不受时间、地点的限制，因此不能像学校一样有个安静的学习氛围，能够让人安心学习。第三，师资问题备受质疑。在线教育的师资情况并不像线下教育那么透明，尤其是像一些主打外教授课的机构。国人对于外教并不太熟悉，一些机构也不能认为一个外国人就具备当外语老师的资格，所以在教师资格的审核方面在线教育需要严格对待①。

3. 互补的线上 + 线下教育

一方面，传统的线下教育互动性很强，由于是面对面授课模式，教师能够关注每位学生的上课状态，这无疑是线下教育最突出的优势。除此之外，面对面授课也会增强教师对学生的督促作用，毕竟学生的自控力有限，强制性的去学校学习既充分体现了对老师课堂效果的认同，也促进了对学生学习成果的监督②。

另一方面，新兴的线上教育具有多种优势：一是不受时间与空间所限，在时间上能够自由安排，在地点上不需要去固定单一的场所，简而言之，学生可以随时随处进行学习。二是快速和及时性，不需要等待下载，只要有一部能上网的电脑、平板或者手机，就能迅速获取知识。三是可重复性，对于重点的内容能够进行重复学习，帮助学生不断思考从而彻底掌握知识点，而且可以随时复习巩固所学内容，防止在课堂学习时出现的知识遗忘现象。四是个性化学习，不仅能够依据学生自身的学习时间安排进度，还能通过个人

① 《教育行业遇瓶颈，线上加线下才能实现新突破》，中教网盟：http://www.sohu.com/a/234148405_100038741，2018-06-05。
② 蔡章兵：《线上教育和线下教育哪个比较好》，http://www.sohu.com/a/116255908_266457，2016-10-17。

知识储备与学习习惯来选择学习内容，进而有效发挥个人的学习风格，促进个性化发展。

总的来说，线上教育可以最大化集中优势资源，增强教师教学与学生学习的便捷和效率；而线下教育则有利于教师与学生之间的沟通交流，以及对于学生性格的培养。未来，两者融合的教育模式将成为整个教育行业发展演变的必然趋向。

（二）公办、民办教育融合的概述

1. 公办、民办教育融合的背景

作为经典的教育模式，公立学校是教育的重要战场。《2017 年全国教育事业发展统计公报》中显示，"全国共有义务教育阶段学校 21.89 万所，在校生 1.45 亿人"。公立学校有我国最大的学生群体，于教育机构而言，只要能够获取学生的海量数据，就可以拥有巨大的开发潜力。于是，在不断推进教育信息化的今天，诸多教育企业将公立学校视作一块巨大的"蛋糕"。目前，政策红利（积极的教育政策）以及硬件设施（公立学校大幅度覆盖的网络设备）的并驾齐驱，令许多民办教育企业争先投入公、民办教育融合的领域。具体表现如下。

其一，《2018 年教育信息化和网络安全工作要点》（以下简称《2018 工作要点》）中提出，"加快推动宽带网络校校通"，通过引导教育企业基于市场需求搭建平台，带动传统教育模式与新兴教育模式优势互补，指导学校运用信息化技术开展教育教学，一定程度体现了国家相关部门对于教育企业参与建设公立学校教育信息化的高度支持。

其二，《2018 工作要点》显示，"全国接入带宽 10M 以上的中小学比例高达 80%，多媒体教室占普通教室比例高达 90%，而拥有多媒体教室的学校更是达到 90%"。由此可以推测，未来，多媒体教室以及互联网几乎覆盖所有处于义务教育阶段的公立学校。

其三，国务院副总理刘延东在第二次全国教育信息化工作电视电话会议上，对于有能力提供优质信息化服务的民办教育企业表示鼓励，称其可运用

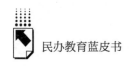
政府购买服务的形式开发优质教育资源。这为诸多教育上市公司纷纷落地公立学校奠定了坚实的基础。

2. 落地公立校的知名民办教育企业

（1）新东方。新东方与公立校的合作方面一直位于其他公司前列，2014年开始就与华中地区和北京市区教委展开合作，合作方向包括义务教育阶段的教师培训、素质教育课改等；合作内容涵盖了提升教师英语水平、改革英语课程等。

（2）好未来。2015年，原人大附中副校长沈献章加入好未来并担任集团副总裁，重点负责公司与公立学校的合作业务。这在一定程度上体现了好未来对公立学校市场的高度重视，并可以大大加快公司在公立学校市场的业务拓展。

（3）科大讯飞。从推行"三通两平台"建设开始，科大讯飞就承接了将近50%的省、市、区级"网络学习空间人人通"平台建设；截至2016年，"优质资源班班通"平台建设的覆盖班级数也已经超过30万。

3. 进入公立校的基本方式

虽然以上知名的教育企业已经成功步入公立学校市场，然而仍有许多教育机构面临准入难题。目前，各大教育企业的进入模式主要分为以下三个方面①。

一是，通过免费试用或者赠予礼品的模式吸引客户，以低价的方式垄断市场，使其客户数量迅速增加。例如，一起作业网、猿题库App等。

二是，通过教育部门自上而下进行推广，虽然应用此方式进入市场很难，但是一旦进入后，行业壁垒很坚固导致其他企业难以加入，竞争相对而言比较缓和。例如，快乐学、一起作业网等。

三是，参与教育部门组织的招标会，中标之后将由政府采购产品与服务，以提供学校师生使用。例如，乐知行等。

① 《占领公立校高地，教育公司仅有"荷尔蒙"还不够》，蓝鲸财经：https://www.admin5.com/article/20161123/697151.shtml，2016-11-23。

二 应用

（一）双师课堂——线上线下教育融合

1. 双师课堂的概念

双师课堂 2014 年问世，2016 年走红，2017 年大热，2018 年规模化扩张、全国化布局，在义务教育阶段课外辅导中，实现了"名师上课"加"助教辅导"的混合式教学。具体来说，双师课堂是指每名学生将配备两位教师进行教学，一位是主讲教师（一般由具备较高资历的名师担任），主要负责通过大屏幕直播讲授课程内容；另一位是助教老师（也称辅导教师），主要承担维护上课秩序、检查学生作业并答疑的任务。简单而言，双师课堂由一位名师在教室直播讲课，学生在其他场地的教室通过多媒体设备同步听课，而且还能请求现场的助教老师进行疑难解答。

2. 双师课堂的现状

近年来双师行业发展十分迅猛。如图 2 所示，2017～2018 年双师课堂数量、学生数量、收益均获得大幅度增长，发展势头良好。具体而言，双师课堂数量从 2000 间增长到 5000 间，增长率 150%；学员人数从 6 万增长到 20 万，增长率 233%；收益从 3 亿元增长到 12 亿元，增长率 300%。但目前市场渗透率仍处于较低水平，仅为 1% 以下，市场发展潜力巨大。

由于优质师资短缺，以及对优质教育资源的强烈渴求，全国五六线城市对双师课堂的需求远高于其他城市。2018 年，五六线城市课堂数量占全国的 50% 左右；三四线城市课堂班均人数较五六线低 28%；一二线城市课堂班均人数较五六线低 34%。预计 2019 年在五六线城市双师教室总量达到 5000～8000 间。未来三年内三至六线城市教育市场将进入高速发展期，市场规模会增加 3 倍左右，而传统教师的培养速度远远不能满足新增市场的需求，只有双师模式可以高效地复制老师，以应对新时期教育行业发展需求。

终局，双师课堂将占据教培行业 40% 的份额，成为未来教学模式中不可或缺的组成部分①。

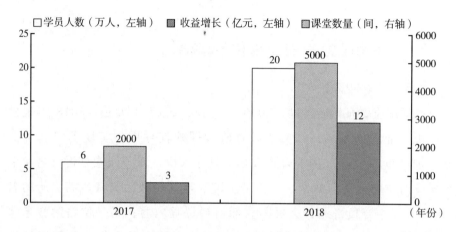

图 2　2017～2018 年双师课堂发展情况

3. 双师模式的优势

作为互联网＋教育的新兴形式，双师课堂如今在基础教育领域广为采用，通过名师线上讲课与助教现场辅导相结合的模式，将以往的面对面教学与如今的互联网直播相互融合，不仅体现了两者优势互补的理念，在竞争激烈的市场环境中，还能够最大化利用优质师资。对于教育培训行业的发展以及提高其竞争力而言，双师模式都将释放巨大的能量②。

（1）完成互联网＋教育的融合发展

众所周知，"互联网＋"概念是我国互联网发展的新业态。在日新月异的网络时代，双师模式通过运用网络直播技术以及先进的多媒体设备进行教学，不仅令学生深切地感受到互联网带来的迅捷性，还能大大提升教师教学的丰富性，增强师生互动交流，最终完成"互联网＋教育"的融合发展。

---

① 《高思爱学习发布〈双师课堂行业简报〉，语文或将成为应用最广学科》，鲸媒体，https：//baijiahao. baidu. com/s？ id＝1616619277396779041&wfr＝spider&for＝pc，2018 - 11 - 09。

② 《"双剑合璧"的双师课堂，成为教育机构新方向》，搜狐网，http：//www. sohu. com/a/158136307_ 99950984，2017 - 07 - 18。

（2）改革与创新传统教育方式

与过去传统的教学模式相比，双师课堂不仅包含名师线上直播授课，同时还有辅导老师现场监督和解疑，运用快捷实用的多媒体技术充分调动学生积极的学习兴趣，还可以促进师生的沟通与交流，有效弥补单一的线上教育或者线下教育的缺点，可以说双师课堂是一场具有划时代性质的教育革命。

（3）减少教育培训企业的师资成本

教育培训行业的产品与服务在扩张市场的过程中，师资力量是首先解决的问题。双师课堂的模式可以令一位名师对应多所学校、多间教室、多名学生的学习，使得异地分校也能享受到与总部学员相同的优质师资。与传统的小班教学相比，双师模式较大幅度地节省了师资成本，实现规模化经济。

（4）解决区域教育资源分布不均衡

目前，我国中西部地区以及三四线城市的教育资源相对一二线城市较为匮乏，双师课堂的出现能够让更多学生共享优质教育资源，充分解决师资分布不均衡的难题，使得教育培训行业不仅能为本企业的名师提升知名度，还可以扩张偏远地区的教育市场。

（5）减少学生的流失率

如今，教育培训企业面临的难题之一是，名师离职将带走一部分学生资源，导致学生流失率偏高。双师课堂的模式下则缓解了这种现象的发生，主要是由于线上授课教师与学生更多的是在网络上见面，缺少师生之间的情感纽带；而线下的辅导老师即便离职，也并没有足够的能力另起炉灶。

（6）双师课堂并非奢侈课堂

"线上名师＋线下辅导老师"的双师模式使其课堂含金量比传统教育方式更高。不过，一堂双师课并不昂贵，以高思爱学习为例，一二线城市的双师课价在70～120元/小时左右；三四线城市的双师课价在40～90元/小时左右；五六线城市双师课价在20～70元/小时左右。价格平民化使得越来越多的孩子都能享受到一线城市的优质教育资源。

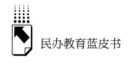

4. 双师模式的应用

当前，我国基础教育阶段的互联网教育处于发展初期，随着网络的普及和教育工作的推进，双师课堂在未来将受到更广泛的关注，迎来更多的客户群体。

对于诸多知名的教育培训机构而言，双师课堂的应用模式各有特色。新东方在 2017 财年选择了十座城市试水双师模式，2018 财年又将在新城市运营双师课堂。例如，湖南湘潭、湖北宜昌、江苏扬州、江苏镇江等新东方分校都设立了双师课堂。与新东方不同的是，好未来早在 2013 年推出的"海边直播"某种程度上是双师课堂的雏形，不过海边直播只是纯在线直播教学，并没有线下教室，但也表明了好未来其实在更早的时期就开始探索双师教育。高思教育则与巨人教育合作高端化课程，前者提供线上名师，后者提供线下助教，彼此实现双赢的双师模式。除此之外，由于直播时的画质问题是双师教育的关键，朴新教育看中了 263 网络通信在运营网络时的技术优势，与之合作推广双师课堂项目，仅仅三个月的试运行就收获了良好的反馈结果。

（二）智慧共享——公办民办教育融合

2016 年 6 月 7 日，教育部在发布的《教育信息化"十三五"规划》中，明确提出"积极利用云计算、大数据等新技术，创新资源平台、管理平台的建设、应用模式"。基于此，在教育信息化迅速发展的今天，公办教育将产生大量的教学新需求，而民办教育机构在教育科技领域的成果恰好能为公立学校所应用。例如，科大讯飞的智慧校园解决方案、好未来的教育云事业群等产品和服务的推广，不仅可以增强自身竞争力，还能为与公办学校合作奠定坚实的基础。

在此背景下，运用科学技术带领整体教育水平的提升，将是突破传统教育壁垒的创新性尝试。公立学校与民办教育企业互相合作、碰撞灵感，摩擦出"解决教育资源不均衡、提高教育质量"的火花，并终将成为新时代教育发展的流行趋势。

1. 公立校的教育信息化需求

（1）达标类

国家要求公立校教育信息化需要完成均衡化配置：要求学校宽带接入互联网，老师需要配置教师电脑，每个教室拥有多媒体设备，并按照学生比配置计算机教室。目前，一二线城市及东部发达地区已经完成基本配置；西部地区 70% 以上的区县已完成，2018 年实现收尾。

（2）功能类

学校可以利用教育信息化配置完成一些示范性的特色课，更多是服务于学校的展示与教师的重要教研活动，学校大多不会运用在日常的教学中。因为课程通常是成体系化的，示范性特色课是单独的，不能够成体系，所以无法常态。

（3）常态化应用

一二线城市，在理念上并没有太大障碍，要求在提升成绩的同时，还要提升学生综合的能力，需求越来越向服务常态化教学转型；三四线城市，比如因整体资金一时无法完全到位，大多数还是在配置阶段，以示范性需求为主[1]。

2. 教育信息化在公立学校的应用

（1）智慧校园解决方案

科大讯飞作为教育信息化领域的领头羊，多年来不断深耕教育，深入融合 AI 技术与教育教学，推出一系列的智慧校园解决方案。此方案依托大数据以及 AI 技术，为老师和学生提供全面的包含教、考、学、管协同的综合信息平台，有效实现人与日常教学业务的相互融合。依据对于动态数据的采集与分析，结合学生的过程性评测，协助教师因材施教，帮助学生个性化发展，同时还能为教学管理者提供决策与监督的相关建议，促进智能化的教育、学习与管理[2]。

---

[1] 黎珊：《借教育信息化入口进 13000 所公立校，立思辰是这么做的》，http://www.sohu.com/a/154857588_ 112831，2017-07-06。

[2] 《科大讯飞：用人工智能推动教育变革》，搜狐网，http://www.sohu.com/a/74544614_336009，2016-05-10。

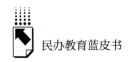
2016 年科大讯飞正式启动"1520"计划，通过十亿投入，在全国范围内拓展渠道，与行业内优秀合作伙伴携手推动智慧课堂进入 1000 所区域名校，覆盖 500 个重点区域，并且走进 20 所全国百强名校。2017 年全国智慧教育新发展高峰论坛上，产品获得 1000 多名教育主管领导及校长的高度认可，科大讯飞与人大附中、北京十二中等名校共同成立"推进教育信息化应用名校联盟"正式成立。目前智慧课堂已覆盖全国 31 个省、271 个市，帮助老师更加高效的进行课堂场景教学（获取资源、互动教学、提升效率），用户满意度达 85.9%。如深圳中学、西安交大附中、广州一中、大连 24 中、无锡一中、北航实验学校，以及安徽包括合肥一、六、八中，蚌埠二中在内的几乎所有名校都实现了常态化应用①。

（2）教育云事业群

2016 年初，好未来正式开始对公业务，教育云事业群陆续推出公立校产品序列，包括教学云平台、双师直播课堂、英语分级阅读系统和智慧家长课堂等产品。基于公立校产品的大方向，好未来的产品从课前、课中、课后和课外四个方面提供产品和服务。上课之前，教师运用教具资源进行备课。上课时，教室中可以使用多媒体或者平板设备进行教学；针对偏远地区优质师资贫乏的情况，还能通过好未来双师模式来直播教学。下课后，老师可以通过系统布置作业，并通过作业的认知诊断测评了解学生除分数之外的多维发展状况。课堂之外，好未来为家长提供智慧课堂，针对家长关系的话题，提供有关学生心理成长、学习能力、生活问题等等方面的课程，帮助公立校建立完善的家庭教育体系②。

此外，2018 年，好未来精心建设的雪地阅读（英语分级阅读平台）助力教育信息化落地公立校，已经被上百所学校、数千位教师和超过十万的学生群体广为使用，成为目前公办、民办教育融合的成功典范之一。

---

① 科大讯飞 2017 年年度报告。
② 初骊禹：《好未来：教育云如何帮公立校"系统升级"?》，https：//www.caigou.com.cn/news/2017032011.shtml，2017 - 3 - 20。

三 机遇与挑战

（一）线上线下教育融合的机遇与挑战

1. 机遇：发掘教育新形式

（1）日新月异的线上教育

与传统教育模式相比，线上教育的优势在于以下几个方面：其一，获取知识基本不受时间和空间所限；其二，随着移动设备设计的越来越轻便，客户可以通过线上教育随时学习；其三，线上教育具有丰富多样的内容，不仅包括义务教育和高等教育，还涵盖了早期教育、艺术教育和技术教育等。如今，线上教育的发展越来越日新月异，最主要的原因是互联网的飞速发展。当前，互联网已经成为一种生活方式，而基于互联网的教育方式也必将成为教育的一种重要形式。

如图3所示，2018年中国在线教育市场规模约为2046亿元，用户规模约为13494万人。目前，我国线上教育发展空间非常大，这基于我国学龄人口数量庞大、教育消费比重大、职教培训需求旺盛、网民规模巨大等多方面原因。而且随着互联网的不断发展，互联网巨头已对线上教育试水，可想而

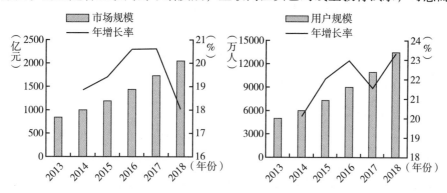

图3 2013~2018年中国在线教育市场规模和用户规模

资料来源：2018~2024年《中国在线教育行业市场深度分析研究报告》。

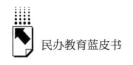

知其市场不容小觑。

（2）不会消失的线下教育

毫无疑问，线上教育也具有不可忽略的劣势。其一，网络授课意味着教师和学生不能面对面交流，因此教师不能直观地了解学生对课程的理解情况，学生遇到疑难问题时也无法及时与课程老师沟通。双方之间存在沟通的不足。其二，线上教育能够满足教授知识和技能传递方面的需求，诸如"拍照解题"，但它仅仅是教学，而不是教育。教育的内容不仅包含着情感、态度、价值观的传递以及道德、人格的培养，还包括了同伴学习，而这些都是线上教育所匮乏的。

综上，虽然线上教育可以迅速推进我国教育的发展，革新传统的教育方式，也许线下教育的互动性终有一天也会被科技复制，但对人的精神养成，对人的品格、智慧和社交能力的教育是线下教育独有的，因此，线上教育无法完全取代面对面教育。

（3）线上线下加速融合

《2016～2017中国培训教育蓝皮书》显示，"在教育产品方面，纯线上教学机构占机构的比例为3.27%，纯线下教学机构占比为69.28%，线上＋线下占比为26.14%；在教育投资领域方面，'互联网＋教育'优势突出，但其仍处在发展阶段，如何变现是最大难点"，因此，线上＋线下这种虚实结合的新模式未来定将成为一种新的发展趋势。

2.挑战：线上＋线下关系的困境

目前线上线下教育融合的困境主要体现在两个方面，一是两者之间教学的平衡，二是业务之间存在壁垒。

（1）线上教学与线下教学的平衡

首先，许多农村学生没有网络设备，这是阻碍线上教育和线下教育相融合的重要问题。其次，许多学生基础较差，自身通过直播课程的学习难以掌握课程的重点。最后，真正通过线上教育实现课程目标在于线下教师如何把握师生面对面辅导的时间。因此，辅导老师的任务量变得很大，毕竟线下教育显得尤为关键。线上名师与线下助教需要高度配合，线下助教应当依据学生学习的情况及时给予反馈，耐心解答学生疑惑；而线上名师则应适当调整直播教学的内容。两者相互协作，才能更好地完成教学目标。

（2）线上业务与线下业务的壁垒

对于线下教育机构而言，互联网属于未曾接触过的陌生领域，在对互联网领域缺乏深入了解之前便进行在线业务的扩展自然问题多，其中最为常见的问题有以下三种：首先是在线教学平台用户体验不好，主要体现在平台存储的课程资源过少以及附带的功能应用不足两方面，教师的备课、授课，学生的听课、自习以及师生之间的沟通交流都需要资源与应用的支撑，没有它们，平台的教学效果和质量便无法保证。其次，在线教学平台缺乏后续的维护、更新与升级，对于线下培训机构而言，互联网领域属于之前从未接触过的陌生行业，也不会储备关于在线教育平台运营与维护相关的人才，导致在线教学平台故障多发，功能落后，无法满足线上业务的扩展需求。最后，如果线上与线下难以形成有机的结合，不仅没有起到引流的作用，反而分摊了并不充裕的师资力量与成本，最终会造成线上业务扩展举步维艰，线下业务人手不足日益萎缩，线上线下各自为战[1]。

（二）公办、民办教育融合的机遇与挑战

1. 机遇：教育信息化助力公办、民办教育融合

近年来，民办教育企业构造了一系列教育科技服务和教学创新方式，为此消耗了大量的时间、物力和财力探究个性化与创新型教学。同时，政府也不断推动公立学校与民办教育企业优势互补，颁布了诸多促进公民办教育融合发展的政策，例如《国家中长期教育改革和发展规划纲要（2010 ~ 2020）》、《国家教育事业发展"十三五"规划》、新修订的《民办教育促进法》等。至此，在教学方式、教育产品和教师培训等方面，诸多公办学校与民办教育企业相互开展合作。以第一批试点城市为例，2015 年，新东方、

---

① 《启创卓越：线上线下教育融合出路在何方？》，搜狐教育，https：//www.sohu.com/a/201646017_99940354，2017 - 11 - 01。

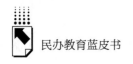

好未来等数十家民办教育企业通过政府购买服务的形式，参加了北京市上百所中小学学科教育改革，体现出民办教学产品和服务正在为公立学校的教学方式添加新元素。

（1）信息化成教育"新名片"。教育信息化技术在公办、民办教育上的深入应用，对更多二三线城市的教育水平起到了推动作用。民办教育企业正与公立学校协同发展，使更多优质教育资源通过科学技术覆盖到全国更广阔的地带，不断推进公办、民办教育水平的逐步提高。以好未来为例的民办教育机构，为公立学校的教育体制改革提供了教育科技及教研层面的宝贵经验，将大大促进公办教育与民办教育开展多方面的融合。

（2）"科技＋教育"新业态建立。民办教育企业在"科技＋教育"领域的创新发展，正引发教育行业的深刻变革，可以成为推动公办、民办教育融合的重要力量，促进教育事业的可持续发展，实现大数据时代的智慧教学，最大限度地释放教与学的能量。目前，公民办教育面临着诸多难题，问题之一是如何通过释放优质师资的能量，推进贫困地区教育质量的提升，从而实现教育公平与教育普惠的目标；问题之二是如何通过科技产品促进教育升级，满足人民日益增长的对于优质教育资源的期盼与需求。民办教育资源的灵活性、多样性、丰富性及其"科技＋教育"的创新性，都将为公民办教育融合提供解决难题的良方。

（3）民办企业是稳定教育均衡的桥梁。在国家相关政策的鼓励下，民办教育企业正逐步成为推进教育均衡发展的稳固桥梁。众多民办教育机构积极投资教育信息化产业，从而获得了可喜的硕果。例如，好未来已与阿里云等企业在诸多教育产品和服务方面达成战略合作协议。与此同时，更多民办教育企业在对公合作中发挥教育优势，不断推出人工智能教学产品与服务，真正实现"AI＋教育"在公立学校的大面积推广。

在教育信息化的背景下，科学技术正深刻影响着教育的全方位革新，民办教育企业对于 AI 和大数据的应用，使其在教研上的优势发挥得淋漓尽致，不断推动优质教育资源的均衡发展。而在有效配置教育资源以及提升教学管理层面，公立学校与民办教育企业也将面临新的融合机遇。

2. 挑战：教学方式与教师管理的问题

（1）不同教学方式引发的矛盾。以好未来打入公立校的英语分级阅读平台——雪地阅读为例，首先，诸多公立学校难以迅速改变以考试为最终目的的教学模式。其次，雪地阅读推行的"区域间学校一起备课"的原则真正实施起来有较大难度，即使教师和学生接受，然而如果得不到学校管理人员的支持，就无法继续推行。最为重要的是，雪地阅读推广的 RAZ 体系（美国 RAZ－KIDS 绘本）和其他体系必须要与我国的英语教育体系相结合，这就牵扯到培训课堂教师的重要性。

综上，雪地阅读在前期需要继续积累良好的口碑；依靠各地教育部门的帮助来培训合格的课堂教师；发挥科学技术的优势，不断引入高质量阅读材料，真正让每个孩子运用"去纸质化"的阅读平台接受世界各地的优秀文化，从而促进教育资源均衡化的进展。

（2）学校在教学管理方面存在压力。在实现教育资源均衡化的背景下，北京市部分中小学积极与民办教育企业展开教学合作。以 K12 教育领先者好未来为例，在北京市教委的推动下，从 2013 年开始相继与北京市海淀区羊坊店第五小学、亮甲店小学、育鹰小学、第四实验小学、培英小学、定慧里小学等六所学校签订了小学英语课程教学合作协议[①]。

然而，培训机构教师走上公立学校的讲台对原有教学教研体系的管理带来了新的挑战。由于民办教育机构的老师与学校不存在人事关系，彼此之间仅仅是进行商业合作的模式，因此相关教师管理、岗前培训、成效考核等标准难以达成一致，调课、调场地、维持秩序等所占用的人员成本也非常大。如果给民办机构老师的报酬较多，会对学校老师工作的积极性有影响，又由于减负等规定不允许周末排课，多种情况相互交叉将会出现诸多不可调和的矛盾。此外，公立学校与教育培训企业的合作一般而言存在期限，因此依赖民办教育企业的优质师资将会缺乏教学的持续性。而且培训机构老师从多个

① 《从互惠到互融，北京推进公办学校与民办教育合作》，腾讯教育，https：//edu.qq.com/a/20150413/049427.htm，2015－04－13。

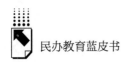
学校之间流动授课，在遵守学校规章制度和保障上课时间方面也会出现一些问题。同时，政府需要颁布相关政策指导教育培训企业的优质师资有序流动，使其能够尽可能覆盖教育资源匮乏的偏远地区。

参考文献

杨东平：《新一轮"教育产业化"的特征与治理》，《清华大学教育研究》2018 年第 1 期。

杨文杰、范国睿：《教育变革的张力与活力——改革开放 40 年教育变革诸要素逻辑关系分析》，《复旦教育论坛》2018 年第 5 期。

王晶、李占峰：《基于在线学习的教师培训改进》，《课程教育研究》2016 年第 35 期。

谈鲲：《互联网时代的 K12 教育模式转型思考：从教辅图书到在线教育》，《新闻研究导刊》2018 年第 6 期。

B.6
双师教育圆梦偏远地区学生：好未来

刘泽云　赵心慧*

摘　要： 好未来是中国 K12 课外辅导教育的行业领导者，成立于 2003 年，并于 2010 年在美国纽交所上市。公司以小学奥数辅导起家，凭借良好口碑和品牌效应全面覆盖 K12 阶段全学科培训。自上市以来，好未来在线下进行稳健的全国性扩张，线上加速地拥抱互联网，采取双师模式推进线上线下教育的融合，以科技产品成功打入公立学校，解决优质教育资源稀缺问题，为教育共享做出巨大贡献。本案例将从公司概况、教育融合发展战略、未来发展趋势三个维度对好未来进行分析介绍，并着重探讨了试行双师课堂的背景、特点以及面临的挑战。

关键词： 融合发展　双师课堂　互联网

一　好未来公司概况

（一）公司创办背景

好未来（TAL. N）是一家业界领先的教育科技企业，前身为"学而思"，是我国 K12 教培行业双巨头之一、国内市值最高的教培机构。该公司

---

* 刘泽云，北京师范大学经济与工商管理学院教授，主要研究方向：教育经济学；赵心慧，北京师范大学经济与工商管理学院博士生，主要研究方向：教育经济学。

成功的背景主要得益于三方面的因素。

一是源于 20 世纪末，为了给小学生减负，教育部门取消了小升初升学考试。北京早在 1993 年就取消区县统考并实行就近入学，1998 年又从广州市引入了电脑派位，资优生也没了保送渠道。一方面，父母担忧孩子被派到师资薄弱的中学；另一方面，重点中学也不想通过电脑派位招收到资质普通的学生。在这种背景下，一些初中名校在选择新生时虽然不考试，却把奥数成绩作为一个重要标准。正是从那时起，竞赛类教育培训机构如雨后春笋般林立北京街头。因此，张邦鑫在 2003 年创办的答疑论坛——好未来的雏形"奥数网"，踏准了时代的节点，为今后十多年的辉煌发展奠定了坚实正确的基础。

二是源于我国 1999 年实施的一项重大高等教育改革政策——高校扩招。该政策给整个教育培训行业带来了巨大的机遇，促使家长愿意把更多的资源投入到孩子的学习上，因而迅速打开了课外辅导市场的需求。这种需求自上而下，很快就传导到了中考、小升初培训市场。这导致"扩招"政策并没有减轻学生的学业压力和负担，反而适得其反。此后国家虽然多次提倡校内减负，然而仍未真正减轻中小学生的学业负担，出现校内"减负"、校外"增负"的现象。其原因在于优质教育资源依然十分稀缺，多数省份名校（"985"、"211"高校）录取率低，学生面临更加残酷的竞争压力，加上家长根深蒂固的名校情结，催生了课外教育培训的巨大市场。

三是源于近年来在线教育规模的迅速增加。根据智研咨询发布的《中国教育地产行业发展现状分析及市场前景预测报告》，2017 年，我国 K12 在校教育收入规模达 298.7 亿元，用户规模达 1.44 亿，充分表明了家长对于 K12 在线教育的需求潜力巨大。早在 2010 年，好未来就率先意识到 K12 线上教育的巨大潜能，开始运营学而思网校，率先布局线上教育市场，推广录播课程。当学而思网校的营业收入增长速度下降，遭遇瓶颈时，公司在 2013 年将录播形式转为直播，并于 2016 年提供基于"直播＋辅导"的在线课程，消除了传统录播互动性差以及及时反馈功能差的弊端，为日后双师模式的出现打通了线上教学的优质平台。

（二）公司发展历程

好未来是一家具有先发优势的 K12 课外辅导培训机构，公司发展历程大致分为以下四个阶段。

1. 2003年创立

2003 年，我国基础教育课外培训仍是新兴行业时，张邦鑫就已经开始在北京市海淀区开设辅导班讲授小学奥数课程。同年，奥数网正式上线运营。此后，在小学奥数的基础上，学而思创立了初中年级的培优班，与之相对应还建立了中考网与作文网。2007 年，学而思在北京市的其他区县如东城区、朝阳区、丰台区等也创建了培优中心，并初步试水家教行业，建立了家教网和幼教网。2008 年，学而思相继在天津市、上海市、武汉市陆续创建分校。2009 年，学而思继续走向华南地区，在广州市创建了分校。

2. 2010年上市

2010 年 9 月 29 日，学而思在纽约证券交易所上市交易，同年，学而思网校、E 度教育网正式上线运营；推出 ICS 智能教学系统；成立学而思深圳分校。2011 年，学而思成立品牌"摩比思维馆"，主打学龄儿童的思维训练；同年，在成都、杭州、南京、西安等全国多座城市建立分校；小班辅导课程正式改名为"学而思培优"。2012 年，学而思 ICS2.0 智能教学系统全面上线。

3. 2013年更名

2013 年，学而思教育正式更名为好未来集团，并设立了新的发展规划——"用科技与互联网来推动教育进步"，至此实现线上教育与传统线下教育的相互融合，开拓两者并行的战略发展通道；同年，好未来在济南成立分校。2014 年，E 度教育网更名为家长帮并推出 App；同年，在长沙、石家庄、青岛等地成立分校。2015 年，好未来升级 ICS 智能系统 3.0，推出直播课程以及双师课堂。

4. 2016 ~2017年重塑

2016 年，好未来收购励步英语；控股顺顺留学，进一步完善、整合了旗下的教育产业链；同年，北京地区的学而思培优班开始应用 IPS（Intelligent

Practice System）智能练习系统。2017 年，控股爱棋道；投资咔哒故事；调整了事业架构，增设了幼小事业群、K12 事业群、国际及高教事业群、互联网事业群、教育云事业群。这些调整表明好未来下一个十年的目标是，"希望从本土企业变身为国际教育机构，从传统线下公司变身为科技服务公司，从运营型公司变身为数据驱动型公司"。

综上，好未来上市以来不断拓展自身业务，具体表现为两点。其一，教学中心和服务中心明显增长，截至 2018 财年，好未来的教学中心从 132 个迅速增加到 594 个；而在 2011 财年结束时，好未来只在北京、上海、广州、深圳等六座城市设立了教学中心，经过短短六年的变化，好未来于 2017 年已经在全国 42 个城市设立了教学中心，布局了大量具有巨大潜力的二线城市和省会城市，抢夺市场先机。

其二，好未来运用自身资本优势，持续进行投资并购，整合改善自身的基础教育产业链，并向下端延伸到早幼教，向上端触及高等教育。同时，该企业一直实行用互联网与科学技术改变教育的目标，通过投资新兴教育技术和线上教育来提升用户体验，深化品牌的知名度。如今，好未来拥有诸多教育科技产品，诸如 ICS 智能教学系统、IPS 智能练习系统、TEPC 翻转课堂以及教育云系统等，并且都应用到了线下教育，是最积极拥抱互联网发展以及投身教育科技领域的培训机构之一①。

（三）公司发展现状

1. 营业收入业绩斐然

好未来 2010 年于美国纽交所上市，上市后，公司在资本、市场、品牌的共同推动下，迎来爆发式发展时期。如图 1 所示，2009～2018 财年好未来营业收入、营业收入增长率、净利润、净利润增长率变化情况。

如图所示，营业收入从 2009 财年的 6929 万美元增加至 2012 财年的

---

① 《K12 教育系列专题：解码好未来千亿市值登顶之路》，广证恒生教育，http：//www. sohu. com/a/203147567_ 354900，2017－11－08。

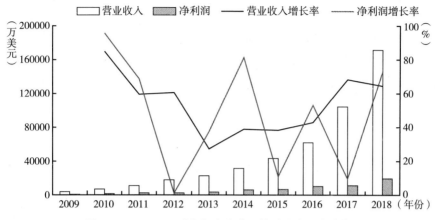

图1 2009～2018 财年好未来营业收入及净利润变化

资料来源：同花顺财报。

1.78 亿美元，净利润从 728 万美元增加至 2404 万美元，两者的年增长率都保持在 60% 以上。2012 财年净利润增长率下跌，主要原因是由于建设大量教学中心的投入升高，以及由扩张带来的为教职员工发放薪酬、场地租金和其他相关费用的增加。2013 年更名为"好未来"后，营业收入出现又一波快速增长时期，从 2013 年的 2.26 亿美元增加至 2018 财年的 17.15 亿美元，净利润也飙升至 1.95 亿美元。回升的原因在于教师及教学中心利用率的逐步提高以及成本的控制。在业绩高增长的带动下，截至美国东部时间 2018 年 8 月 18 日下午，公司以 176.43 亿美元的市值收盘。由此可见，好未来已然成为国内教育培训行业的领头企业。

2. 课外培训如火如荼

好未来的主营业务为 K12 课外培训，重点分为三个部分：小班课程、一对一课程和在线课程；其中，小班课程是其主营业务收入的主要来源。从业务拆分来看，好未来近几年聚焦发展线下小班业务，但是渐渐地开始关注在线课程业务，体现在线上课程营收占总营收的比例正不断增长①。

———————————

① 《K12 教育系列专题：解码好未来千亿市值登顶之路》，广证恒生教育，http：//www.sohu. com/a/203147567_ 354900，2017 – 11 – 08。

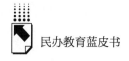

小班课程

小班课程是好未来营业收入以及注册学生数的主要来源，占比收入超过80%，而且公司仍把拓展小班课程作为首要业务。小班课程的主打品牌包括学而思培优、摩比思维和励步英语，分别涵盖了优质学科教学、综合素质培养及高端课程研发、国际化教学服务等诸多方面。

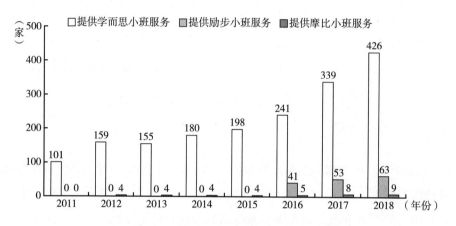

图2　2012～2018财年好未来小班教室数量变化

资料来源：广证恒生教育、公司年报。

图2所示，截至2018年2月底，好未来旗下594家教学中心中有498家提供小班课程，其中426家提供学而思培优小班教学服务、63家提供励步英语小班服务、9家提供摩比思维教学。从教室的绝对数量可以看出，学而思培优是小班课程营收的主要贡献者。

（1）一对一课程

一对一课程的定位是核心小班教学的互补品，占比收入约15%，并不是好未来线下业务的重点，旗下主要是爱智康子品牌。由于不同学生的知识水平不同，在小班的基础上，好未来开展了个性化学习服务，目的是为不同学习程度的学生提供包括基础知识、学习能力和时间安排的个性化辅导。从2012年至今，一对一事业部生源主要来自小班课，并由此省下大量的广告费用。

（2）在线课程

在线课程占比收入约5%，且有逐年上升的趋势，主要原因在于好未来对学而思网校的运作。2010 年，好未来就开始通过学而思网校录制网课，一直到 2015 年为止，都是采用这种录播课程的方式，直到 2016 年变为直播课程的形式并可以师生互动，从而辐射到了更广阔的地区，达到了拓展市场的目的。

3. 教师队伍百里挑一

与其他教育机构不同的是，好未来并不是通过从公立学校、竞争公司挖老师的方式来扩充师资队伍，而是每年直接从应届生（多为"211"、"985"学校，其中清华、北大毕业生接近 100 人）当中招聘，培养自己体系里的老师，录取率只有 4%，培训周期一般为 3 ~ 6 个月。新晋老师不要求具备独立课程设计开发能力，仅仅需要利用公司内部标准化的课程体系和教材进行集体备课，更多的是充当教材讲解输出的任务。一方面，这便于公司对年轻毕业生进行管理，减少跳槽现象的出现；另一方面，公司以严格的考核标准，选择最好的老师，保证了教师队伍的质量与水平。

目前，好未来的教师体系主要分为专职老师和兼职老师。2010 年前，公司师资以兼职老师为主，之后，公司逐渐增加专职老师的数量，为了应对公司快速扩张的需求，专职老师的人数大幅增长。截至 2016 财年，公司师资总人数共为 8388 人，其中专职老师为 6594 人，占比超过 78%。

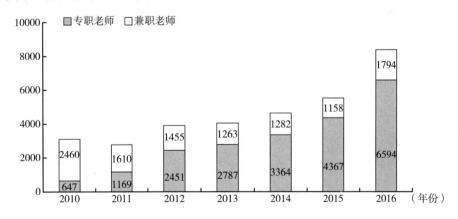

图 3　2010 ~ 2016 财年好未来师资结构及增长

资料来源：川财证券研究。

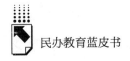

此外，据相关人士透露，好未来收入最高的老师课时费为 4000～5000 元/课时，最低仅为 200 元/课时，但是每年有 4 次机会可以涨工资，依据续班率、满班率、退费率和家长满意度四个指标综合决定。所以这就要求老师不仅要重视教学，还要注重服务，为好未来赢得了好口碑。

4. 招生规模与日俱增

过去几年，好未来的格局不断扩大，不仅从传统的线下教学走向在线教育、智能教学，而且从课外辅导走向校内教学，生源渠道全面拓展。如图 4 所示，参培学生人数与上文的营业收入增速基本保持一致，2018 财年参培人次达到了 745 万，同比增速接近 90%，是公司业绩的最直接驱动。此外，持续的高参培学生人次增速也反映出好未来较高的留存率水平。

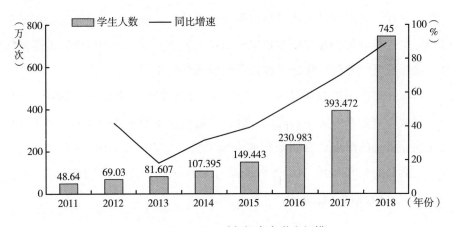

图 4　2011～2018 财年好未来学生规模

资料来源：公司财报。

2011 年以来，公司参培人数的快速增长得益于二线城市需求的爆发式增长，部分二线城市（如杭州、西安、成都、南京等）开始进入课外辅导的黄金发展期（人均收入超过 5 万元），成为好未来业绩增长的主要动力。

在 2010 年好未来上市之前，公司已覆盖了四个一线城市和两个经济与教育较为发达的二线城市。经过十几年的发展，在一线城市 K12 渗透率较高之时，好未来开始向人口大省省会城市以及经济发达的城市扩张，截至

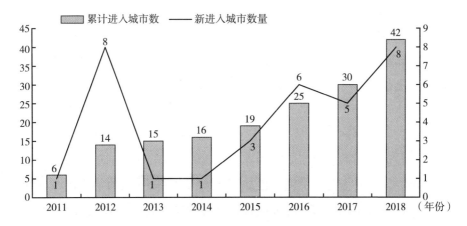

图5 2011～2018财年好未来累计进入城市数

资料来源：广证恒生教育。

2018财年，好未来累计进入城市数量已经达到42座，呈现高速扩张的趋势。

二 "双师模式"开启教育融合新局面

如今双师课堂已然成为K12教育行业热议的话题。其实早在2014年，好未来就开始探索双师课堂；2015年，公司率先进行了小规模双师模式的尝试。在互联网技术快速普及的时代，好未来不断践行着科技改变教育的理念，通过线上线下融合解决优质教育资源稀缺的问题。

（一）背景：优质教育资源紧缺，试水双师课堂

在教育信息化的背景下，合理应用现代科学技术覆盖教育水平落后的地区，成为教育资源均衡发展需要解决的问题之一，双师模式由此诞生。具体而言，民办教育企业细分了教育教学中不同老师的职责任务，使优秀的名师应用直播的形式给更多学生线上授课，使每个班级的助教线下辅导，为学生答疑解惑。简单而言，双师课堂即为"名师线上授课"加"助教线下辅导"

相融合的教学方式。

由上文可以了解到，自上市以来，好未来对广阔的二线城市进行不断地扩张。扩张逻辑主要有三个方面：其一，呈现明显的周期性。每经历一场大规模的业务拓展，好未来会花多年时间针对新增设的教学点进行精细管理，确保教学水平良好，保持品牌的好评度。而上市之后，公司充分利用资本优势，经过两年的时间对旗下业务进行精细化管理，地域扩张的速度逐渐放慢，直到最近两年又开始新一轮的周期性地域扩张。其二，在不断步入新城市的同时，对于已经进入的城市也在不断深耕。主要表现为初步建立自身品牌后，逐渐挖掘市场空间，增大或者调整各大城市教学中心的数量。其三，依托强大的数学培优谨慎扩张。每当好未来进入一个新城市，基本从某个年级的数学培训开始发展业务，当业绩状况良好的时候，再推动其他年级的发展；等到数学培训完全扎根本地市场后，再开始增加其他新的科目，比如物理、化学、语文和英语等。

然而，当好未来走入三四线城市时，难以再按照这种思路进行扩张。总的来说，好未来双师课堂的出现，主要是受到以下几个因素的驱动。

1. 成本

以一名主讲老师＋N名辅导老师的方式，好未来就可以尽可能减少师资成本。以往教育机构每开设多少班级就需要配备多少名师，从而需要给多位教师较高的分成。双师课堂的开设使得机构在"多个班级对应一位名师"的情况下，只需要给一位主讲教师较高的分成，而那些线下助教的薪酬仅处于普通水平。据负责人介绍，线下助教的收入与线上名师相比而言低很多，前者薪资可能是后者的 1/20～1/10 之间。因此，即便线上名师的收入成倍于以往传统的培训方式，但是在一位名师的直播能够对应几十个班级的情况下，好未来仍旧控制其成本不必太高。

2. 资源

由于好未来招聘的教师基本都为"211""985"的名校毕业生，这个硬性条件在一二线城市实施起来非常容易，但是在三四线城市变得异常艰难。在这种背景之下，即使企业愿意多办校区，然而受名师数量所限，难以在拓展业务的同时保证教学的水平。起初，好未来摸索出来运用网络直播课堂的方式进行拓展市场。但是线上直播的互动性、续课率等各种方面和线下教学相比有很大差距。因此，公司毅然决定采取线上名师做主讲，线下配备辅导老师做助教（主要关注学生学习的状态、讲解没听懂的题目、对于作业进行查验、课后考察理解情况）的双师模式打入三四线城市。

3. 向多地拓展业务的需要

K12 教育培训的发展规模与地理位置因素具有很大联系。一方面，由于地理空间的限制，向新的城市拓展市场常常受到阻碍；另一方面，好未来在进入新市场时，常常因当地已经有成熟企业而在进入的时候受到阻碍。双师模式的出现，对于教育企业而言，品牌和服务的输出变得更加方便。以前拓展一个分校不仅要考虑场租、市场等各方面成本，还要顾及教师的招聘和培训，而双师课堂铺设的大屏幕使得花费在教职员工上的费用大大降低。

总而言之，双师模式有益于各个群体。对于线上老师而言，能够比以往带更多数量的学生，由此可以大大提高自己的薪资水平；而且双师课堂的广泛应用能够扩大主讲老师的声誉和口碑，使其教学成就感大幅度增加。对于线下助教而言，在教室辅导学生的同时，可以受到主讲名师潜移默化的影响，一定程度上能够完成对于自身的培训。对于学生而言，优质师资的共享使其覆盖的教室数量变广，学生数量变多，偏远地区的学生也有机会接触名师教育。而且双师课堂中学生对于问题的回答以及自身学习行为都会被答题器记录，然后提交到后端平台，运用大数据分析等技术，再把学习结果反馈到本人手中。对于家长而言，线上主讲老师和线下辅导老师的分离，使得辅导老师能够更多地关注孩子的学习表现和效果；与此同时，上课过程中的拍照等服务环节更加便捷。

好未来作为第一批应用双师模式的优质教育企业之一，其双师课堂主要布局在诸多分校及校区，从而解决偏远地区优质师资薄弱的难题。2015 年，好未来首先在北京和南京两个城市试点双师课堂，通过名师效应辐射到本城市以及周边城市，然后逐步打向二三线城市的市场，例如长沙市、郑州市、西安市等。经过一年的发展，南京学而思分校的双师课堂取得了业界好评，拥有了良好的口碑和固定客户，家长对其的认可度也越来越高。与此同时，北京学而思也加快拓展双师模式的业务，取消许多名师的线下辅导班，将主力全攻在双师课堂。双师模式的线下课堂还植入了很多教育科技产品的运用，通过教育科技提升教师的教学效率，优化学生的学习过程，从而不断提升用户体验，塑造更好的口碑。

（二）融合：科技推进线上线下教育融合

1. 极富特色的好未来双师课堂

2016 年是双师模式爆发的元年，除了好未来之外，新东方、科大讯飞、巨人教育等培训机构纷纷凭借双师模式实现其三四线城市的布局与扩张。与之不同的是，好未来布局的是高质量双师课堂，有自己的特色和方法。具体而言，主要体现为以下几个方面。

（1）生源。不同于其他教育机构，好未来的双师课堂极具其自身公司文化——培优的特点。众所周知，好未来的辅导是一种培优模式，招生前会有一轮分班考试，对于学生的基本能力进行测试，最后录取前 20% ~ 30% 的学生。之所以这样定位，是因为一方面好未来认为这些优等生通过培训更能达到提高分数的目的；另一方面，通过设置进入门槛可以提升自身的品牌定位，人为地制造出"一座难求"的场景，家长对其趋之若鹜。与此同时，优秀学生的高升学率又反过来抬升了好未来的市场口碑，形成了市场口碑的正循环。

（2）师资。好未来的线上名师选拔标准非常严格，号称必须"讲够一万个学生，上够一万个课时"，相当于公立学校教师 10 ~ 20 年的教龄，而助教老师基本也是派遣到三四线城市的公司内部专职教师。双师课堂的特点就是两个老师共同处于一个课堂，教师分工明确、各司其职，线上主讲名师只需要完成备课等教学任务，课堂纪律、答疑以及与学生的沟通交流则是由线下辅导老师完成。线上主讲教师只需要思考怎样通过镜头去表达（如肢体语言），以增加课程的感染力；线下辅导教师则更需要关注课堂纪律、学生学习进度的管理，并且积极辅助主讲教师做好答疑解惑。只有这样，线上教师才能集中精力，既能保质保量地完成教学任务，又能提高学生的课堂参与率。此外在这种情形下，教师与学生都不容易产生对上课的疲惫感，从而可以大幅度提高学习效率。

（3）教研。好未来的核心竞争力当属其优质的、标准化的教研课程体系。企业每年对于技术产品、教辅书籍的开发成本高达亿元，也就是说，好未来将竞争优势更多地押注在教学研发方面。试行双师模式时也不例外，公司根据教师教学习惯制定教学流程，研发个性化教学，将每一个讲课过程的细节标准化，以加强两师间的课堂协作。从而帮助学生提分和升学，给予家长最直观的感受就是，"好未来的教材非常厉害"①。

（4）课程。据负责人介绍，越稀缺的课程越需要双师课堂，如奥林匹克竞赛、自主招生等。自2015年自主招生政策改革之后，每年参加自主招生的学生总数屡创新高，已经成为学生在统一高考之外的又一主要战场。自主招生是学生考入一流名校不可多得的额外途径，但高校也对申报自主招生的学生应具备的特质提出了明确规定，在学生的学科特长和创新潜质方面有较高的要求。基于此，好未来及时抓住节点，拓展相关培训业务，并在双师课堂中重磅推出五大学科竞赛以及自主招生笔试课程。

（5）科技。好未来的双师课堂依托云服务以及专业视频终端等高端设备，实现名师共享。在师生互动中有答应器等互动工具，能让授课教师实时了解到课堂的学习进度，更能理解学生的学习需求，及时调整教学速度。由于全程直播，最大化地还原了线下教学场景，学生的认同感更强，迎合了学生的学习习惯，再加上高科技设备的赋能，能够激起学生的学习兴趣，一定程度上提高了学习效果。另外，教师课前可以进行测评，了解学生对学识的掌握程度，并将测评结果发给家长；课中可以抓拍学生学习神态，让家长了解学生上课时的状态；课后布置作业，并及时点评，给出学生课堂学习的效果，比如成绩或是综合表现点评，让家长充分了解课堂效果，提高续费率。

---

① 王艳茹、许光辉：《深度剖析好未来、新东方成长之路》[Z]，成都：川财证券，2017年2月24日。

今后，公司会进一步加强科技研发，有望把直播视频做成点播、回播的形式①。

（6）营销。好未来是最具有互联网基因的培训机构，以往每当公司迈向新的城市拓展自身业务时，都会开发该城市的家长帮线上社区，其目的就是为了培育市场、树立品牌、积累初始流量。运用到双师模式也不例外，公司积极打造名师效应，推广课程，通过宣传极大地带动了课程报名率。

2.科教融合，推动落后地区师资水平

好未来运用自身的实战经验和教学优势，将教学科研与大数据结合的双师课堂投入到公立学校，不仅通过技术手段为公立校的传统教育模式增添光彩，而且还极大地促进了教育普惠，从而实现"科技推动教育进步"的目标。随着国家大力倡导区域间教育均衡化，好未来依托在教育信息化领域的多年实践积累，从河南嵩县、雄安新区、新疆吉木乃等三四线城市以及偏远贫困地区开展了智慧教育建设，运用双师模式有效解决当地优质师资稀缺的难题，而且大大提高了学生的学习效果和兴趣。

（1）走入基层公办学校。2017年6月2日，好未来联合嵩县人民政府、言爱有限公司在河南嵩县思源实验学校宣布共同打造智慧教育示范学校，同时捐赠学而思双师课堂。此举消除了传统教育体制下偏远地区师资落后的壁垒，最大化地释放了教育资源的价值，依托科技力量让更多孩子接受优质教育资源。

（2）辐射北京远郊区县。据相关人士介绍，相比偏远地区，像北京这样的一线城市同样也面临着教育资源在地区之间配置不均的问题。海淀、西城、东城是公认的教育高地，教育资源强大，而大兴、门头沟近郊区县的教育资源相对较弱，延庆、平谷、房山等远郊区县的师资力量则更加薄弱。按照北京市有关规定，在义务教育阶段，学生需就近入学。这也导致很多人受地域所限，无法享受到同等优质的教育资源。因此，好未来正加快推进北京

---

① 刘旷：《新东方、好未来纷纷布局双师课堂，背后依旧有伤痕？》［EB/OL］，http：//dy.163.com/v2/article/detail/DOKAE4HG0511805E.html，2018－08－07。

地区双师课堂的建设和学科课程的优化，学而思大型学习中心的教室将会配备双师课堂的硬件设施；在学科方面，除了原有的数理化课程外，文综课程也将大面积在双师课堂中推进。根据不同学科、不同年级、不同地域学生的特点，公司将不断升级和迭代双师产品。

（3）提高民族教育水平。2018年9月3日，好未来的"AI老师智慧教育"项目在凉山州昭觉县民族小学启动。该项目的"AI老师普通话教学"系统所运用的语音识别和测评技术基于学而思网校自主研发而成，其对语音识别精确度高达100%，通过采取网络支教形式，满足当地彝族学生学习普通话的迫切需求。与其他科目不同，普通话的教育和推广更加注重老师的发音是否标准、与学生的互动是否有效。因此，在少数民族地区师资力量不足的情况下，AI技术的应用在语言推广上更具优势。这不仅将加速当地普通话的推进，还将有效解决师资短缺的问题，为民族教育质量的提升提供有力的人才和智力支持。

未来，好未来将更加充分地发挥自身在教育科技领域的优势，深入推动公办、民办教育融合，运用一系列覆盖整个课程环节的产品和服务（例如，除了双师课堂之外的教育云平台、英语分级阅读平台、智慧家长课堂等），全方位地展开与公立学校的深度合作，结合自身优势思索更多与公立学校融合的方法，为偏远地区构造优质教育资源体系，与公立学校一起提高教育信息化的水平。

（三）挑战：双师模式的战略布局仍有弊端

1. 布局高质量"双师"，但规模尚小

好未来在拓展公司业务方面一直非常谨慎，公司为保证教学质量，仅在小范围内试行双师模式。为了做好双师课堂，甚至大幅度缩减了许多名师的线下班级，让主讲老师专注于双师课堂，然而这样的战略布局也有不少劣势。

（1）短时间内难以盈利。好未来自2015年就开始探索双师课堂，但是由于双师课堂的投入高，好未来的双师课堂规模较小，名师效应的覆盖力度

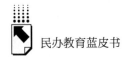

较为薄弱，一线城市或省会城市的线上主讲老师很难辐射到周边区域，例如南京市的线上名师难以辐射到苏州等地的学生。所以，目前为止好未来的双师课堂并没有获取可观的利润，还未能给公司业绩做出巨大贡献。

（2）主讲名师难以复制。好未来双师模式的核心特征就是名师效应。虽然双师课堂能够共享优质师资，解决教育资源不均衡的情况，但是线上主讲老师的直播课程难以复制，使其更为广泛的传播。毕竟，课程讲授属于名师自身的智慧成果，是对学科内容独一无二的理解及诠释。另一方面，切断名师的线下课程班，会使那些还没有完全了解双师模式的家长与学生难以立即选择双师课堂，因此容易造成学员的大量流失。

2. 认可度与认知度不高

（1）家长们的认可度。家长们的认可度是双师模式推广的瓶颈，虽然双师课堂改善了线上教育师生难以互动的难题，但是父母受传统教育思想的限制，对于孩子观看直播进行学习的方式仍颇为担忧。因此，早日获取家长的认可，是双师课堂后续发展的关键。

（2）公立校的认知度。如今，双师课堂其实更多地存在于课外培训机构，而面向公立学校的发展总是与教育部门的推广力度有关。一方面，公立学校拥有高资历的教师有可能难以接受自身转变为助教角色，在线下的教室里辅助线上主讲名师参与教学；另一方面，一些学校的管理部门对于推广双师模式并不抱有较大热忱，这也会阻碍双师课堂进入公立学校。

3. 教学方面遭遇困境

在教学方面，双师课堂主要存在以下问题：其一，不同区域基础教育阶段的教材并不相同，因此可能会导致线上主讲老师需要随时调整教学内容；其二，不同学生的知识体系和学习能力存在差距，尽可能多地关注到每位学生的学习状态，是线下辅导老师需要关注的重点；其三，线上名师和线下助教的协调难题，线上主讲老师直播授课的内容过于充实，导致线下辅导老师不能及时为学生答疑；或者辅导老师没有将教室里学生的反响及时报告给线上教师等，都会对课堂的质量产生不良影响。所以，两位老师之间的默契度需要不断进行磨合。其四，公立校的助教严重稀缺，当地教师尤其是有经验的老教师不愿意从事助教工作，一方面是出于职业自尊心的缘故，做助教对于他们来说没有成就感；另一方面则是因为双师课堂的线上名师教授课程难度较大，比如物理竞赛等试题必须经过专门培训才能理解透彻，对于偏远地区的教师而言，可能难以为学生们做好课后辅导等辅助教学工作。

三　公司未来发展趋势

2018年2月，四部委联合印发《关于切实减轻中小学生课外负担开展校外培训机构专项治理行动的通知》，明确宣布严格规整面向中小学生开展学科类培训及竞赛活动的教育企业，其力度之大，堪称近年之最。这次整顿给许多民办教育机构带来特大冲击，作为教育企业巨头的好未来，在这个时间点上调整了新的战略规划。

（一）切入B端

公立学校是教育的重要基地。与成熟的C端市场模式相比，好未来的B端业务处于公司"弱势地位"。2015年，好未来成立了教育云事业部，与此相关的对公教育业务成为公司重点发展的业务之一。但由于公司的发展重点在于培优，以及需要不断拓展自己的直营校，B端业务一直不温不火。2018年，公司表明将重新规划好未来的目标，提高了B端和公立校业务的战略地位。这也就说明，以后好未来也许以内容、服务和产品等切入B端市场，通过输出管理、课程、师资等众多方式获取收益。

虽然政策利好、面向商家的市场广阔，但是目前还没有出现绝对垄断的教育巨头。如果想要打入公立学校，不仅需要寻找新的绩效增长点，还需要和B端业务合作实现共赢。对于好未来而言，寻找到新的绩效增长点后，培优业务的营收占比就会减少；B端业务不断发展，也有益于好未来攻占教育主市场，构造教育生态圈。对于整个教育行业而言，好未来能提供更优秀、更前沿的产品和科技，这对于提高自身竞争力、提升整个行业的教学水平大有裨益。

（二）着力发展素质教育

教育部关于印发《教育部2018年工作要点》的通知中，强调要"落实立德树人根本任务，大力发展素质教育"，并且对中小学综合实践活动、研学旅行等发展做出了具体部署。更为明显的是，本次四部委的整治并不包括素质教育。

相比之下，音乐、美术、体育的教培项目监管不但宽松，也更符合未来教育发展趋势。从2012年开始，好未来就开始了素质教育赛道的布局——投资了德拉学院、画啦啦少儿美术课堂、爱棋道、青青部落等企业。除此之外，旗下的摩比思维馆还以合作的形式，与Scratch共同开发少儿编程课。好未来更倾向于"数字化、科技化、综合化"三种形式的教育企业。由于素质教育涵盖面很广，包含编程、美术、音乐等等细分领域，所以具备"垂直化、细分化、专业化"这些特点的公司也被看好①。

（三）推进AI+教育的融合

2018年7月，好未来开发了"WISROOM"智慧课堂解决方案，并升级智能评测系统"魔镜"来评测教学过程的效果②。同时，为了协助老师、家长和学生运用脑科学的教育概念，好未来脑科学实验室与多所学校的专家联合发布"儿童青少年脑发育发展动态信息组学图谱"项目，推出了"Alpha Brain"品牌，并开发了脑科学知识课程体系。毋庸置疑，这些新产品、新解决方案的推出，将助力好未来与公办教育体系的全面对接，从而全面推动"重新定义好未来"的战略实施。这主要是想利用新科技完成两件事：其一，通过脑科学的客观监测功能，观察课堂效果，增强课堂诊断；其二，运用人工智能技术，研发更加具有精确性的学业能力评测系统。

---

① 殷缘：《"暮死朝生"，好未来的关键时刻》[EB/OL]，https：//www.iyiou.com/p/67859，2018-03-15。
② 岳丽丽：《好未来推出"WISROOM"智慧课堂解决方案，升级"魔镜"》[EB/OL]，http：//www.sohu.com/a/241982148_118792，2018-07-18。

参考文献

刘博生：《在线教育：离我们还有多远?》，《证券时报》2014 年 3 月 4 日（A14）。

刘亚力：《双师模式为何成为 K12 香饽饽》，《北京商报》2017 年 4 月 17 日（D01）。

何己派：《好未来的 AI 未来》，《21 世纪商业评论》2018 年第 8 期。

B.7
科技助力公办学校课堂：科大讯飞

刘泽云　赵心慧*

摘　要： 科大讯飞是国内领先的智能交互技术服务平台，成立于1999
年，并于2008年在深圳证券交易所上市，占有中文语音技术
市场70%以上市场份额。公司近年来将教育领域作为布局重
点，利用自身在教学探索、科技研发及大数据方面的积累和
优势，大力发展人工智能技术助推教育变革，与公办学校展
开教育信息化领域的深度合作，先后发布一系列智慧教育产
品，推动优质教学资源的广泛应用，现已覆盖全国万余所学
校。本案例将从公司简介、智慧教育融合发展、未来走向三
个维度对科大讯飞进行分析介绍，并着重探讨了其发展智慧
教育的背景、产品特色以及面临的挑战。

关键词： 融合发展　智慧教育　人工智能

一　科大讯飞公司简介

（一）创办背景

科大讯飞诞生于世纪之交——1999年，目前在智能语音与人工智能

---

* 刘泽云，北京师范大学经济与工商管理学院教授，主要研究方向：教育经济学；赵心慧，北
京师范大学经济与工商管理学院研究生，主要研究方向：教育经济学。

（Artificial Intelligence，AI）核心技术方面（如，语音合成、语音识别、口语评测、人脸识别、自然语言处理等）达到国际最高水平，如此瞩目的成就来源于公司创办适逢其时。20世纪90年代，国家对信息化大力推动：1993年，成立国家经济信息化联席会议；1994年，建立国家信息化专家组；1996年，成立国务院信息化工作领导小组；1999年，国家信息化办公室变更为国家信息化推进办公室，这意味着我国拥抱互联网的速度加快。

因此，1999年可以称为中国互联网元年。在改革开放走过20个年头之际，互联网创业热潮席卷全国。与此同时，全球也涌现信息技术（Information Technology，IT）创富神话。在此年份中，谷歌网站开始正式使用；而风头正盛的微软在我国接二连三地成立了诸多技术中心和研究院；中华网赴美上市，成为第一家登陆纳斯达克的中国互联网公司；百度、腾讯、阿里巴巴等公司相继诞生。政府在政策、资金、舆论等多方面都为年轻人提供了良好的创业环境，创新创业的观念在全国兴盛。

同时，1999年也是语音产业元年。语音技术可谓是"站在人工智能的肩膀上闪闪发光"。此时的国际IT巨头已开始觊觎中国语音市场，IBM发明的语音系统被评为科技领域十大事件之一，人类第一次实现用语音在电脑上输入信息。英特尔、摩托罗拉、东芝等巨头纷纷建立语音研发中心，争夺语音市场先机。在我国，诸多高校的实验室虽然研发了多年的语音技术，然而仍不能在商用价值上达标。又因为国内大量的研究团队被挖去外企，使得国外公司几乎抢占了整个中国语音市场，令形势更加严峻。从零开始的中国人工智能产业，迫切需要加快追赶世界先进脚步。

随着人工智能的迅速发展，我国有关智能语音技术的专利数量不断增加。站在创业狂热与语音浪潮的交叉点，科大讯飞深切意识到语音在未来人机交互中的重要作用，依托坚实的用户群基础和互联网系统，一举成为亚太地区最大的智能语音与人工智能上市公司。目前公司占有中文语音技术市场的份额已经超过70%，成功改写由外国巨头控制中国语音市场的局面。

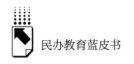

（二）发展情况

1. 商业模式别具一格

由于科大讯飞一直坚持"平台＋赛道"的商业模式，因此迅速成长为人工智能领域的巨头公司。其中，平台的意思是"讯飞人工智能开放平台"，赛道包括：教育、司法、医疗、智慧城市、智能服务、智能车载。

具体而言，"平台"即为全行业提供人工智能能力，整合后台内容和服务，构建持续闭环迭代的生态体系，赋能开发者，成就科学家，让人工智能像水和电一样造福人类。截至2017年底，讯飞开放平台合作伙伴达到51.8万家，同比增长102%；应用总数达40万，同比增长88%；平台终端设备数达17.6亿台，同比增长93%。

表1 2018年上半年度科大讯飞主营业务收入分产品增速

单位：亿元，%

	本报告期	上年同期	同比增减
教育产品和服务	6.58	5.65	16.35
教学业务	0.57	0.58	-2.16
智慧城市行业应用	2.21	0.73	200.69
信息工程	5.82	5.64	3.06
政法业务	3.49	1.11	214.55
电信增值产品运营	2.76	2.14	28.75
移动互联网产品及服务	1.18	0.43	177.10
开放平台	3.12	1.25	149.22
智能硬件	3.33	0.68	390.46
运营商大数据	0.48	0.54	-11.78
汽车领域	1.21	0.93	30.04
智能服务	0.87	0.71	22.16
其他	0.36	0.55	-34.78

资料来源：科大讯飞2018年上半年度报告。

赛道即人工智能核心技术＋应用数据＋领域支持，构建垂直入口或行业的刚需＋代差优势，打造盈利来源和金牛业务根据地，让人工智能成为公司持续成长的源泉。科大讯飞在消费者产品、医疗、教育、司法、智慧城市和 AI 客服等行业持续发力，效果显著①。如表 1 所示，根据其 2018 年上半年度报告数据，教育产品和服务、智慧城市行业应用、政法业务和汽车领域赛道的收入分别同比增长 16.35%、200.69%、214.55% 和 30.04%。

2. 营收增速创下辉煌

2017 年，科大讯飞的营业收入保持不断增长的情形，平台与赛道相结合的方式使得落地应用的规模逐渐扩大。如图 1 所示，2011～2017 年科大讯飞的营业收入增长速度一直保持在 32% 以上。2017 年，科大讯飞的营业收入为 54.58 亿元，与上年同期相比增长了 64.4%。总之，公司的应收增速再次创下辉煌，实现了近年来的最大值。

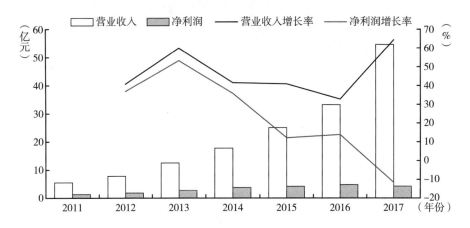

图 1　2011～2017 年科大讯飞营业收入及净利润变化

资料来源：科大讯飞 2011～2017 年年度报告。

虽然科大讯飞的营业收入逐年提高，幅度很大，与此同时公司的规模也在不断增长，然而图 1 显示，公司的净利润增长率自 2013 年开始处于下跌的态势，虽然 2015～2016 年之间有所回升，但是在 2017 年，科大讯飞实现

---

① 朱茜：《十张图带你看懂科大讯飞 2017 年报看点，"平台＋赛道"战略效果显著》［EB/OL］，https：//www. qianzhan. com/analyst/detail/220/180627－590a87f4. html，2018－04－28。

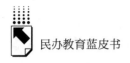

净利润 4.28 亿，较上年同期减少 11.6%，再次下降。这次的原因主要由于公司的非经常性损益所致（上一年份收购了安徽讯飞皆成公司），另一个因素是公司也在加大对 AI 领域的研发投入。

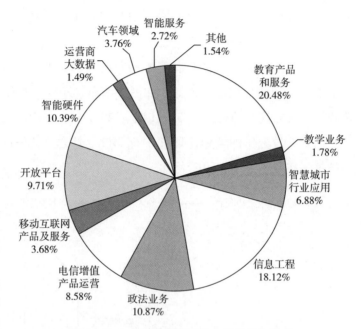

图 2　2018 年半年度科大讯飞营业收入构成

资料来源：科大讯飞 2018 年半年度报告。

　　具体而言，图 2 所示为科大讯飞营业收入构成。分产品来看，2018 年上半年度科大讯飞在教育产品和服务上收入最高，占总营收的比重为 20.48%，其次是信息工程业务，占比 18.12%，可见教育行业产品和服务在主营业务中占据了较大比重。2017 年年度报告显示，科大讯飞已形成 "1 + N" 教育产品体系，即运用底层的统一服务能力，实现向智课、智学、智考、智校等多个教育应用场景提供统一的用户、资源、数据、桌面服务。这些都足以看出科大讯飞对教育领域的重视。

（三）教育业务

　　上文反映出教育板块是科大讯飞的一个重要领域，作为中国教育信息化产业领航者，公司在教育信息化的背景下，依托多年教育业务方面的经验，将 AI 技术与教育教学深层次地结合在一起，力求为教育变革做出更大贡献。

1. 发展历程

（1）源起。2004 年，作为科大讯飞的重点技术，语音评测最先被全国普通话等级考试所运用，在教育领域开拓了坚实的第一步。2008 年，讯飞语音评测技术通过国家语委鉴定，业界唯一达到使用水准；数码产品事业部成立，推出有声教具产品，成功发行全国，帮助偏远地区建立标准语言环境。

（2）成长。2011 年，科大讯飞教育产业事业部正式成立，推出畅言交互式多媒体教学系统，初创期员工 80 人。2012 年 7 月，讯飞"高考英语听说考试智能评测系统"成为业界唯一正式应用于中高考的评测系统；12 月，29 个省份开始运用"国家普通话水平智能测试系统"，接受测试的考生超过 800 万人。2013 年 5 月，科大讯飞与新加坡教育部共同建设汉语学习门户 iMLT，为汉语的海外推广贡献力量；12 月，双语教具在西藏完成小学阶段全面配置。2014 年 4 月，联手北师大共建中国基础教育质量检测协同创新中心，率先发布国内首个"教育评价云"，实现师生全息数据汇集。

（3）远航。2014 年 10 月，科大讯飞建立"教育评价体系"，形成覆盖教、学、考、评、管全系列产品的教育闭环；12 月，普通话机测系统覆盖所有省份，英语口语考试系统应用于四六级，科大讯飞控盘全国口语考试业务。2015 年 7 月，在合肥、安庆中考的中英作文进行评分技术试点，作为机器测评准确度、稳定性超越人工；12 月，形成全国规模最大、体系最全、配置最灵活的云测评大数据分析平台，满足 95% 以上区域个性化考试需求。扫描及网阅的日峰值 2046 万份，校级和校际评价报告数总计 25 万份。2016 年 3 月，与教育部考试中心共建联合实验室；5 月，发布全学科阅卷系统，主观题评测准确度、稳定性超过专家，在 CET 阅卷和湖南省成考中实际应用；同月，发布智慧校园解决方案，用人工智能实现走班排课，全面满足每一个学生的选课需求，为师生应对新高考改革提供技术支撑；11 月，科大讯飞教育事业群成立，两千多名员工齐心协力，开启讯飞教育新篇章。2017年，与中国人民大学附属中学、北京市第十二中学、合肥市第八中学倡议并联合西南大学附属中学、华东师范大学第二附属中学、深圳中学等全国12所名校共同发起的"推进教育信息化应用名校联盟"正式成立，共同促进教育信息化的建设。

2. 收入现状

科大讯飞教育板块的业务收入主要分为两部分，一部分是教育产品和服务业务收入，主要向教育部、省教育厅地市教育局和学校等提供软件和服务，占2017年收入比重的25.54%；另一部分是教学业务收入，来自科大讯飞2012年在芜湖创办的安徽信息工程学院，包括学费和住宿费等，2017年占比为2.21%。如图3所示，2012～2017年教学业务收入呈现逐年增长的态势，其占总收入比例先增加后减少，并于2015年达到最高，占比4.03%。

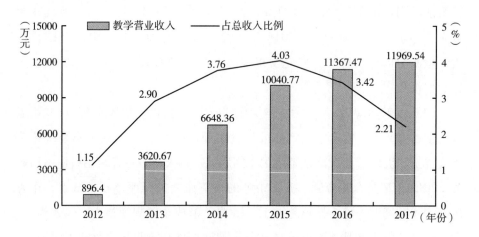

图3　2012～2017年科大讯飞教学业务收入及占总收入比例

资料来源：科大讯飞2012～2017年年度报告。

表2列出了2015～2018年上半年度报告期内科大讯飞教育产品和服务业务的收入比例、成本比例、利润比例及毛利率。从财务数据来看，2015～2018年上半年，教育产品和服务业务收入分别为2.70亿元、3.58亿元、

5. 65 亿元、6. 58 亿元，占总营收的比重以及利润比例都维持在 20% 以上，毛利率超过 40%。但是，由于近年来讯飞开始在教育领域广泛布局 to C 市场，将原本可以销售的产品和服务以免费形式进行了大规模推广，因此营业收入比例相较往年有一定程度的下降。

表 2 科大讯飞教育产品和服务业务的各项指标

	营业收入 （亿元）	收入比例 （%）	营业成本 （亿元）	成本比例 （%）	利润比例 （%）	毛利率 （%）
2015 年中报	2.70	26.06	1.47	28.03	24.03	45.42
2016 年中报	3.58	24.59	2.06	27.06	21.97	42.49
2017 年中报	5.65	26.97	2.52	33.02	53.97	55.38
2018 年中报	6.58	20.57	2.58	25.12	44.70	60.69

资料来源：科大讯飞 2015 ~ 2018 年上半年度报告。

在教育信息化领域不断发展的情形下，科大讯飞凭借巨大的技术优势、研发优势和产品优势，在教育业务的市场上将具有广阔的发展空间，再加上公司近年来不断推出的 C 端产品，讯飞将拥有珍贵而庞大的客户群体数据库，从而在未来的教育产品和服务业务的营业收入方面有望维持持续上升。

3. 内外因素

教育业务作为重要战略方向，之所以受到科大讯飞的如此青睐，主要来自以下几个因素。

（1）巨大空间：教育作为刚需，行业存在巨大的空间

教育行业需求的增长趋势体现在三个方面：教育产业需求旺盛、经费充足、业内对成熟的产品与服务有极大的需求。从需求角度来看，发展教育、提高教育质量、增强教学成果、推进课程改革属于国家意志和公立体系，而教育信息技术的提升对于实现这一目标不可或缺；教育经费上，根据《教育信息化十年发展规划（2011 ~ 2020 年》测算，2016 年教育信息化经费可达到 2400 亿元，国家层面、国民素质基础建设的需求为教育信息化产业提供了足够大的市场空间。以公立中小学 K12 体系为例，目前中国的 1.2 亿学生中蕴藏着巨大的市场空间；同时，在教育主环节上满足教师刚需的成熟

产品尚未出现，业务模式尚需进一步构建，这也为主业为教育信息化的企业提供了业务拓展的目标。

为了提升教学质量，2012 年以来，国家相关机构出台了一系列政策支持教育信息化行业的发展。国家从政策层面上对教育，尤其是 K12 基础教育给予极大的扶持力度，这也为教育信息化产业市场打开了巨大的空间。科大讯飞着眼于教育信息化行业的前景，利用自身优势深耕教育行业，正是基于此逻辑。

（2）行业联结：教育与人工智能存在行业结合点

除国家政策的督导与经费支持之外，教育行业自身的特质与发展需要，以及人工智能技术的逐步成熟，使得运用人工智能技术促进教育行业的发展与质量提升成为可能。以下是科大讯飞将教育信息化与人工智能、大数据分析等技术相结合的一些发展路径。

第一，拥抱互联网。与互联网技术相融合，构造符合主场景的环境（例如智慧课堂），使老师与学生可以跨越空间进行互动。第二，记录学生的学习行为。依托信息技术采集学生的学习数据，通过分析并反馈结果，以此为不同学生分发不同的教育资源，从而提供人性化和个性化兼备的服务。第三，打通教育的主要环节。将人工智能技术用于优化考试和评估，让学生通过学习效果的随时反馈与评价，改善学习习惯，提升学习效率。通过人工智能替代教师批阅作业、评估口语，可以在减轻老师工作负担的同时获得更好的数据，形成教和学的闭环。第四，结合高考改革。在新高考"3+3"的背景下，发布新高考解决方案，用人工智能实现走班排课，并且记录学生的学习行为，从而进行合理的选课，为师生应对新高考改革提供技术支撑。

（3）优势契合：科大讯飞所具有的优势与教育领域相契合

科大讯飞之所以在教育领域处于标杆地位，主要得益于以下四个方面的公司优势。

一是技术优势。科大讯飞从普通话、英语口语测试等需用到语音识别技术的业务中切入教育领域，其过硬的语音识别技术与日渐成熟的人机交互技术，对于课堂之上的教学和课后作业的布置都起到了极大的帮助。二是基因优势。从发展历史来看，科大讯飞偏向于发展 to B 业务，教育既是刚需，具有明显的 to B 性质，同时又需要依据学生的要求个性化制定方案，可以成为个性化信息入口。通过深耕教育信息化领域业务，打造语音内容搜索的重要入口，最终实现入口价值的变现。三是政府资源。教育是国家极为重视的领域，讯飞可以通过发展教育领域，进一步加深政府合作，巩固政府资源，从而在其他领域包括军事、国家安全等加深布局。四是学校资源。科大讯飞通过考试系统，与学校间建立了密切的合作关系，其教育产品逐步成为学校的标配产品，多数学校的自动阅卷系统也接入了智学网教育平台，公司通过实践总结相关经验，可以巩固其在线教育领域中的先行者优势。

二　"智慧教育"构建教育融合新格局

2016 年以来，智慧城市成为巨头竞相布局的新风口。智慧教育作为智慧城市布局的重要一环，也成为巨头纷纷青睐的对象。智慧教育源于 IBM 在 2009 年提出的智慧地球，是对移动互联网、云计算、大数据、智能终端等新一代信息技术与产品的全面、深入、综合的应用。

（一）背景：发展智慧教育拥有广阔前景

一方面是国家政策的积极推进，一方面是人工智能、虚拟现实等技术的迅猛发展，再加上目前公立教育体系存在发展不均衡、优质教育资源紧缺等问题，在教育信息化大发展政策的趋势下，智慧教育无疑具有广阔的发展应用前景。

1. 风向

2017 年，国务院颁布的《国家教育事业发展"十三五"规划》表明，"继续推进设立和运用'三通两平台'，鼓励学校运用大数据技术采集、剖析和反馈教师教学与学生行为的数据，从而达到推进目标性教学和个性化发

展的目的；同时，为综合运用互联网和 AI 等探究未来教育发展的新形式提供技术，例如支持学校创建智慧校园"①。

2. 规模

根据《2018～2023 年中国智慧教育行业发展前景预测与投资战略规划分析报告》表明，"截至 2017 年末，我国智慧教育市场规模超过 4542 亿元，年复合增长率达 22.86%。而国家统计局数据显示，2017 年财政部门对教育经费的投入水平高达 4.3%，总教育经费投入约 3.4 万亿元。其中，财政部对教育领域信息技术的建设投入不断提升，从 2013 年的 1959 亿元增加至 2017 年的 2731 亿元，年均复合增长率约 8.7%，预计到 2020 年教育信息化投入仍将保持快速增长，经费投入将超过 3800 亿元"。

3. 数据

在教育领域，大数据技术应用主要为教育数据挖掘与学习分析技术。科技公司进入学校，可以实时掌握学校教学师资、教育管理情况、学生学习情况等各项丰富的数据资源，在大数据成为新能源的未来，这无疑是一座巨大的富矿。

4. 链条

和公立学校合作，可以打通 to B、to C、to G 关系链条，向学校输出智慧教育解决方案，向教师和学生输出各种丰富的智慧教育产品，为当地教育行政部门提供教学管理和教育云数据管理储存方案。也可以基于此向课后市场扩展，形成教育产业服务链条闭环②。

（二）产品：重磅打造智慧教育系列产品

作为中国教育技术服务的先行者，科大讯飞从教学、考试、管理等教育关键环节全面布局，并融合创客教育、虚拟现实教学等新型教学模式，形成辐射面积广大的智慧教育产品体系，从上至下包括国家、各省市县区、学

---

① 《国家教育事业发展"十三五"规划》。
② 张莉：《抢食校园市场，看巨头如何布局智慧教育》［EB/OL］，https：//www.leiphone.com/
news/201808/kxGMfzscC6jMQ4at.html，2018－08－24。

校、课堂以及家庭，促进教育教学模式创新，为学生、教师和各级教育管理者提供精准、便捷的服务。

表3 科大讯飞智慧教育产品体系

考试	智能评卷系统、英语听说教考平台、英语听说智能模拟测试系统
管理	智慧教育云平台、教育大数据平台、新高考解决方案、智慧环境、讯飞云校
教学	智慧课堂、纸笔智慧课堂、大数据精准教学系统、个性化智能学习系统、英语听说智能教学系统、中小学语言能力评价与学习、智慧作业平台悦作业
创新教育	人工智能创新教育、VR教室、创客教育、智慧微课

科大讯飞智慧教育系列产品依托 AI、云计算和互联网大数据等高级技术，共享优质教育资源，整合教育资源与教育管理的公共服务，满足各级教育行政部门、学校师生等常态化教育教学管理需要。

表4 方案产品及应用场景

方案产品	智慧校园	通过构建校园级应用集成整合平台,实现校园教、考、评、学、管业务的无缝连接与数据贯通。
	智慧课堂	以建构主义学习理论为依据,以"互联网＋"的思维方式和大数据、云计算等新一代信息技术打造的智能、高效的课堂。
	智学网	向学校日常考试及发展性教学评价需求推出的基于知识点地图和优质题库资源的智能化教学辅导平台。
	普通话测试	计算机自动评分,避免了人工评分中能力、情绪、疲倦等主观因素,使考试选拔更加公平公正。
应用场景	校园管理	建设校本资源库,构建优质资源实时更新、共建共享的生态圈,实现学校优质、特色教学资源的积累和共享。
	AIUI 语义	集成语音识别、语义理解相关能力,结合后端信息,直接通过语音调用相关内容信息,达到天气预报、风险预警等信息及时播报。
	语义理解	通过语音处理,进行语义理解,了解用户意图,并通过云端知识库交互达到信息的及时传达;私有云更加定制化的信息确保答案更加精准有效。
	汉语水平等级考试	系统基于国家普通话水平测试大纲,可准确地对考生命题说话之外的所有测试题型进行自动评测。

总的来说，2018年，科大讯飞创办了一系列智慧教育产品，全方位地涵盖了校园、教学、考试、管理等方面，在全国各地以及国外市场广为运

用，与 13000 余所学校建立合作，服务师生超过 8000 万。

1. "新课堂"智慧教学为老师加倍赋能

科大讯飞依托动态学习数据，逐步落实智慧课堂的不断成长。通过设立线上学习及评价系统，完成课堂的整个教学过程。具体而言，在线学习系统可以为每位学生建立听课、练习、测试的学习环境；评价系统可以剖析学生每次考试的结果，评价学生对于课程内容的掌握情况，然后选取最适合他们的学习方式。综上，智慧教学在一定程度上缓解了教师的压力，同时也能获取良好的教学效果。

2. "智学网"网络平台为教学打造个性

目前，科大讯飞智学网已经成为 K12 教育领域最知名的网络平台，通过运用 AI 自主剖析学生对于课程知识点的了解情况，然后根据该学生的知识背景布置个性化学习内容，从而减少其不必要浪费的时间。对于教师而言受益更大，例如老师能够运用云网端的优质资源进行备课，而且资源云平台还提供电子课件以及板书等非常实用的授课工具，这些都大大提高了教师的工作效率。总之，智学网目前的应用效果非常显著，用户规模也越来越广。

3. "新高考"解决方案保驾高考改革

如今，在高考改革的背景下，"6 选 3"选科制度以及衍生的走班排课等难题为学校管理人员和学生自身带来困惑。由此，科大讯飞开发了"新高考"解决方案，包括生涯规划、选科排课等内容，为中国人民大学附属中学在内的千余所高中应用。不仅满足了学校管理层迅速排课，还能帮助学生选择适合自己的科目并提前了解未来职业倾向。随着越来越多的省份开始实施新高考改革，科大讯飞也发布了"新高考"整体解决方案，力图为公立学校减轻由于制度改革带来的管理压力。

4. "英语听说"教考平台为评测提高效率

伴随着国际化的发展趋势，拥有一口流利的英语变得格外重要。在"以考促学"的需求下，科大讯飞为各级教育主管部门构建了覆盖教学、学习、测试、练习的"英语听说"平台，最大化地满足了教育管理者、教师与学生对于英语听说教学、学习和考试的强烈需求，真正能达到提升英语能力的目标。此平台通过提供大量的教学和考试资源，协助老师实施英语听说课堂的教学任务，帮助学生完成自主化与个性化学习；并且能自动统计学生的考试和学习记录，完成考情和学情分析报告，辅助教师进行教研和决策；同时，还能够组织区级联考、校级模考和班级日常测试等。

（三）融合：智慧教育产品走入公立学校

1. 资源共享，智慧共生

根据科大讯飞 2018 年半年度报告，智能评卷技术在安徽、江苏、辽宁、四川等省高考中应用。英语听说考试系统在北京中高考、江苏中考、广东高考等多个省份的口语考试项目应用，服务考生近 400 万人次。个性化教与学平台智学网的使用频率逐渐提高，在公立学校的应用比例同比增加了 36%。针对新高考改革，目前已在包括人大附中在内的 1600 余所学校规模应用。

具体而言，智学网已辐射到全国包括 68 所百强校的万所学校，从教学实践的过程中减少学生无效学习时间，进而提高其学习效率，真正实现因材施教。而且智学网也已经在千余所学校尝试商业化运营，受到了社会各界以及客户群体的好评。同时，其增值服务的年营收额远超亿元，实现了迅猛增长。

智慧考试产品在进行英语听说考试的多个省市累计测试了约 2000 万考生，2017 年全年测试了 303 万考生；普通话考试累计测试了 3320 万考生，2017 年测试了 616 万考生；大学英语四六级口语考试中支持了约 7 万人次；同时，还开发了智能评分和质检系统，运用在 28 个地区的中高考测试中。

智慧课堂已覆盖全国 31 个省、271 个市，帮助老师更加高效的进行课堂场景教学（获取资源、互动教学、提升效率），用户满意度达 85.9%。如深圳中学、西安交大附中、广州一中、大连 24 中、无锡一中、北航实验学校，以及安徽包括合肥一、六、八中，蚌埠二中在内的几乎所有名校都实现了常态化应用。

新高考改革方案已在上海、浙江以及全国大量学校进行了效果验证，支

持上百所学校多种多样的走班思路的课表编排，并和中国人民大学附属中学、北京四中、上海七宝中学、天津中学、杭州二中等多所学校达成战略合作协议①。

2. 联动高校，共创辉煌

（1）新实验室。2017 年 12 月 20 日，科大讯飞与华东师范大学一起建设了国内第一个"人工智能＋教育联合实验室"，这次合作完美地展现了民办企业与公立学校的融合、科学技术与教育领域的融合。一方面，华东师范大学作为国内双一流高校在高等教育领域具有广为人知的名声，另一方面，科大讯飞作为业界的龙头公司在 AI 等技术领域的地位处于国际前列。所以此次合作必将掀起人工智能改变教育的热潮。依托教育信息化领域的研发成果，为教育的改革与创新赋予 AI 和大数据等信息技术的能量，完成两者的深度融合，从而促进我国智慧教育稳健前行。

（2）新学院。2018 年 2 月 7 日，科大讯飞与重庆邮电大学联合打造的人工智能学院正式揭牌，重邮讯飞人工智能学院将充分利用科大讯飞技术与人才资本，展示校企融合与学科交叉的特色，推进 AI 领域设立相关专业、培育高级人才、研究重点技术、建立师资队伍等，让学员们广泛参与到科大讯飞在重庆的大数据人工智能、智慧教育、智慧政务等重点项目建设中，通过丰富的实践学习成长为人工智能领域的高级人才，全力服务和支撑重庆人工智能产业发展。

（3）新教材。2018 年 7 月 21 日，在国家会议中心，科大讯飞携手西北师范大学和北京师范大学出版社一起发布了国际第一本初中阶段的人工智能教材——《人工智能（初中版）》。此书由西北师范大学郭绍青教授团队编写，科大讯飞技术和教研团队深度参与，以满足日常上课为出发点，解决老师想教无教材，学生想学难动手的难题。编写团队强调教材的目的不是培养工程师，而是培养学生的人工智能知识体系，协助学生构造对 AI 的了解、欣赏和运用。之后，还将发布小学和高中阶段的教材，教材覆盖大数据、机

① 科大讯飞 2017 年年报。

器学习、自然语言处理等当下相对成熟的人工智能技术，并鼓励学生动手实验、设计开发 AI 产品解决实际问题①。

（四）挑战：科大讯飞智慧教育前路漫漫

1. 业务结构还待优化

目前，科大讯飞的主要业务仍旧面向 B 端市场（企业或者公立学校），虽然已经拥有了大量用户资源，但是人工智能只有投入到 C 端（普通的消费者群体）才能获取更大的商机。科大讯飞智慧教育比较有代表性的 C 端业务是教育云平台，通过采集多个方面的数据，剖析并反馈给学生结果，从而能让学生得到个性化的学习服务。然而其至今取得的成就大多来源于政府的补贴和支持。今后通过自身实力提高面向消费者的业务水平，将技术成果变现，这些都是科大讯飞未来面临的挑战。

2. 区域布局仍需调整

据 2018 年上半年度报告显示，科大讯飞的主营业务在华东地区的营收比重超过 50%，远高于其他地区；2017 年 8 月，智慧课堂产品已经辐射到两千多所学校，而学校数量排在首位的就是安徽省。由此可见，生于合肥的科大讯飞在教育领域的布局过于集中，亟须加快其他地区的推广速度。

公司拓展教育业务的方式是先与当地教育管理部门建立联系，然后通过此路径走向公立校，满足学校教学信息化的诸多要求。科大讯飞正是采用此途径与安徽省的公立校进行了合作。但是要从安徽走出并应用此经验迈向省外的公立学校，对于公司而言具有一定难度。毕竟每个省市的教育情况具有较大差异，存在课程学习内容与招生人数和规则的不同。

3. 市场竞争愈发激烈

随着教育信息化、中高考改革等一系列教育政策的发布，教育市场呈现空前繁荣的景象。老牌的教育公司不断拓宽赛道，提升竞争力，而创业型公

---

① 陈惠英、张绍亮：《科大讯飞发布全球首本初中版人工智能教材》［EB/OL］，http：//www.sohu.com/a/243019799_99947626，2018－07－24。

司也以各自的擅长点快速切入教育领域，想要分得一杯羹。一时间，诸多互联网龙头各显神通，纷纷布局智慧教育业务，市场竞争愈发激烈。腾讯自2015年推出智慧校园，仅仅用了一年的时间，其智慧校园产品已经覆盖全国近2000所学校；百度教育正在实行"生态合作计划"，已与1000多家学校、5000多家教育机构以及400多家出版社建立了合作生态，逐步实现"AI＋教育"的创新融合与服务落地；2017年9月27日，阿里巴巴宣布操作系统升级战略，并正式发布全新AliOS品牌，推出AliOS智慧教育解决方案。

对于科大讯飞而言，技术实力决定了其具有较高的起点，而是否拥有优秀的产品开发能力，是否有足够量的教育数据支撑，是科大讯飞能否将技术真正融入教育的关键因素[①]。

基于此，科大讯飞仍需要进一步提高技术壁垒，扩大C端市场覆盖规模和营收水平；根据智慧教育产品的一系列体系，完成教学、考试、管理等业务的全方位辐射，还要增大路径扩张的力度，占领省外区域的教育高地，向全国各地铺设市场渠道；围绕教师和学生用户探索深度运营的商业模式，持续加大高端研究人才引进。

三　公司未来发展趋势

教育部办公厅印发的《2018年教育信息化和网络安全工作要点》指出，我国于2018年基本实现各级各类学校互联网接入和提速，接入带宽10M以上的中小学比例达到80%等目标。其中，促进信息技术与教育教学融合发展仍是2018年教育信息化工作的重点。在教育领域中，多数民办企业都将"让科技和机器更好的服务教育"视为发展目标。作为一家拥有技术优势和研发优势的企业，科大讯飞在下一步的业务拓展中也将争取广泛布局教育赛道，从而把握时代赋予的机遇。

---

① 《K12领域七大知名教育公司大起底》，大眼看教育，https：//www.sohu.com/a/235571717_100188859，2018－06－13。

（一）深度挖掘大数据，获取先发优势

众所周知，科大讯飞的语音技术和人工智能技术已经处于国际领先地位，由于入场时间较早，因此在拥有独一性特点的 B 端和 G 端业务市场占据了一席之地，具有巨大的先发优势。毫无疑问，这将为科大讯飞下一步布局 C 端业务奠定坚实的基础。

可见，科大讯飞不仅有先进的技术优势，而且有非常重要的用户数据资源，能够通过收集学生的学习数据，对其整理及剖析，从而完成对于学生知识体系的评价，并提出相关的改善建议。具体而言，科大讯飞可以利用采集到的学生数据来挖掘其潜在价值，再将分析得到的报告发放给学生。此外，科大讯飞正在探索数据交叉的新领域，以往采集到的新数据难以替换旧的数据，当教学平台与新的算法结合，所有数据（包括整所学校、整个班级、每个学生的数据）都有可能融合在一起，从而消除数据之间的壁垒，联结教师的教和学生的学，协助学校提高备课、教学、辅导、管理等方面的精确性以及学生学习的个性化。

（二）迈入前端，布局 C 端市场

从"B 端单一发展"向"B 端与 C 端并行发展"的转型，表明了科大讯飞未来选择的战略方向，与此同时，一系列的业务布局也已经开始萌芽。

具体来说，科大讯飞的 B 端业务早已成熟，产品使用的场景不仅局限于学校，还正在向家庭、向社会扩展，意味着公司正逐步占据 C 端教育市场的领域。从 B 端到 C 端的转身对于讯飞而言其实有着巨大的用户资源优势。例如，在实施某个省的"三通两平台"项目（即宽带网络校校通、优质资源班班通、网络学习空间人人通以及教育资源公共服务平台、教育管理公共服务平台）之后，全省老师和学生的数据都会集中在这个平台上；而学生通过使用科大讯飞的模拟考试等平台，也会自动成为公司的用户。至此，科大讯飞一步步获得了课堂、考试等方面的数据，未来还会拓展业务到获得日常作业的数据，预计之后一到两年公司的智慧教育 C 端业务将迎来巨大的爆发。

（三）加大对人才引进，研发仍是重点

随着 AI 技术产业化趋势明显，国内外知名企业纷纷加大投入 AI 领域，势必加剧技术竞争的局面，社会对于高端人才的需求也会相应增加。

与此同时，近年来 AI 领域的诸多高级人才相继离职，另开炉灶自己创业，国内外巨头近年都出现了核心研究人才离职创业的现象。同时由于国内 AI 领域缺少高端的研究人员，再加上培养时期的漫长，AI 技术人员一直面临严峻稀缺的现状，如何吸引和培养高端研究人员将是公司后续发展的首要难题。考虑到吸引更多顶级的人才、壮大企业的研发队伍非常重要，针对人力资源风险，科大讯飞将坚定不移地实施股权激励计划，并持续加大高端人才的引进力度以及人才培养，毕竟技术的差异哪怕是一丁点都是领先对手占领市场的关键因素。此外，2018 年公司还会深化改革内部激励制度，从而达到纳士招贤的目的[①]。

显而易见，科大讯飞已经在我国人工智能产业发展史上创立了辉煌的战绩，作为 AI 领域的领头羊企业，近年来公司在智能教育领域的表现也非常出彩，未来势必成为教育赛道上的一匹"千里马"。

参考文献

陈红燕：《从"人机共生"看 PSC 智能语音测试系统的信度、效度与影响》，《江淮论坛》2013 年第 6 期。

朱杨琼：《移动互联下的智慧课堂——构建高职英语跨时空混合式教学模式》，《中国教育信息化》2018 年第 12 期。

董乐：《人工智能在教育领域的思考》，《科研信息化技术与应用》2018 年第 2 期。

黄蔚：《回顾与展望：2018 智能教育在前行》，《中国教育报》2019 年 1 月 12 日，第 003 版。

---

① 科大讯飞 2018 年上半年度报告。

国际教育篇

International Education

B.8

2018年国际教育产业发展报告

杨 娟[*]

摘 要： 随着经济的高速发展，越来越多的人走出国门。2018年，出
国留学人数和国际学校的招生人数迎来历史新高。出国留学
人员开始呈现低龄化的特征，但出国接受高等教育仍然是主
流。国别方面，虽然赴英、美、加等英语国家的人数所占比
重依旧很大，但是赴亚、欧的留学人数也逐渐增加。分区域
来看，一线城市国际学校的增长速度放缓，三四线城市的国
际学校开始迅速发展。基于此，本文将对国际教育的含义及
发展趋势做出概述，并对民办国际化学校和公办学校国际班
迅速崛起、国际学校数量持续增长以及出国留学的规模空间
大、回国人数增加、自费比重高等现状进行阐述，还提出国
际教育发展的经济环境和社会环境、市场容量和占有率等都

* 杨娟，北京师范大学经济与工商管理学院教授，学业规划研究中心主任，主要研究方向：教
育经济学。

具备有利条件，但是存在本土化教育质量提高、在线教育和人工智能的冲击、小机构难以生存等挑战，以期对目前教育国际化的发展情况做出详细梳理。

关键词： 国际教育　国际学校　公派出国留学　国际班

一　绪论

（一）国际教育的含义

伴随改革开放的浪潮，中国的教育产业也经历了飞速发展的40年，在这40年里，似乎大家一直都在追求国际化，或者与国际看齐。然而，我们最需要思考的是一些非常本质的问题：到底什么才是真正的教育国际化？国际教育到底又是什么呢？

在一段时期内，国际教育被简单理解为外语好，能出国，但是这些都只是表面现象。语言只是沟通和表达的桥梁，更重要的是思维模式和文化素养。除了语言好，还要有观点，有见解，有能力，有视野。否则，英语好无非是有了一个打工的能力。因此，教育国际化需要学外语，但是又远远不止学外语。教育国际化可以出国，但又不仅仅是为了出国而出国。

（二）国际教育的发展趋势

提到中国的教育，就不得不提到国际教育，或者也叫做教育国际化。"国际教育"的起源，其实是西方国家的人到欠发达国家甚至殖民地国家，在当地为自己的孩子上学办的教育。这当然有价值，让我们看到了西方的教育理念和先进的做法。教育的国际化是市场（社会大众或家长）对未来劳动力市场需求和人才标准的一种判断，是家庭对子女未来接受的教育模式的一种选择，也反映了家庭对于教育服务的一种诉求。同时，教育的国际化也反映了教育体系对全球化经济发展和国家交往的一种适应，是民办学校在激烈的市场竞争中寻求差异化发展的一种策略，也是对许多家长投资偏好以及教育需求的一种回应。中国国际教育产业主要集中体现在国际学校和出国留学服务两个比较大的业务板块。因此，本篇也会分别从这两方面展开调研。

从国家教育部统计的相关数据来看，中国出国留学人数在 2017 年首次突破 60 万大关，达 60.84 万人，同比增长 11.74%，持续保持世界最大留学生生源国地位。改革开放 40 年来，各类出国留学人员数量累计已达 519.49 万人。目前有 145.41 万人正在国外进行相关阶段的学习和研究。

中国出国留学人数在 2008 年是 17.98 万人，2017 年已经增长到 60.84 万人，是之前的 3 倍多。在一项针对中国高净值人群的调查中显示，社会大众有一定经济实力的人中 59.3% 的人表示会把孩子送到国外接受教育。而国内的国际学校专注于基础教育，这必将增大对国际学校的需求。

随着出国留学人员日益增多，致力于培养孩子出国留学，适应国外教育的国际学校在我国的蓬勃发展。据新学说数据，国际学校的数量从 2010 年的 384 所增长至 2017 年的 734 所，年均增长 50 所。

表 1　2015 年留学市场规模

市场类型	市场规模(亿元)
整个留学市场规模	1589.09
其中:出国类语言培训	82.92
留学中介	53.02
留学后市场	1462.15

根据报告数据，2017 年中国国际学校的市场规模为 321 亿元，到 2020 年的市场规模为 436 亿元，复合增长率为 10.75%。2017 年国际学校在校生数量约为 48 万，如果按照高净值人群家庭都是独生子女来测算，则国际学校在高净值人群中的渗透率仅为 30.38%，但是高收入人群二胎及以上为普遍现象，实际的渗透率比 30.38% 可能还要低。如果加上 1 亿的中产家庭，则国际学校未来的市场空间不可想象。

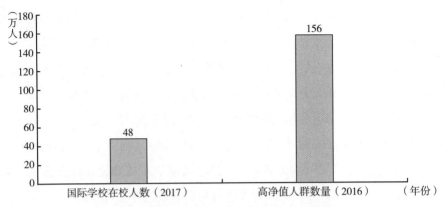

图1　国际学校在校人数及高净值人群数量

资料来源：根据公开资料整理。

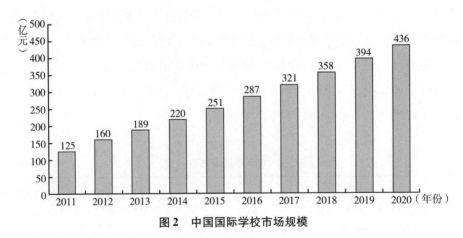

图2　中国国际学校市场规模

资料来源：根据公开资料整理。

二　国际学校

（一）国际学校现状及排名

1.国际学校现状

1980～1989年是中国国际学校的初步发展期，这一阶段，中国教育国际化还不明显，建立像北京顺义国际学校这样的外籍人员子女学校，最初目的主要是解决使馆工作人员以及在经济快速发展地区工作的外籍人员子女学习问题。外籍人员子女学校是中国国际学校的最早学员，也是这一阶段国际学校的主体。1990～1999年经历了加速发展期，这一阶段，随着经济发展和中国改革开放的深化，外籍人员子女不断增多，中国本土高净值群体初步形成，为中国国际学校的发展提供了持续动力，初步形成国际学校快速发展的势头。2000～2010年是高速发展期，这一阶段，随着中国全球化速度的加快、国民经济水平和国际视野的提升，一股留学热潮在中国涌现，国内教育选择和需求也日益多样化。在这种形势下，民办国际化学校和公办学校国际班顺应时势，赢得了更多的市场发展空间。2010～2019年，这10年国际学校在不断地转型和变革，这一阶段，中国国际学校遍地开花，究其原因既有教育国际化发展惯性的驱动，也有政策、需求、市场的多重刺激，民办国际化学校和公办学校国际班如雨后春笋般在中国各城市迅猛崛起。

随着中国经济的快速发展，中国的国际化教育行业也得到了充分的发展。截至2017年10月，全国范围内获得各课程认证标准的国际学校共734所，其中外籍人员子女学校126所，民办国际学校367所，公立学校国际班241所。还有一些国际合作的项目班，基本上所有重点高中都有开设。

从2010～2017年国际学校数量和新增数量可以看出，近几年学校数量增长均保持在较高水平。2017年是增长速度最快的一年，为11.04%。随着中国经济的快速发展，国民经济水平的不断提升和国人国际视野不断扩大，中国的家长和学生对留学的需求越来越大、对优质K12教育的渴望也越来越强烈。

2. 国际学校排名

2017年胡润中国国际学校排行最新发布（见表2），上海和北京是中国优秀国际学校的重要集聚地，上榜学校占整张百强榜单的近一半，分别有26所和21所；广州排名第3，有11所上榜；深圳排名第4，有8所上榜；苏州排名第5，有5所上榜。百强学校分别来自23个中国大陆城市。

前十名中，上海包玉刚、北京鼎石、上海世外和深圳国际交流学院这4所学校可以招收中国籍学生。北京顺义、北京德威、上中国际部、上海美国学校、北京京西和上海惠灵顿这6所学校只能招收外籍学生。百强中，共有

图3　2010～2017年国际学校数量分布

资料来源：根据公开资料整理。

72所国际学校可以招收中国籍学生，28所只能招收外籍学生。

　　上榜国际学校平均成立了十来年，其中最年轻的是威雅公学，2016年才正式开学，迅速排到全国第26、江浙沪前20；以及全国排名第31、深圳第三的万科梅沙书院，成立于2015年，由万科教育发展基金会创办。历史最悠久的是全国排名第六、上海第三的上海美国学校，1912年由上海美国领事馆创立，1950年中断，1980年复校。整体来说，相对于英美那些百年学校，中国这些国际学校还很年轻。但是，这些国际学校在中国这么多优秀学生中进行选拔，它们早晚会成为全球最优秀的学校。

表2　2017年胡润中国国际学校排行

序号	学校	School	指数	城市
1	包玉刚实验学校	YK Pao School	100	上海
2	北京顺义国际学校	International School of Beijing	98	北京
3	北京德威英国国际学校	Dulwich College Beijing	96	北京
4	北京市鼎石学校	Keystone Academy	94	北京
5	上海中学国际部	Shanghai High School International Division	92	上海
6	上海美国学校	Shanghai American School	85	上海
7	上海市世界外国语中学	Shanghai World Foreign Language Middle School	85	上海
8	北京京西国际学校	Western Academy of Beijing	81	北京
9	上海惠灵顿国际学校	Wellington College International Shanghai	81	上海
10	深圳国际交流学院	Shenzhen College of International Education	78	深圳

说明：此处只列出百强学校的前10所。

上榜国际学校平均每学年学费15万元，最高的近30万元。如果从小学上到高中12年，平均直接成本就要近200万元，这对很多家庭来说是一笔很大的投资。

在校学生人数最多：广东碧桂园学校，现有学生4100多人。成立于1994年，隶属于博实乐教育，由碧桂园创始人杨国强创办。

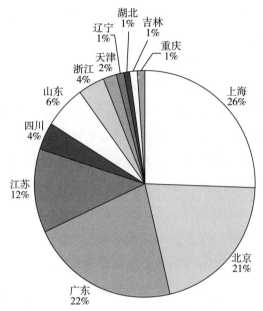

图4　2017年国际学校各省分布

资料来源：根据公开资料整理。

（二）国际学校分类

1.外籍人员子女学校

外籍人员子女学校由各类外籍机构与合法居留的外国人开办，是为了给外籍人员子女在中国境内接受教育提供方便而成立的学校。根据中国法规，外籍人员子女学校只能招收非中国国籍学生。

但是随着改革开放以及境外产子的出现，很多明星或者不想在原籍上学的人（如：非京籍）为孩子选择了这种学校，当然是在经济条件允许的情

141

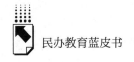

况下。也就是说，有一部分中国人但是外国籍的孩子也会出现在这类学校中。

2. 公办学校国际班或者项目班

公办学校国际班为国内公办学校与国外学校合作举办的国际教育项目，由中国公办学校承担教学管理，按照海外的教学计划、教学大纲、英文教材和考试测评，采取双语及全英文授课的模式培养国际型复合人才。基本上所有的公办学校的国际部，都是依托一个民办教育机构。如人大附中、北师大二附中的国际部等。公办学校只负责品牌，其余由民办机构负责，利润按比例分成，一般是3:7，也就是说公办学校靠牌子获得30%的收入。

在北京很多公立学校都有这样的国际办学项目，而且想要参加这个项目，进入国际班学习，不仅对学生的英语水平要求比较高，同时对考试成绩的要求也比其他学生要求要高。这类学生往往会有两种选择，他们既可以参加中国的高考，也可以选择参加国外的高考，可以说是"两条腿走路"。很多家长为孩子选择这类国际班，一般都是看中它的双保险。

3. 民办国际化学校

民办国际化学校是指以中国学生为主要招生对象，部分或者全部采用海外课程体系、教材和考试测评的民办学校，海外课程以英文教学为主。

这类学校在初期存在参差不齐的情况，因为当时信息还相对闭塞，大部分家长并不知道真正的海外课程和教材是什么样子的，所以无法判断真伪。但是随着信息渠道增多，行业发展也越来越正规，民办国际化学校也越来越真的"国际化"。

选择这类学校的家长往往不想让孩子去走自己的老路，对中国的教育体制和高考不太认同，认为对孩子的帮助不是很大，但是又不想或者客观条件不允许马上出国，于是在国内选择这类学校，然后直接走国外的考试体系，参加国外的中考或高考（如：SSAT、SAT），然后出国留学。

（三）国际学校的发展

2015～2017年，民办学校数量增速较快，外籍办学数量基本平稳，而公立学校国际班数量缓慢增加。由于外籍生源没有大量增加，外籍学校数量已然接近饱和，新建国际学校较少选择开办外籍人员子女学校。

2013年，教育部加强了高中阶段涉外办学的管理工作，并开始进行宏观政策调整，停止审批公办高中新的中外合作办学项目，公办学校国际班将停止扩大招生或转为民办。随着教育主管部门对公办高中国际部办学政策收紧，很多家长将目光转向民办国际学校，这也导致民办国际学校数量快速增长。

民办国际学校目前市场空间和发展潜力相对乐观，从政策角度、社会角度和资金角度普遍得到认可，各方资源丰富、各行业资本投资意愿强烈，因此可以预断，民办国际学校在未来会成为国际学校的主力。

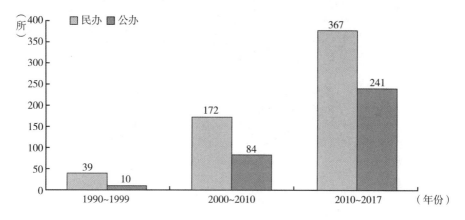

图5 1990～2017年民办与公办国际学校数量

资料来源：教育部网站。

从2017年国际学校类型分布图中可以看出，民办已经成为最主要的办学方式，占比最高，为50.00%，公办学校占比为32.83%，而外籍办学减少到17.17%。

（四）课程体系介绍

1. A-Level（General Certificate of Education Advanced Level）

A-Level课程是英国高中课程，是英国普通中等教育证书考试高级水平

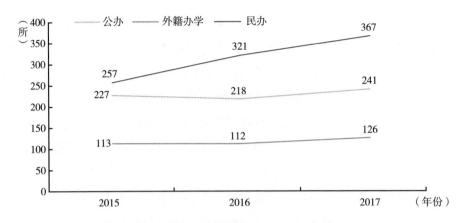

图6　2015~2017年三类学校分布走势

资料来源：教育部网站。

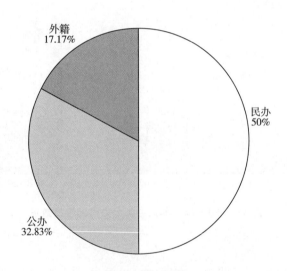

图7　2017年国际学校类型分布

课程，也是英国学生的大学入学考试课程。A-Level 课程证书被几乎所有英语授课的大学作为招收新生的入学标准。在中国开设 A-Level 课程的国际学校旨在为中国学生提供进入国外大学的有效途径。

2. IB（International Baccalaureate）

中文意思是"国际文凭"。IB 学校的英语全称是"IB World School"，

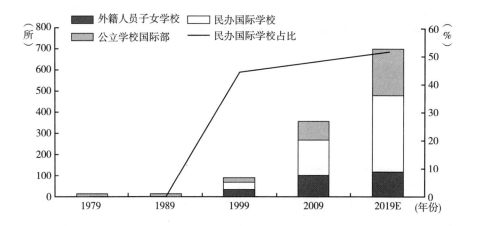

图8　我国各类国际学校发展迅速，民办国际学校增速最快

资料来源：根据公开资料整理。

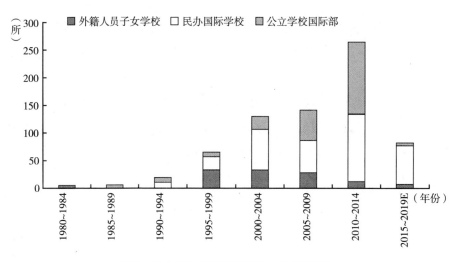

图9　民办国际学校净增量及占比长期最大

资料来源：根据公开资料整理。

目前国内一般称为"国际文凭学校"。整个 IB 的课程分为四个阶段：小学项目（PYP）、中学项目（MYP）、大学预科项目（DP）和 IB 职业相关课程（IBCC）。

3. AP（Advanced Placement）

翻译成中文为美国大学先修课程、美国大学预修课程。指由美国大学理

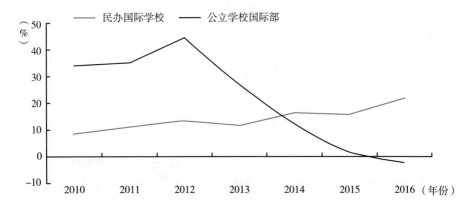

图10　我国民办国际学校增速上升，公立学校国际部增速减缓

资料来源：根据公开资料整理。

事会（The College Board）提供的在高中授课的大学课程。美国高中生可以选修这些课程，在完成课业后参加 AP 考试，得到一定的成绩后可以提前获得大学学分。

4. IGCSE（International General Certificate of Secondary Education）是目前国外 14～16 岁全世界考试最多人数的体系之一，是 CIE（Cambridge International Examination）剑桥全球测试的一部分。

（五）费用

中国国际学校学费水平情况：北京最高，IB 学校最高。国际学校的收入来源比较单一，主要收入为学费收入，还有少量杂费和服务费作为补充性收入。综合来看，由于学费和各种杂费均可以预收，国际学校的现金流均表现良好，目前很多学校甚至提前 3～6 个月收取下一学年的费用，或者直接按年度来收费。

为了全面了解国际学校学费水平，抽样统计了 440 所国际学校学费信息，其中外籍办学 63 所，公办学校国际部 187 所，民办国际学校 190 所。从课程分类来看，IB 学校 77 所，AP 课程学校 208 所，A-level 学校 67 所，加拿大课程学校 59 所，澳洲课程学校 29 所。

从地域分布来看，平均学费最高的是北上广地区，其中北京市 16.07 万元/年，上海市 14.96 万元/年、广东省 12.63 万元/年，可以看出经济发达地区学费较高；其次是吉林、山东、四川、海南，这几个省份每年平均学费在 12 万~13 万元；重庆、陕西、浙江、江西、江苏、湖南每年平均学费在 9 万~11 万元；中西部及偏远地区学费较低，最低的是内蒙古自治区，为 2.9 万元/年。

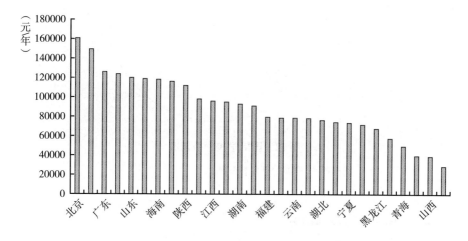

图 11　各省区市国际学校平均学费

资料来源：根据公开资料整理。

根据调研结果，我国大部分国际学校的每年学费水平处于 5 万~15 万元，需要有一定的经济水平才能承担支付；而根据其在北京地区的调研结果也能看到在国际学校就读的学生家庭年收入在 50 万元以上的占了 39%，家庭年收入超过 20 万元的占了 77%，很显然国际学校的消费主体是中高收入家庭。

三　出国留学

（一）出国留学现状

1. 出国留学规模空间大："留学＋中高收入人群"催生上千亿的大市场

出国留学依然热：随着我国社会进步，人均收入的提高，教育观念

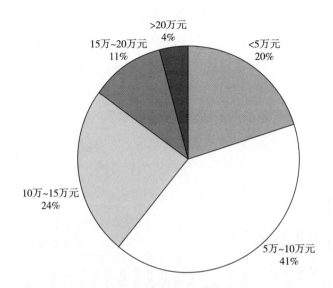

图12 国际学校学费情况

资料来源：根据公开资料整理。

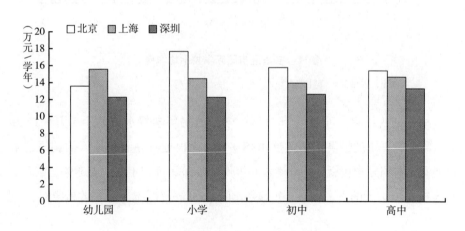

图13 2016年北、上、深平均学费

资料来源：根据公开资料整理。

的转变，越来越多的家庭选择送孩子出国留学，帮助孩子开阔眼界，丰富教育资源。据统计，截至2017年我国出国留学的总人数已经超过60万，增长率达到11.74%，较2016年增长速度有所提升。从总体来看，我国出国留学人数增长率总体呈现波动下降，但是人数一直保持着不断增长的态势。

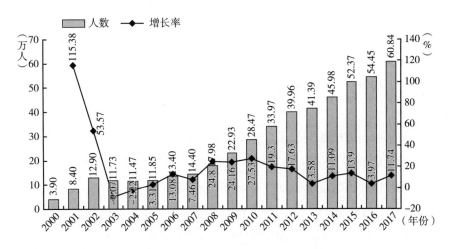

图14　2000～2017年出国留学人数及增长率

资料来源：根据公开资料整理。

2. 留学回国人数持续增长

从改革开放到2016年底，各类出国留学人员累计达458.66万人。其中136.25万人正在国外进行相关阶段的学习和研究；322.41万人已完成学业；265.11万人在完成学业后选择回国发展，占已完成学业群体的82.23%。

与此同时，学成归国留学生总人数明显增加，与出国留学人数的差距呈逐渐缩小趋势。2016年留学回国人员总数为43.25万人，较上年增加2.34万人，同比增长5.72%；较2007年增加38.85万人。出国留学与留学回国人数比例从2012年的1.46∶1下降到2016年的1.26∶1。逾八成留学人员学成后选择回国发展。留学回国与出国留学人数"逆差"逐渐缩小。

2007～2016年，我国留学回国人数以年均28.9%的增长率迅速增长，与出国留学人数年均15.9%相比，高出13个百分点，除2007年、2014年和2015年三年外，其余七年留学回国增速均高于出国留学增速。尽管留学回国和出国留学人数增幅的"逆差"有了明显改善，但在具体数量上，逆

差仍然存在。2016年留学回国人数与出国留学人数存在11.2万的逆差，比2015年减少0.26万。

3. 留学地域相对集中

在地域分布方面，我国出国留学人员留学目的国相对集中。2016年度，其中赴英语国家的留学人员近八成（77.91%），逾九成留学人员赴美国、英国、澳大利亚等十国。近年来，我国留学人员目的地国前十名基本保持平稳。

数据显示，英国和美国是中国富人理想的子女留学国家：高中及以下年龄段的中国富豪子女中有28.7%希望到英国留学，26%希望到美国留学；本科及以上年龄段的富豪子女中有36%更希望到美国留学。

国家海外发展战略的实施催生新的人才需求，也可能促使留学目的国选择的多元化。"一带一路"倡议的提出，"中拉论坛"以及APEC会议的举行等都在一定程度上提升了相关国家的留学关注度。以"中拉论坛"为例，其在成立后，极大地推动了中国与西班牙语国家的经贸往来，刺激了市场对西班牙语人才的需求。目前中国掌握西班牙语的人才存量不足2.5万人，这与巨大的市场需求存在较大缺口，相关国家留学人才将成为重要的供给来源。

此外，随着"一带一路"倡议的不断推进，非通用语言人才需求量在大幅增加，而人才供给却跟不上日益增长的需求。目前和中国建交的175个国家中，约有95种通用语种，其中只有54种语言在中国大陆开设了语言课程，而在"一带一路"沿线国家近40种官方语言中，中国大陆能够开设的相关语言课程仅为半数。外语能力强、专业知识扎实的留学人才成为"一带一路"人才储备的重要来源，这也在一定程度上刺激中国留学生向相关国家分散。

根据留学目的国的区域不同，市场也进行了相应的划分，目前留学服务机构面对的市场主要有三大板块：北美（包括美国和加拿大）、英联邦（包括英国、澳大利亚、新西兰等英联邦国家）、欧亚或多语种（欧洲及亚洲的其他国家）。并且这三大板块的市场比重也较之前有了比较大的变化，其中北美板块保持持续稳健的增长，欧亚或多语种板块则在近年来呈现明显上涨的趋势，预计在未来几年还会保持持续增长的态势。

4. 自费留学比重居高不下

在我国，按出资方式来看，出国留学方式一般有公费和自费两种，一直以来我国的自费留学比例都比较高，2017年出国留学的人员中，自费留学共54.13万人，占出国留学总人数的88.97%。国家公派出国留学全年派出3.12万人，分赴94个国家。访问学者1.28万人，占派出总数的41.17%，硕博研究生1.32万人，占42.29%，培养了一大批具有国际视野和竞争能力的紧缺人才和战略后备人才。单位公派留学瞄准行业需求，派出人数较上一年度翻番，达到3.59万人，增幅119.71%。总体来说，2017年继续保持了公派留学为引领，自费留学为主体的留学工作格局。

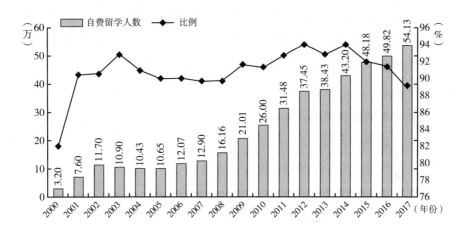

图15　2000～2017年自费出国留学人数及占总留学人数比例

资料来源：根据公开资料整理。

5. 国家公派出国留学规模快速增加

国家公派留学始终立足于国家战略全局，根据最重大最紧迫的需求来谋划，特别是在人才培养已形成"面上铺开"格局之后，强化"高端引领"，在若干关键领域形成"人才高地"。十八大以来，国家公派留学生共107005人。其中派出访问学者44814人，占派出总人数的41.88%，博士生、硕士生和本科生62191人，占派出总人数的58.12%，培养了一大批具有国际视

野和竞争能力的紧缺人才和战略后备人才。

从国别分布看，面向美国、英国、加拿大等教育发达国家选派93865人，占国家公派人员总人数的87.72%，为持续学习借鉴世界教育科技强国发展经验提供了保障。

从学科分布看，国家公派出国留学人员主要选择了国家发展建设急需的理、工、农、医等学科。其中攻读工科的36.54%、理科15.47%、医科6.68%、农科3.17%，人文社科专业占38.14%。

6. 专业已成为出国留学首要因素

新东方《2016中国留学白皮书》的相关调研显示，"适合的专业"已经超越"学校排名"成为受访学生选择院校的首要考虑因素，占比由2016年的43%上升至2017年的46%；更有高达77%的学生表示会选择"自己感兴趣"的留学专业。滤去以往出国留学追求"镀金""名校"等因素，学生和家长越来越重视海外教育的体验，聚焦点由院校综合排名转向专业排名，同时结合家庭实际经济情况、未来就业等因素进行选择，而非盲目跟风。

因此，之前很热门的专业，如金融、商科、理工科，已经逐渐转变为更注重个人兴趣和特长的艺术类专业，如音乐、美术，还有建筑和心理学。这也说明，大众出国的目的已经不仅限于能找一个好工作，获得高收入，而是更多地向个性化倾斜。出国留学人员回国创业的比重也在逐渐加大。

表3 中国留学学生就读专业 Top10

排名	专业	占比%
1	商科	26.5
2	工程学	19.7
3	数学/计算机	12.4
4	物理/生命科学	8.9
5	社会科学	7.8
6	艺术	5.6
7	强化英语课程	2.8
8	教育	1.7
9	健康	1.4
10	人文学科	0.9

7. 留学低龄化现象更加明显

留学人群低龄化：在出国留学人数不断攀升的过程中还伴随着留学年龄层向低龄化发展的趋势——主要表现在本科留学生人数不断增加，拿赴美留学生举例，在2014/2015学年，就读本科生的留学生比例（41.28%）首次超过在美就读研究生阶段的学生比例（37.51%），2015/2016学年这一趋势更是被放大了；而K12阶段的中国留学生人数增长态势则开始放缓，总体来说是由于基础教育阶段出国留学对经济的要求，以及对学生学业以外的能力要求更高，加上家长对安全问题的考虑，总体人数有限。因此，在未来，本科留学有希望成为出国留学的发展主力。

在英国，针对4~17周岁赴英读书的外国学生有专门的签证类别，称为Tier4（Child）Student Visa，这一签证类型的发放总数近年来持续增加。

而在美国，中小学阶段的中国留学生数量亦增长迅速，低龄化趋势明显。根据2015年美国国土安全部发布的数据来看，近五年，留美就读初高中的中国留学生数量增长近三倍，最小的仅有10岁。此外，据美国国土安全部学生交换与访问者计划（Student and Exchange Visitor Program，SEVP）数据，截至2016年3月，持学生签证（Fvisa）和短期职业培训签证（Mvisa）来美学习的留学生接近120万人，比上年同期增长了6.2%，其中中小学外籍学生人数增长显著，外籍中学生达62386人，外籍小学生达6178人。中国对这一增长贡献巨大，五年间，幼儿园至高中阶段（K12）在美留学的中国学生数量从8857人增至34578人，增长290%，约占在美留学外籍中小学生总数的一半。

中小学生留学现象已成为中国参与全球化进程中特有的社会现象和家长追逐优质教育热潮。这股热潮背后有几个方面的原因，一方面是中国的中产阶层持续扩大，有经济实力能够承担中小学生出国留学的家庭数量攀升；另一方面是我国人才培养的方法、机制尚未与国际水平接轨，教育制度特别是高考制度，还存在很多可以改善的地方。优质教育匮乏，难以满足众多的人口基数。因此在国内教育资源不均衡、竞争激烈的情况下，国外又有积极的政策力量在"拉动",加剧了该现象发展。另外,中国在不断地参与全球化大潮,教育的国际化也是一个大的趋势。在教育国际合作加深过程中,会有更多的低龄学生走出国门接触外部世界,未来低龄留学也将越来越普遍化。

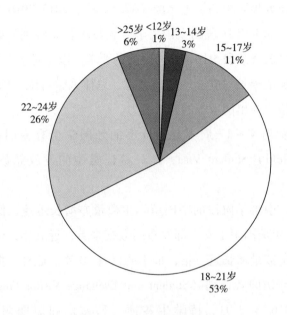

图16 出国留学年龄分布

资料来源:根据公开资料整理。

(二)出国留学产业分类

出国留学产业大体上分为外语培训及留学中介两类,随着市场的成熟,以及行业的不断发展,这两个板块都有很多新的发展趋势,在表现形式上也有很多变化。

1.外语培训

出国留学摆在大家面前的第一关便是语言考试,语言考试的成绩直接影响后续的申请学校范围、奖学金等等,因此准备出国留学的学生中有95%

会去报名参加语言培训。目前出国留学考试包括雅思、托福、GRE、SAT等，这几类培训的课程繁多、价格不一。

2013年是在线教育的元年，随着互联网的飞速发展，2015年在线教育细分市场中语言类教育市场规模稳定增长，2015年规模为236亿元，同比增长21.7%。之后几年将继续保持20%的增速，2019年预计达到436亿元。语言教育用户规模2015年为1766万人，预计之后几年将以高于20%的速度增长，到2018年达3123万人。

在线教育的出现给传统线下培训带来了不小的冲击，截至目前，外语类在线培训机构的市场规模及市场份额仍将持续增长。很多传统机构的课程，也逐渐增加线上内容，改为线上线下相结合的形式来完成。

2. 留学产业

经过30年的发展，留学产业已经形成一个成熟而稳定的市场，参与者都希望在"红海"中找到新的增长点。目前整个留学市场规模超2500亿元，留学前市场占据整个留学市场的15%，其中语言培训约310亿元，中介服务约50亿元，游学占据80亿元规模，留学后环节的境外消费占据85%份额。未来的留学市场上，低龄化留学市场、留学后服务赛道、打通产业链的一站式留学服务、艺术留学市场将会成为资本布局的重点，市场上的留学机构也已经开始积极涌入相关领域。

留学产业是一个决策高度个性化的产业，因此大机构很难垄断市场，小机构生存空间并不小。和新东方等大型连锁机构不同，中小型机构开始将业务集中，主打"专业化"和"精品化"，致力于提升服务。

由于美本申请的竞争越来越激烈，对咨询机构的专业要求也越来越高。如果没有对美国本科的教育情况、录取原则、案例有深入的理解和研究，就不可能给客户提供合理的建议。因此打造一个完善的"留学前"服务就显得尤为重要，这就要求很多服务和工作的前置。好的机构会给孩子做一个合理而完善的规划，包括目标院校、申请专业、职业路径等等，然后按照时间倒推回来，告诉孩子和家长，在哪个阶段应该做哪些事情。之前拍脑门的情况逐渐减少，更多的是基于理性的考虑。

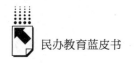
四 机遇与挑战

（一）机遇

1. 经济环境和社会环境

中国 GDP 高速发展，已经从 2010 年的 413030 亿元上升至 2018 年的 900309 亿元，复合增长率达到 10.2%。经济的快速增长带来了家庭可支配收入的增长。城镇家庭人均可支配收入由 2010 年的 19109 元，上升至 2018 年的 39251 元，年复合增长率达到 9.4%。作为家庭支出中的重要组成部分，家庭教育支出由 2010 年的 8143 亿元上升至 2018 年的 19042 亿元，年复合增长率达到 10.7%。统计数据显示，目前超过半数的城市家庭，孩子每月花费占家庭总收入的 20% 以上，超过 30% 的家庭每月用于养育子女方面的费用在 3000 ~ 5000 元，其中绝大部分用于课外辅导教育培训中。可以看出中国家庭对于教育方面的重视程度非常高，这一因素为中国教育培训市场的发展提供了必要的前提。经济全球化，必然带来教育的全球化，因此无论出国留学需求还是国际学校的需求，都在显著增加。

促进中国教育培训市场快速发展的社会环境因素主要有以下几个方面：其一，升学压力的日益严重。由于升学制度的影响和重点优质教育资源的稀缺，由高考带来的自上而下的升学压力在学生间形成了激烈竞争，激发了家长让孩子参加课外辅导培训的需求，促使整体市场规模呈现逐年上升的趋势。其二，中国传统对教育的重视。中国传统的思想对于教育的重视程度非常高，"学而优则仕"，教育被认为是改变个人乃至家庭命运的重要出路，导致中国的家长愿意投入更多的资金，使自己的孩子获得更好、更多的学习机会，几近疯狂。其三，学历对就业的影响。城市化的进程导致城市就业的竞争进一步加剧，城市人口呈现高学历化的趋势，学历将影响就业的机会；同时从收入状况来看，学历的高低也决定了收入的高低。重点大学毕业生的平均月薪高于非重点大学，而大学本科的平均月薪又高于大专、高职学生。

因此，家长为了保证孩子拥有更好的就业机会，首先要保证孩子能受到更好的教育。不能输在起跑线上这句话代表着万千家长的心声。

2. 市场容量与市场占有率概况

海外留学市场稳定增长，留学低龄化趋势将会延续。根据报告，预计2017～2022年中国出国留学人数的复合年均增长率约为7.2%，2022年留学人数将达到83.05万人，其中本科及以下阶段的留学生增速高于研究生，留学低龄化趋势将会延续。

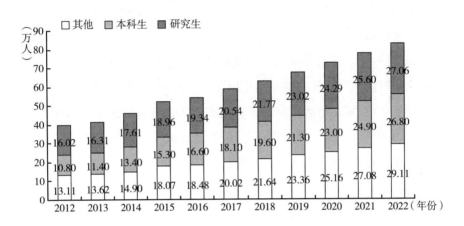

图 17 2012～2022 年参与海外留学教育的中国学生数量

资料来源：根据公开资料整理。

据调查，截至2016年底，中国国际学校在读学生43万人。从各大教育集团在校生人数来计算市场占有率，但即使是市场占有率最高的博实乐教育集团，也不到7%。由此可见，国际学校仍处在国际学校行业发展的成长期，其市场空间仍然较为广阔，同时具有全国性和垄断性竞争力的国际学校教育集团尚未形成。根据测算，到2020年，中国需要约1000所国际学校才能够满足需求，而中国国际学校发展现阶段的最新数据表明，在中国大陆国际学校数量为700多所，也就意味着中国国际学校仍有长足的发展空间。

目前为止，国际学校仍然处于单体校并立、集团化探索的初期阶段。国际学校在未来发展过程中，具有集团化的倾向，最终可能形成"知名单体校＋大型教育集团"的行业格局，这整体上符合国际学校行业的发展逻辑。外籍人员子女学校中，应当仍然保持一定数量的知名单体校，而民办国际化学校将会更多以"教育集团"的面貌出现。民办国际化学校将以集团的模式在全国范围内布局，形成多层次的 K12 教育集团，也获得了相对稳定的生源。

3. 未来五年中国国际学校市场预测

目前国际学校在校生数远低于潜在需求量，未来国际学校入学人数有望进一步提升。基于历史增速，假设国际学校在校生数于 2018～2022 年以 15% 的年速度递增，则 2022 年将达到 97.4 万人。假设本科及以下阶段留学人数在 2018～2022 年以 10% 的年增速成长，并且以各年在本科及以下阶段留学的人均有从国际小学一直升学至国际高中的需求的情况作为国际学校的潜在需求量，则 2022 年潜在需求量将达到 737.5 万人。如果国际学校的渗透率将从 2018 年的 15% 线性递增至 2022 年的 21%，则估算可得的国际学校预测需求量将在 2022 年达到 154.9 万人。

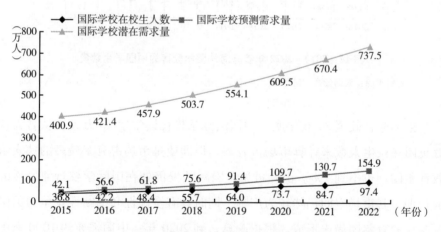

图 18 2015～2022 年国际学校在校生数、预测需求量和潜在需求量

资料来源：根据公开资料整理。

随着国际学校的稳步成长，国际学校总容量也将进一步扩大。分别以 15%、10% 和 5%（快、中、慢速）的年增速考虑国际学校的数量变化，可以得到 2022 年国际学校将分别达到 1472 所、1182 所和 937 所，从 2017 年至 2022 年 5 年间每年新增学校数分别平均为 148 所、90 所和 41 所。由于 2017 年国际学校在校生已经以民办国际学校为主，若设 2017 年国际学校单校平均容量为 1000 人，假设国际学校单校平均容量会以 3% 的年增速在 2018~2022 年中递增，则其在 2022 年将达到 1159 人。综上，在三种国际学校数量增速下，国际学校总学生容量在 2022 年将分别达到 171.1 万人、137.0 万人和 108.6 万人，对比 2017 年分别增加 98 万人、64 万人和 35 万人。

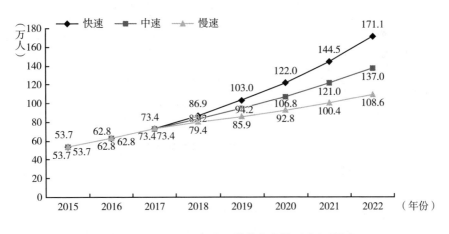

图 19 2015~2022 年国际学校总容量（人）预测

资料来源：根据公开资料整理。

在国际学校预测需求量快速上升的情况下，未来国际学校或将仍处于供不应求状态。基于先前的测算，国际学校数量如果快速（年增速 15%）增长，则国际学校的利用率有轻微下降，在 2022 年为 56.9%，2022 年国际学校总容量超过预测需求量 16.3 万人；国际学校数量如果中速（年增速 10%）增长，则国际学校利用率 2022 年上升至 71.1%，国际学校预测需求量将在 2021 年超过总容量，于 2022 年国际学校预测需求量超过总容量 17.8 万人；国际学校数量如果慢速（年增速 5%）增长，则国际学校利用率有较大幅度增长，在 2022 年达 89.7%，国际学校总容量与预测需求量差将下降

得更为剧烈，在2022年国际学校预测需求量将超过总容量46.3万人。根据测算结果，认为未来5年，国际学校或将仍处于供不应求的状态，故在未来5年，国际学校仍然是一个主要看供给的行业，需求端会持续保持较为旺盛的状态。

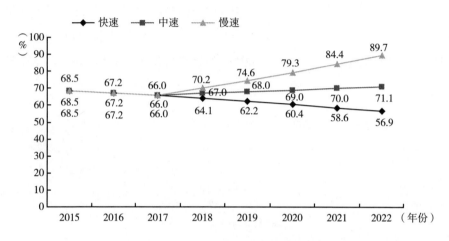

图20　2015～2022年国际学校利用率预测

资料来源：根据公开资料整理。

2017年我国国际学校市场规模可达706.87亿元，2020年预计可达1305.65亿元；2009～2020年实现复合增长率28.89%。其中，2013～2020年，得益于在校生规模的扩大，市场规模增长较快，实现复合增长率32.29%；2009～2013年，实现复合增长率23.15%。

（二）挑战

1. 本土教育质量的提高

随着经济的发展，整体教育水平的提升，大众对于教育的重视程度越来越高。国家对于基础教育的投入持续增加，特别是义务教育阶段，整体教学水平以及教学质量也随之提升。即使出现"天价"房价，也挡不住父母对于"学区房"的追捧，可见整个社会对于优质教育的向往。在诸多公立学校中，也不乏出现一些教学水平一流，教学理念先进的学

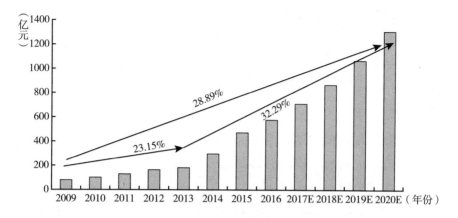

图21　预计我国国际学校市场规模将持续增长

校，教学质量不输国际学校。甚至一些高知父母为孩子选择优质公立学校接受教育。

同时，大量"75后"、"80后"父母，更加重视家庭教育及早期教育，对于子女教育更加理性。随着移动互联网的发展，信息获取渠道增加，之前存在的"信息差"也逐渐消失，很多家长会根据所获得的诸多信息，帮孩子来做教育规划，单一浅显的"国际化"营销模式很难打动这部分消费者。

2. 在线教育和人工智能的冲击

科技对国际教育是机遇也是挑战，随着在线教育的快速发展，一些线上课程、线上教育产品更多地走进了课堂，学校通过购买服务等形式丰富课堂内容与形式，为地处二三线城市、教育资源不够充足的国际学校提供了资源共享，在一定程度上缓解困境。同时，在线教学的形式也为集团化学校在教师培养上提供了更好的形式，集团制定培训内容，通过网络、在线等形式更高效地完成旗下各学校教师的培训工作。

但另外，科技进入校园，参与教学，需要学校给予一定的经济投入，因此，能否将先进科学技术推广至教学中来，与办学者或者决策者对此的认可程度有很大关系。

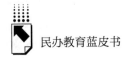

3. 专业化程度提高，资本介入，小机构难以生存

中国民办国际学校投资主要有三种类型，分别为企业投资、个人投资和基金投资。投资目的有为自身企业服务，也有作为营利目的的办学。从总体来看，名人社会资本正在大量进入到国际学校领域，国际学校建设与发展整体上呈现良好的状态。社会资本的多样化，也有利于教育行业与不同行业的相互碰撞，促进整体上教育的探索与优化。国际学校投资从近期来看，仍然是投资热点之一，并且国际学校品牌化的竞争也将越来越激烈。如云谷学校的建立有利于阿里巴巴全球人才的招募和自身员工的福利提升。而华为公司以及京东集团的国际学校办学也带有相类似的目的，比如京东集团将国际学校和产业园区相结合。

从国际学校融资来看，资渠道逐渐更为多元化，这意味着不论从政策层面还是市场层面，对于国际学校未来发展都持积极态度。中国首个民办教育 ABS——"广州证券（北京）二十一世纪国际学校学费信托受益权资产支持专项计划"获上交所无异议函。这是非常有利的信号，这意味着民促法对于国际学校资产证券化是不否定的，从长期来看，这有利于民办国际学校资本获取，教育行业具有弱周期性，现金流稳定持续可预测，是证券化优质标的。如民办国际学校在扩张学校自身基础建设等内容上，能够拥有更多的融资渠道，能够进一步推动国际学校自身战略。而通过上市公司融资的方式，又打开了国际学校融资的一扇大门，通过建设教育设施项目进行融资。

总体而言，国际学校海外并购数量开始增加，国际学校海内外并购的趋势并未减缓，这意味着国际学校教育集团在全球加速布局，同时也有利于整合全球优秀的教育经验和教育资源来支持本土国际学校建设。而国内并购则意味着国际学校发展进入到了集团化办学加速阶段，从长期来看，未来会形成以各大教育集团为核心的市场状态，国际学校市场在成长的同时，也伴随着不断地淘汰与优化。从出资方来看，大多为国际学校集团、上市公司等，出资方的多样化意味着社会资本开始大量进入到国际学校行业，有利于国际学校未来的发展。

参考文献

薛二勇、刘爱玲：《习近平关于教育对外开放的思想研究》，《兰州学刊》2018 年第 1 期。

朱全中：《美国基础教育的三大启示》，《江苏教育》2012 年第 5 期。

B.9
出国留学业务的"独角兽":新东方

杨 娟　姚效玲*

摘　要: 新东方教育科技集团是中国大陆首家海外上市的教育培训机构,以语言培训为核心,拥有短期培训系统、基础教育系统、文化传播系统、科技产业系统、咨询服务系统等多个发展平台,是一家集教育培训、教育产品研发、教育服务等于一体的大型综合性教育科技集团。北京新东方前途出国咨询有限公司是新东方旗下唯一从事出国留学服务的专职机构,至今已发展为一家拥有22年专业留学办理经验、40多家分公司、专业顾问千余人、学生年输出人数近万人的留学教育品牌机构。本案例对于公司现状、留学新时代的产业链升级进行了概括,分析了公司具有留学及语言培训相融合、人才和科技优势相结合的发展机遇,同时存在留学群体的动机更实际、经历更丰富、目标更明确等新趋势,但是也面临海归与用人单位的优势认知存在差异等挑战,还对公司未来布局、产业链向两端延伸等发展趋势做出了详细梳理。

关键词: 留学　国际化　出国产业链优化

---

* 杨娟,北京师范大学经济与工商管理学院教授,学业规划研究中心主任,主要研究方向:教育经济学;姚效玲,北京师范大学经济与工商管理学院研究生,主要研究方向:教育经济学。

一 新东方公司概况

新东方作为中国大陆首家海外上市的教育培训机构，于 2006 年 9 月 7 日在美国纽约证券交易所上市。上市之后的新东方的发展之路并不是一帆风顺，经历了风风雨雨。2012 年被浑水做空、2013 财年出现季度亏损、2014 年作为在线教育的元年，各种创业者打着"颠覆新东方"的旗号大肆挖走新东方老师。2015 财年利润增长下滑。如今，"更换基因计划"实施三年，笼罩着新东方的阴霾尽扫。

新东方财报显示，2017 财年净收入为 17.995 亿美元，同比增长 21.7%；运营利润为 2.621 亿美元，同比增长 31.8%。同时财报显示，该财年报名学员人数为 485.86 万人次，同比上升 33.3%。截至 2018 年 6 月，新东方的股价为 90 美元左右，是刚上市时的 20 倍，总市值达 126.48 亿美元。

截至 2018 年，成立 25 年，上市 12 年，新东方的发展历程既是中国教育培训行业发展的缩影，也是一个很有参考意义的经典案例。而面对持续变化中的市场风向和用户需求，新东方依然在不断演化的道路中前行。

1. 折戟2013

自上市一路走来，新东方并不像表面那么风光。运营状况不容乐观，遭遇自 2007 年以来的首次亏损，2013 财年二季度净亏损达到 1580 万美元，这对于刚刚发展趋于稳定的新东方来说无疑是当头一棒。

很多人简单地将这次亏损归因于"受到在线教育的冲击"，因为恰逢在线教育的元年。很多在线教育平台纷纷获得巨额融资，迎来了自己的春天，同时大量资本介入使得这些平台开始大肆"挖墙脚"，大批老师离职，对公司运营造成一定影响。

而媒体更是大肆渲染，开始分析"新东方的在线教育为何不行"。将新东方的季度亏损与在线教育的兴起画上直接的因果关系，并发出质问："新东方季度亏损：偶然感冒，还是一个时代的结束？"引发诸多思考。

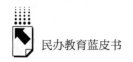
2013 年下半年，新东方内部举办了多场交流会，俞敏洪那时的主要任务是，"如何理解移动互联网和教育的关系，怎样推动移动互联网和教育的结合"。他公开质疑新东方过去成功的基因没法跟互联网、移动技术相结合。

然而事实上，直至 4 年后的今天，充满创新基因的在线教育仍然没有撼动传统的教育模式，对线下教培机构并未造成任何实质性的影响。

其实，在线教育确实对传统教育机构造成冲击，但是新东方当时面临的问题并不能简单粗暴地归因于此，更多深层次的原因在于管理失控下的无序扩张，从而导致成本剧增。2012 年，新东方新增加 238 个教学中心和 1 万名员工，行政管理费用同比增加 62.1%，而后期管理和运营却没有跟上，导致教学中心利用率在二季度创下 25% 的历史新低。

而俞敏洪一度将这种无序扩张归咎于上市后资本带来的压力，"上市让新东方在一瞬间从对内的关注转向了对外的焦虑，从关心学生的感受转向了关注股市的动态，从关注教学质量转变为关心数据的增长。这些转变正逐渐吞噬新东方的价值体系，模糊新东方的方向"。

正所谓成也萧何，败也萧何，一度让新东方陷入困境的原因正是早期成就其辉煌的操作模式。随着产业趋势的切换，当年高管层分心于浑水做空和美国证券交易委员会调查事件，恰恰导致了企业内部管理失控。曾经的经验反而成为新市场环境下发展的桎梏。俞敏洪和新东方被推着走到了变革的十字路口。

2. O2O 创新变革

受到在线教育的冲击，新东方早期"名师 + 营销驱动，快速布点扩张"的增长方式遭遇了新的挑战。

随着线上教育模式的强势出现，传统教育企业纷纷启动线上布局，新开办的教育网站如雨后春笋陆续涌现；BAT 三巨头也先后涌入，百度注资传课网，淘宝同学强势上线以及腾讯 QQ 加入课程直播功能；在大量风投与 PE 的推动下，整个行业的竞争进入白热化阶段。

内忧外患之下，新东方在 2014 年启动了"更换基因计划"。在这次改革中，O2O 战略占的比重最大、投入也最高。新东方计划以 O2O 战略为技术手段完成产品的数据化和标准化，打磨标准化教学产品，实现优质内容的沉淀，优化"教"和"学"的互动过程。

2014 年 11 月，新东方在全国全面推行的首个双向互动教学系统——优能中学推出可视化学习系统。随后针对小学生，新东方又推出了泡泡少儿双优培养课程，不仅提供了电子互动白板教学课件、多媒体课后练习光盘，还打造了教师、学生、家长三位一体的互联网学习平台。

此外，在二线以下城市，新东方还创新性地推出了"名师线上直播＋线下老师全程实时辅导"的双师课堂。直播授课老师可以同时给多个线上的平行班级上课，实现了优质教师的跨地区共享，充分放大了名师的价值；线下辅导老师能够有更多时间与学生一对一进行沟通，进而弥补了传统教学班级中老师与学生沟通不足的问题。

不仅如此，新东方还通过与互联网公司建立合作来推进在线战略。2014年 7 月，新东方与腾讯达成战略合作关系，双方基于新东方丰富的教育内容资源，以及腾讯的互联网技术与渗透率，共同研发独特的移动英语学习产品。

事实上，新东方一直在强调坚持线上线下"两条腿走路"：一方面发展在线学习，另一方面用互联网思维帮助传统线下教育进行升级，最终打通教育领域的 O2O 模式。早在 2000 年，新东方就成立了专门的在线教育网站新东方在线，也一直着手做课程梳理和数据整合挖掘，做线上线下相融合的"混合式教学"。在 O2O 双向互动教学系统成为拉动业绩的主要动力时，新东方还持续在各大城市积极推出针对雅思、托福和 SAT 等海外考试的 O2O 互动学习平台。

3. 大力拓展 K12 领域

自 2013 年开始，出国留学人数增多，随着增速增加，相应的出国英语培训市场需求也呈现出相同的趋势。与此同时，K12（kindergarten through 12 grade）课外辅导则进入超速增长阶段。公开数据显示，截至 2014 年底，K12 教育市场规模已经达到 2549 亿元。

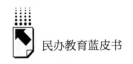

事实上，新东方在 K12 领域起步并不晚。2000 年底，俞敏洪就决定发展新东方中学生业务；2001 年 4 月 1 日，新东方高中英语部正式成立；新东方上市之后，这块业务就是后来大家熟知的，独立的"优能中学"品牌。

此外，针对 4～14 岁的少年儿童，新东方在 2004 年还推出了泡泡少儿英语，为他们专门提供全学科一站式教育服务。

2007 年底，作为未来战略重点，俞敏洪提出使用优能品牌发展中学生市场。在 2013 年，优能中学经过几年的努力终于迎来爆发期，并带动泡泡少儿英语齐头并进，共同成为驱动新东方业绩增长的新动力。据新东方 2017 财年年报显示，K12 收入（以人民币计）同比增长 44.2%，占到总收入的 55%。

新东方表示，目前 K12 的市场是非常大的，而新东方的市场占有率只有 2%，因此，未来新东方在 K12 的发展空间还很大。如果发展方向正确，40%～50% 的增长率可以维持 4 年以上。

针对 K12 业务的 O2O 双向互动教学系统已成为驱动新东方 2017 财年收入和报名人数加速增长的主要动力，俞敏洪表示，"通过对 O2O 双向互动教学系统的改善，我们持续地在优能中学及泡泡少儿两大业务板块中提升客户的回头率，并有效吸收新的客户。"

4. 搭建教育生态圈

随着竞争的加剧，教育领域的企业开始积极投资教育，构建自己的教育生态圈。

2013 年初开始，好未来先后投资了涵盖学前教育、K12、高等教育、教育媒体等多个领域的 20 多家教育企业。相比之下，新东方则起步较晚，直到 2014 年才开始有所行动。

2014 年 6 月 9 日，俞敏洪在新东方 2015 财年工作部署大会上提出了用互联网时代的核心精神，把新东方打造成一个能为所有愿意在新东方创业的人提供最好创业平台的公司，并因此推出了以创投为核心的新东方教育生态圈打造计划。新东方将运用资本优势创投或并购业内优秀公司，建立一个崭新的教育生态系统。

数据显示，截至 2016 年末，新东方共投资了 16 个教育项目，涉及线上、O2O 模式等，涵盖了出国留学、职业兴趣教育、K12、儿童早教等教育细分领域。除了教育项目，新东方还投资了很多教育周边项目，比如房产服务、体育运动等。

新东方投资的项目不止于教育，投资的项目必须能和新东方形成教育产业链互补。"我们考虑比较多的还是战略布局和协同效应，和我们未来的发展方向互补，能填补我们的业务空白。被投资的企业所在的细分领域可能是我们不擅长的，也可能是新东方不打算自己做的。"新东方投资总监赵征表示。

2016 年 9 月，俞敏洪卸任新东方 CEO 职位，仍担任董事会执行董事长，负责新东方的品牌、战略以及运营管理层面，CEO 则由周成刚接任。在周成刚看来，未来的新东方将打造一个教育和学习的生态圈，以纵横两条线来布局，增强新东方的抗风险能力。

目前国内教育创业领域正经历资本寒冬，但这也为新东方的投资和并购提供了更多的机会。

（二）公司发展现状

1. 新的核心价值观和核心战略方针

中国教育市场体量庞大而分散，正因为互联网技术的催化而风起云涌，越来越多年轻的追赶者在老牌教育巨头身后涌现。新的入局者带有天然互联网基因，更为彻底地将新技术与教育进行融合。

为了跟互联网融合，新东方先后投资了几十家公司，基本上是都是以互联网为主、探索教育当中某个主题的企业。

在发展中，俞敏洪开始认识到：对于纯粹堆砌知识的平台，既不智能化，又没有优质内容。自身再造的平台，已经不再是人们追捧的对象。"智能化学习系统的探索，还没有对教育带来重大影响，但是正在产生。"互联网技术不等于教育，优质内容才是教育的本质。

面向未来，新东方提出了新的核心价值观和核心战略方针，"终身学

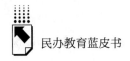
习、全球视野、独立人格"。

俞敏洪对这一理念的诠释是,中国需要的是未来,未来需要的是有自由精神、独立人格、独立思考能力的新一代。让学生们真正成为拥有终身学习能力、全球视野和独立人格的公民,让中国变成一个真正能够安居乐业、有安全感、有尊严和平等的国家。

2. 2012~2018年财务状况

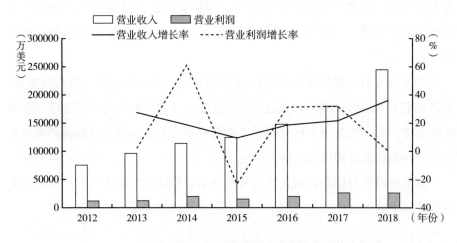

图1 2012~2018年新东方财务状况

3. 旗下品牌

(1)优能中学教育——新东方优能中学全科培训

在2009~2014年全国普通高等学校统一招考的不完全统计数据,优能学员中高考总分600分以上学员数万名,数学、理综、英语、语文、文综单科高分学员更是多达数十万人,其中50余名优能学员勇夺省、市状元及榜眼称号,数千名学员被北京大学、清华大学、浙江大学、复旦大学、香港大学等多所知名高等学府录取。学员的成功必然离不开优质的教师资源和完整的教学体系。

(2)泡泡少儿教育——3~12岁的少年儿童全学科教育

泡泡(POP)是Play Our Play的简称,寓意"玩中学,学中玩"。在为孩子提供优质培训课程的同时,泡泡也十分注重孩子的价值取向教育,在教学中渗透关爱、分享、谦逊、责任、尊重与合作等价值理念，努力将学员塑造成为具有良好个人素质的国际小公民。经过七年发展，泡泡少儿教育凭借其优质课程、专业师资和高效运营，已经成长为中国少儿英语教育行业的领军品牌。

（3）新东方前途出国——新东方出国留学服务的专职机构

新东方前途出国业务范围涵盖广泛，包括考试指导、留学规划、学校申请、文书指导、签证服务等"一站式"留学服务。并与美国、英国、加拿大、澳大利亚、德国等几十个国家和地区的众多教育机构建立了良好的合作关系，目前在全国超过三十个城市设立了分公司。公司有强大顾问团队，汇聚了一大批具有哈佛、耶鲁、牛津、剑桥等世界名校留学背景的年轻人，秉承"权威、专业、诚信"的服务理念，指导超过十万名学员实现留学梦想。

（4）新东方在线——新东方网络教育服务平台

新东方在线的网络课程服务横跨留学考试、学历考试、职业教育、英语充电、多种语言、中学教育等 6 大类，共计 2000 多门课程，为各类用户提供全面的在线教育服务，截至 2013 年 6 月，新东方在线网站个人注册用户已逾 1000 万，移动学习用户超过 250 万。依托于新东方教育科技集团的强大师资力量与教学资源，新东方在线拥有中国最先进的教学内容开发与制作团队，致力于为广大用户提供个性化、互动化、智能化的卓越在线学习体验。

（5）新东方国际游学——新东方游学品牌

新东方国际游学是新东方教育科技集团旗下高端游学品牌，丰富的境外资源覆盖了位于北美、欧洲、澳洲、亚洲等地的 22 个国家和地区，百余条主题线路。自 2005 年暑假起，已有近 3 万名学生跟随新东方老师一起走访各国进行短期学习，感受多元文化，收获快乐，体验成长。作为中国游学行业的领导品牌，10 年来，新东方游学一直致力于为处于世界观、人生观、价值观成长阶段的中国青少年提供了解世界的机会。

（6）迈格森国际教育——4 ~ 17 岁青少年高端教育品牌

迈格森国际教育是新东方教育科技集团旗下的青少年高端教育品牌，旨

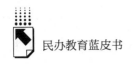

在为 4～17 岁的青少年提供个性化学习解决方案。迈格森国际教育致力于培养学术优异、具有独立思考能力和全球公民素养的青少英才。

（7）满天星幼儿园——国际化优质学前教育服务

满天星，致力于打造优秀的"双语教育"、"品格教育"，全力执行"为提升学生终身竞争力，塑造学生公民素质，赋予学生全球眼光而努力"的新东方使命，以美、关爱、正义、服务精神为行为准则，向亿万中国孩子提供优质的学前教育服务，全力实现"自信说英文，学做世界小公民"的目标。

（8）新东方海威时代——新东方旗下大学生职业发展平台

海威时代是新东方集团的全资子公司，是新东方整体产业链核心产品线之一，专注于大学生、留学生的职业发展教育、职业背景提升以及就业、创业服务。海威时代依托新东方集团强大的教育资源、培训经验和海内外渠道，同时积累了和国内外众多知名企业的良好合作关系。从 2015 年开始，海威时代陆续开设了行业认知、职业探索与发展、求职技能提升、就业指导等多类专业课程，覆盖金融、战略咨询、互联网、传媒、快消等热门行业，涉及券商中后台、咨询师、财务会计、市场营销、产品经理等各类岗位。海威时代还提供个性化的实习推荐和一对一的全职求职咨询服务。海威时代同时还为合作企业提供全球校园招聘、雇主品牌宣传、海归猎头、定向留学生委培等多样化的人才服务，围绕学生、学校、企业打造完整的职业生态服务圈。

二　留学服务新时代产业链升级

改革开放以来，我国的出国留学人数总体呈上升态势，留学人数的增长率在 1978 年、1985 年、1992 年、2001 年四次达到峰值。此后，留学人数在近 10 年来持续增长，至 2015 年突破 50 万人；近 5 年留学人数的年平均增长率保持在 10% 以上。在出国留学人员中，自费留学人数占留学总人数的比例逐步提高，留学行业愈来愈市场化。2001 年以来，自费留学的占比平均超过90%，已成为出国留学的主力军；截至2015年，自费留学人数达到48.18万人，在留学总人数中的占比达92%。

（一）背景：留学市场规模及格局

目前整个留学市场规模在1598.09亿元，其中出国类语言培训82.92亿元，留学中介53.02亿元，留学后市场1462.15亿元。

随着行政进入门槛的降低以及留学人数的增多，留学中介机构的数量实现了快速增长，截至2015年10月31日，共有441家留学中介机构（不含证书已注销、已过期机构），覆盖了大部分地区，但主要集中在经济发达地区。

2016年，金吉列、启德、前途出国、澳际、新通这五家留学中介机构瓜分了留学中介市场一半左右的份额，整个留学中介行业呈现出几家独大的局面。经过20年左右的发展，留学中介已经形成了一定的品牌和口碑，未来行业的竞争一定是在这几个寡头中进行，行业龙头也必将在其中产生。

但是，传统留学中介正面临着各种挑战：市场增速放缓；进入门槛降低，竞争日趋激烈；产品同质化严重，缺少真正有价值的服务；DIY人数增加，对中介的依赖减弱。面对这些变化，传统留学中介也在积极应对：金吉列选择了渠道下沉以继续享受留学"平民化"带来的红利；启德推出各种创新产品以适应低龄化；前途出国继续整合新东方内部资源，同时投资异乡好居，打通整个产业链；新通则布局全产业链，打造"喇叭口生态"。

（二）留学机构的服务管理模式存在的问题

随着经济全球化和教育国际化时代的到来，近10年来我国留学人员的数量年均增加约15%，当前我国已然成为全球最大的留学人员派遣国，我国留学服务行业进入了快速发展阶段。出国留学已成为当今时代的一大热潮，留学生人数的不断扩大，学生的需求不断增加，留学生年龄不断低龄化。在市场催生下衍生出的网络留学机构的形式种类也越来越多，问题也随之接踵而来。众多机构当中既有用良心做事情的中介者，也不乏浑水摸鱼、

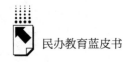

滥竽充数者。不少家长在咨询服务中，征求意见或求助遭遇上当被骗事件频繁发生；再加上留学服务机制不完善，消费者的信任度不高。因此，留学机构服务行业遭遇着非常大的危机，留学服务机构面临着新的困难与挑战。

1. 留学机构忽视工作质量，更倾向于赢利

更多的留学机构以盈利为主要目标，组织管理也更倾向于采用绩效管理方式，为了提高工作人员的积极性，实现组织的年度发展目标，以提高组织工作的效率达到赢利的目的，简单粗暴。例如年终之前，组织分发年终奖的时候，组织年度目标以及个人目标的完成度将与个人的奖金相联系。因此，很多留学机构的工作者为了得到更高的奖金，会盲目地为留学者推荐学校，甚至不择手段，正因如此，留学者呈现出一种低龄化现象，很多家庭条件优越的孩子学科成绩不能够上大学或是不能够进入国内名校，于是就采取花费高昂的钱财，不用参加正规考试就能出国留学的方式，导致留学生的素质巨幅下降。事实是，绩效管理作为人力资源管理评判员工业务能力的方法之一，最开始是由西方人阐述的。西方人在管理方式上注重法律，而中国人的说法，恰恰相反，中国人的想法更倾向于感性。并且有很多知名企业最后也或多或少折在了绩效管理上。多数人认为，是因为在管理上没有自己的见解而直接去模仿西方，才导致了"海龟"变"海带"的悲惨现状。近些年来，留学生回国的就业率也呈现下降的趋势。

2. 机构的营销结构不完善，导致留学机构品牌效益低

近几年来，针对行业现状，我国留学服务行业在管理上采取了一些规范的措施，对营销手段也进行了一定的拓展，尤其在营销策略上。但是总的来说，仅仅是宣讲会和宣传广告的宣传方法仍显得较为单一；品牌策划方案仅仅是停在网页设计上面，没有好的创意，导致各种留学机构的设计方面出现雷同化甚至抄袭的现象，从而使留学机构形象没有特色，留学市场缺乏竞争力，品牌效益大大降低。

3. 不能顺应时代发展，留学服务管理模式依然过于陈旧

留学服务在中国30年经历了以下几个阶段：最开始是由国家成立独立机构，全权负责留学者出国；随着互联网技术的广泛应用，人们开始逐渐依

托留学中介来办理留学事项；随着网络信息更新的飞速发展，大多数留学机构保持原有的服务宗旨。从当前留学服务机构的情况来看，多数采用原有的计算机技术来研究服务管理系统并没有达到预期的效果，导致服务群体应该接受的信息不完善，留学的各项方案受到一定的局限，从而失去目标客户。除此之外，管理生硬、客户满意度低也是留学中介机构的特点。

4. 留学机构管理混乱带来了潜在的消费风险

国际经济一体化的大背景下，越来越多的家长愿意把孩子送出国门镀金深造，大家视教育为产业的观念日趋明显。在"互联网＋"时代，随着多样化留学机构的出现，留学机构中存在的最大问题，亦是其遭诟病的主要原因之一即是消息不对称，因此引起的不法办理留学签证、伪造资料以及发布虚假信息等。特别是苛刻的签证条件、繁杂的留学手续等使一些留学机构为了经济效益，勉强行事导致留学者的签证受到影响。道德风险和逆向选择问题已经暴露在该行业中，留学机构行业也面临着政府监管和消费者信心不足的尴尬情境中。

5. 留学机构工作人员专业程度参差不齐

对于像留学这样的服务行业，除了关注留学机构的经营是否合法之外，对其内部工作人员的专业水平考察方面还有待加强。一些留学机构在人员招聘时，对于具体的招聘标准和人员考核制度部分制订还不够完善，这样就会出现在职人员的专业与素质水平相差甚远的现象。例如，在选择留学生是否具备留学资格的环节，如果从事该工作的人员对申请标准知道的不够细致，会在最后判断的时候出现错误，这不仅仅是工作上出现了重大的失误，也体现出该留学机构不够专业，同时也反映了该家留学机构对留学者的不尊重。

三 挑战：留学行业新趋势

（一）4年坚持，专注有价值的留学数据

2018 年 5 月 22 日，新东方《2018 中国留学白皮书》在北京、西安、深

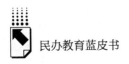
圳、重庆、福州、常州6座城市同步发布。新东方前途出国西北区域总经理卢一航、西安新东方学校校长助理贺锐奇、新东方欧亚教育陕西中心负责人段雅斌出席了西安站发布会，并在发布会上表达了不同维度的留学观点。

2018年是新东方连续第四年发布《中国留学白皮书》，由新东方前途出国联合市场调研公司 Kantar Millward Brown、新东方留学考试、新东方海威时代、新东方欧亚教育、斯芬克国际艺术教育和全球领先的支付公司 Visa 紧密联动，力求多维度、全方位展现中国留学群体现状，为广大学生及家长提供科学有效的留学参考。

《2018中国留学白皮书》中的调研数据来自新东方与 Kantar Millward Brown 共同开展的，覆盖国内外的新东方自媒体的线上调研，以及覆盖全国40个城市的线下调研，调研人群为计划出国留学的学生及其家长、有留学经验的学生和参与单位招聘的社会人士，共回收有效样本近5000份。同时，本书还结合了新东方服务学生的历年留学大数据，综合进行比对分析，以呈现中国留学生群体的新变化趋势。

本次白皮书的调研专注于中国留学生群体的特征及变化、已留学人群对于留学价值的认知、社会人士对于留学生的认知。通过数据分析与对比，梳理出当前中国留学人群及家庭，在留学心态、留学规划和筹备上的诸多特征与变化，并对背后的原因进行剖析，力争向业界全方位展示留学现状。

（二）留学市场新趋势

1. 留学人群变化趋稳，更理性

教育部最新数据显示，2017年，我国出国留学总人数突破60万大关，相比上一年增长11.74%。而根据《2018中国留学白皮书》的调研结果，留学意向人群整体变化趋稳，但诸多细节也体现出他们更加趋于理性。

2. 更多本科生倾向继续深造，或为缓解就业压力

在2018年的调研中，各阶段留学意向人群趋势平稳，留学意向人群仍然主要集中在本科及以上，约占比60%。但与往年相比，计划出国就读硕士的人群从2016年的57%增长到2018年的68%，占比持续上升，留学意

向人群有可能希望通过就读更高学历来缓冲就业压力。而对比留学意向人群和已留学人群的调研结果，现阶段计划读到硕士及以上人群比例高于历史实际硕士及以上人群的比例，这有可能是由于竞争压力导致更多留学意向人群倾向拥有更高学历，以提升个人竞争力；另外，也有可能是一部分有留学意向的人群，因申请失败或其他原因，最终放弃了留学。

3. 美国仍居首位，各国差距缩短

就留学目的国来看，近半数学生仍然倾向选择美国，美国虽然是学生们最青睐的国家，但占比呈下降趋势。英、澳、加紧随其后，整体国家分布格局稳定。值得注意的是，倾向选择比例有所提升的地区有德国、法国、中国香港、日本、新加坡等欧洲、亚洲国家及地区。欧亚很多国家及地区吸引了很多普通家庭或喜欢该地区文化的学生，这些地区具备高质量的教学水平及较为低廉的留学成本。

4. 留学动机去功利也更实际

与2017年相比，留学意向人群留学动机主要体现在期望通过留学来拓展国际视野、丰富人生经历，他们更加重视内在自我提升的驱动。与此同时，较为功利化的留学因素均呈下降趋势，也从侧面说明选择留学更趋于理性化。

此外，在选择学校和专业的考虑上，他们对于师资力量、升学就业、录取率、课程难易程度的关注度在上升，然而兴趣、合适等感性因素仍是主要关注点，这体现了留学意向人群在做出留学决定时更趋于理性和实际。

5. 留学前筹备更前置，但仍有误解

在留学筹备上，留学意向人群中的大部分认为需要提前1年以上开始进行留学准备；仅有17%的人群认为可提前半年准备，且比例连年下降。他们也变得更加主动。

超过七成人群会选择通过留学咨询机构进行留学申请；六成人群会同时选择语言考试培训和留学咨询机构，且其中近八成更倾向选择一站式服务。一站式留学服务以其便捷省心，更加受到家长的青睐，且近年来需求趋势较为稳定。

但相比留学申请，很多学生的认知存在偏差，他们误认为留学考试的准

备周期略长一些，41%的学生认为要提前两年及以上进行留学考试的准备，而留学申请的这一比例为31%。事实上，如果想进行申请前的综合背景提升，很可能需要比考试筹备更长的时间。

6. 留学后目标更明确，归国是首选

在针对毕业后打算的调研中发现，虽然更多的学生倾向先在国外工作一段时间再回国，但整体计划最终归国发展的比例也呈逐年上升的趋势，一方面国家实力的增强和国内快速提升的经济发展水平让更多学生愿意归国发展，另一方面也体现出学生留学前更有明确的规划。46%的留学意向人群明确表示没有移民计划，呈逐年上升趋势；38%的人群表示尚不确定，呈逐年下降趋势。

（三）4年数据对比，看留学人群"肖像"变化

本书已经连续发布4年，基于4年的数据积累，2018年的白皮书中梳理出了中国留学意向人群在留学选择上的发展变化。

1. 中国留学家庭更"民主"

随着"70后"父母加入留学意向群体，4年来中国留学家庭的变化也附带了时代发展的烙印。通过对比4年数据发现，越来越多的家庭倾向于通过父母和孩子的共同商量做出留学决策。相比较而言，父母越来越尊重孩子意愿，毕竟留学作为整个家庭的重要教育目标还是要选择最适合孩子的。

然而，这些愈发民主的父母，越来越多地来自普通家庭，对比往年留学意向人群父母的职位背景，"一般员工"的比例逐年上升。这一方面是综合国力提升的体现，但从侧面也反映出了现在家长对于孩子教育问题的重视，愿意付出更多的成本帮助孩子开阔眼界，丰富教育资源。此外，我们也发现更多家庭从孩子小学阶段开始思考出国留学，也印证了当前中国父母对于孩子教育的思考重视程度。

而在留学意向人群中，拥有海归背景的父母虽然整体占比不高，但也是逐年上升，从2015年的5.3%上升至2018年的6.9%。

2. 留学意向学生经历更丰富

留学意向的学生群体在这 4 年间也有着微妙的变化。目前就读于中小学的留学意向人群仍以公立普通班为主，4 年变化不大。但就读于国际学校的人群比例从 2015 年的 2% 增长至 2018 年的 8%，这与目前的国际办学热相吻合。

而在目前就读本科及以上的留学意向人群中，56% 的群体来自国内普通高校，这一比例在 4 年间上升了 10 个百分点。此部分留学意向人群的就读院校中，来自"双非"及"双一流"高校的学生比例在 2017~2018 年较 2015~2016 年有明显上升，留学愈发地走向了"大众化"。

此外，近 1/3 的留学意向人群留学前已有如海外夏冬令营、游学等短期国外学习经历。越来越多的留学家庭在正式决定留学前，愿意让孩子提前体验海外教育，增长见识，培养国际视野，从而理性地做出留学决策。

3. 追踪留学生反馈，留学价值得以体现

近两年，海归就业等问题成为热点话题，那么留学价值是否有所降低？在有针对性地对有留学经历的人群以及用人单位进行了调查之后，结果显示，留学期间，个人能力的提升是整个留学价值的直接体现之一，半数以上留学生认为自己的能力提升主要表现在语言能力、独立自主能力及环境适应能力的提升。

4. 家长预判与学生留学感受不统一

面对留学期间可能产生的问题，家长与学生的关注点也略有差异，家长的顾虑主要集中在安全问题、孩子的自控能力以及健康方面，而留学生实际反馈的主要问题则主要来自语言能力、文化差异以及饮食不适应等方面。可见家长的顾虑与学生的自身感受并不相同，既然如今留学已成为一项家庭重要决策，建议家长多从学生感受出发进行准备和筹划。

5. 海归与用人单位优势认知存在差异

已经就业的海归人群，普遍认为薪酬没有达到预期。对岗位、职位和发展空间的满意度则一半一半。大部分海归对目前所在的行业满意度较高，但同时，留学生的自我感知与用人单位的评价有较大差异，海归的学习能力、

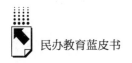

独立自主和语言能力是留学生和用人单位普遍认可的优势；创新能力和专业技能被用人单位认可，而留学生不自知；留学生自认为社交能力、表现力和创新能力是自身劣势，而用人单位却普遍认为留学生的务实性、稳定性、包容能力和自制力不足。

四 新东方留学及自身优势

（一）新东方留学

新东方的发展史几乎可以看作中国留学产业的发展史，从中可以清楚地描绘出留学服务市场的脉络。1993 年，俞敏洪创立新东方，1996 年又创立了专门从事出国留学服务的新东方前途出国。如今，新东方前途出国的发展方向是将产业链向两端延伸，布局学术留学、低龄留学、留学后服务等领域，打造"一站式"留学服务。"这是由于留学行业已经从增量市场转向存量市场。"新东方国外考试推广管理中心主任刘烁炀说。20 世纪 90 年代开始，留学服务进入增量市场。那时，无论什么班型，只要能找到教室开班，新东方的教室就会坐满学生，老师就有源源不断的课可以上，新东方的股价、市值和影响力节节攀升。这个时期，市场上涌入了大量的留学服务机构和培训机构，包括启德、金吉利以及数不清的中小型培训机构。这个阶段，市场呈现出同质化竞争的特色，公司之间筑起高高的信息壁垒，靠信息差来赚取利润。如今，留学服务市场已经进入存量市场，留学人数增长趋缓，机构之间竞争激烈，如何在"红海"中取胜？

第一，差异化竞争。现在的家长希望找老师帮孩子补习学科知识，比如莎士比亚文学、美国历史、AP 物理等等。10 年前，大家都不会接这样的案子，因为我们有大量的托福、雅思培训业务，但是现在不同了，细分市场已经出现，这些差异化的需求将成为留学服务中新的增长点。

第二，服务升级。比如员工素质的提升，CRM 等管理工具的升级和完善等等。

第三，打通客户的价值链。从以前专注于客户报了几个课程，做了几个留学申请，转为关注每个客户留学过程中的所有需求，以及如何满足客户的需求，实现客户价值的最大化。

（二）留学及语言培训的融合

留学中介行业产业链按照前中后三段来进行划分可以分为前端出国类语言培训、中端留学中介咨询和后端留学后服务市场。出国留学摆在大家面前的第一关便是语言考试，语言考试的成绩直接影响后续的申请学校范围、奖学金等等，因此准备出国留学的学生中有95%会去报名参加语言培训，这几类培训的课程繁多、价格不一，从几千到几万元不等。出国类语言培训主要包括雅思、TOFEL、SAT等，留学中介提供出国留学的咨询和申请服务，留学后服务市场主要为已出国的留学生提供海外生活、投资等各种所需的服务。留学中介行业前五家机构占据了58%的市场份额，前十家机构占据了行业80%的份额。

新东方留学在语言培训方面则具有先天的优势，人们大都是先知道新东方的培训，后来才了解到新东方也做出国。但是，目前从内部管理的角度来说，新东方语言培训和留学服务这两大板块是分开运营的，并没有融为一体。这样做会造成两边的客户信息无法直接对接，需要两套甚至多套系统，也就意味着客户需要提供两次甚至以上的信息，客户体验会相对降低。但是好处就是可以激活组织自身的动力，两边对于客户都要非常重视，非常珍惜，对于业绩的完成也会相对有压力，在企业内部形成良性循环。

（三）人才优势

新东方留学在人才方面同样具有先天的优势，大批量的留学生毕业回国就业是一个非常大的问题，而他们的就业环境并不乐观，大部分人对于就业情况满意度较低。而俞敏洪提出的"以海归服务海归"的理念，则恰好解决了部分留学生毕业回国的就业问题。目前新东方留学的工作人员70%都是海归，这个是其他机构，特别是小机构无法相比的。

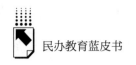
因此，新东方留学在人才上具有天然的优势，一方面海归的整体素质较高，另一方面海归自己有亲身的出国留学经验，可以更好地服务即将出国留学的人。

（四）科技的应用

新东方除了在课程和人才方面具有优势，也进行了科技的应用。VR 技术的介入，大大提升留学培训的效率和效果。首先，VR 构建一个身临其境的母语学习环境，大大提高语言学习的效率。其次，学校的选择上，VR 可以构建一个庞大的"实景"数据库，收纳全球知名大学的影像和数据资料。只需借助一个眼镜，便可以走遍名校校园的每一个角落，甚至是体验国外的课堂。此外，通过 VR 交互技术，还可以真实模拟签证面试、入学申请等流程。

就目前的留学培训来说，VR 几乎可以在任何一个环节发挥出现代科技的优势。VR 构建了传统培训无法实现的"人文环境"，VR 构建的"真实"人文环境是传统培训所无法比拟的。

很多留学生无法适应国外生活的原因并非语言障碍，而是对文化差异的不适应。由于没有提前的心理干预和文化学习、体验和适应，当许多留学生真正开始国外生活的时候，会出现种种"水土不服"现象，以致留学中断。

新东方也会通过游学等方式，把学生送出国门，进行短暂的国外生活、学习体验，希望借此提升学生的文化适应力和心理承受力。但由于时间短，游学内容参差不齐，甚至出现"玩多于学"的现象，所以效果并不理想，并且花费不菲。

这时候，VR 的作用就更加突出。虚拟现实技术可以构建身临其境的"人文环境"，让更多打算出国留学的学生提早去学习、体验国外的文化和生活，有效对留学生进行某种心理干预。

国外的风土人情、社交礼仪和文化传统，都将在 VR 技术的支持下，以一种更加直观的形式呈现，让学生拥有亲身体验的感受。这种虚拟现实所营造出来的人文环境，将是传统培训无法替代的地方，也将会成为 VR 留学的最大优势。

五　公司未来发展趋势

（一）回顾10年留学行业，布局未来发展

2018 年，是新东方成立的 25 周年，也是新东方开启留学服务的第 22 个年头。同时也是新东方前途出国与整个留学行业一同高速发展的第 10 个年头。值此之际，本次白皮书增设新东方留学 22 周年特刊——《回顾留学行业 10 年发展》，集结了新东方教育科技集团董事长俞敏洪，新东方教育科技集团首席执行官周成刚，以及联合发布《2018 中国留学白皮书》的新东方各机构负责人，通过他们不同的身份与经历、不同的经验和视角，从不同的观点出发，共话 10 年来高速发展的留学行业。

教育部数据显示，2017 年我国出国留学人数达到了历史最高点。同时，归国就业或创业的人数也在不断增加，留学归国人员已经成为我国人才市场备受关注的群体。而面对此种趋势，2015 年，新东方成立了海威时代，旨在帮助海归就业，打通国际化布局"闭环"。后来，又通过留学语培一体化尝试成立欧亚教育，并购艺术留学机构斯芬克，完善留学产业链等种种创新举措，来倡导国际教育的最新理念，让中国学生真正受益。

正如周成刚所言："随着行业的发展，留学市场的竞争开始越发同质化。这样的时期反而更要注重服务与创新。我们坚信，未来的出国留学，一定是一站式的服务。客户选择留学，不仅仅只是为了出国，拿一个学校的文凭，更多是需要解决个人发展问题，而个人发展一定是和当今的社会发展联系在一起的。当我们的工作能和社会的发展联系在一起，能够去帮助和促进社会发展的时候，我们的工作才会变得更有意义。"

（二）产业链向两端延伸

在留学服务的新时代，新东方产业链向两端延伸。希望通过在包括

"留学前"服务、"留学后"服务以及其他细分领域的布局，跳出"红海"，寻找更广阔的"蓝海"。

1. 海威时代

2015年，新东方成立主打海归职业教育的海威时代，就是通过解决留学人才的后端问题，介入"留学后"市场。

数据显示，2017年归国留学生数量达48.09万人，但留学生的就业情况并不尽如人意。比如，归国留学生求职途径比较单一，主要依靠传统的招聘平台进行海投；归国留学生找到第一份工作的时间较长，有五成学生需要3个月甚至以上才能找到第一份工作；归国留学生对工作满意度有待提高，包括所学非所用情况严重，对收入满意度低，入职岗位低于期待，跳槽比例高，等等。海威时代通过求职测评工作，对归国留学生进行职业方向的定位和职业技能的提升，并帮助学生申请知名企业的实习机会。

对于国外留学生求职问题，新东方海威时代副总经理齐彬给出了她的建议，即方向、方法和心态。"所谓方向，就是求职方向，在选择就读专业时就应该确定自己的职业方向，这样可以最大限度地减少毕业后的试错成本；方法就是重视实习、掌握基本的求职方法。"齐彬表示，在海威时代调研的3000多个入职全球五百强企业的学生中，基本上每个学生都有三个或者以上的相关职业或者行业的求职经历。"第三就是建议留学生调整好求职心态，"齐彬说，"留学生相对来说比较自信，选择工作时也相对比较挑剔，比如非500强企业不进，非某一个专业、某一个行业或者某个领域不进，非管理岗不进，等等，我们发现有这种需求的学生往往求职结果都不会太好。建议留学生尽可能多地研究相关行业、相关领域的企业，尽可能多地投递简历，保证求职的成功率。"此外，新东方还布局于海外租房、金融等"留学后"市场。

2. "欧亚教育"

2016年，新东方对业务线进行了重新整合，一方面将欧亚留学业务和小语种培训捆绑，成立子品牌"欧亚教育"，另一方面通过并购斯芬克，将艺术留学作为一个独立的项目运营，深耕留学细分领域。

　　欧亚教育的成立是基于"一带一路"新契机的考虑，为了做好这个板块，2017 年，新东方 CEO 周成刚带队进行覆盖欧亚 12 个国家的穿越之旅，团队成员采访了 20 所欧亚留学名校、40 位顶尖教授和近 100 位留学生。芬兰赫尔辛基罗素中学自由创新的教育环境和在德国保时捷工厂实习的学生等让新东方欧亚教育业务总监郭小娟印象深刻，"欧亚留学有其独特的美丽，小而美，精深而有品位"。

　　新东方布局斯芬克也备受业界瞩目。在传统观念中，艺术留学是一个小众领域，但事实并非如此。智研咨询数据显示，艺术专业留学生已经占留学生总数的 5.6%。艺术品类下有多个二级品类，可以分为 50 多个专业，包括平面设计、服装设计、交互设计、工业设计、空间设计、建筑设计、景观规划等等，这些领域的留学空间很大。"中国未来的工业发展产业升级，都需要一批顶尖的设计师。"新东方前途出国副总裁、斯芬克国际艺术教育总裁郝斌说，"国内的艺术教育已经在快速进步，但是在培养顶尖设计师方面，和美国、英国以及欧洲一些国家还存在差距"。斯芬克希望通过汇聚世界顶尖的艺术类学校资源，深耕艺术留学领域，"这里有很大的想象空间"。

参考文献

郑刚、胡佳伟：《新东方的互联网转型与变革》，《清华管理评论》2018 年第 6 期。

王菲：《英语培训如何玩转 O2O》，《上海金融报》2015 年 2 月 3 日（B15）。

B.10
用爱温暖学生的国际学校：海嘉国际

杨 娟 姚效玲*

摘 要： 海嘉国际双语学校，成立于2006年，提供从幼儿园到高中12
年级的一贯制双语教育。海嘉国际双语学校植根中华文化，
校名意喻"海纳百川，嘉言懿行"，是一所为国际文凭组织
（IBO）认证的高质量世界学校。目前，海嘉国际双语学校已
成为北京地区发展最迅速的国际学校之一。来自世界各地几
十个国家和地区的1000多位学子，齐聚于海嘉国际双语学校
的幼儿园、小学部，以及中学部，在"尊重、理解、创新、
愉悦"的校园文化中学习和生活。海嘉国际双语学校是国际
文凭组织（IBO）认证学校，以及美国西部院校联盟
（WASC）的认证学校。同时，为中国和蒙古国际学校协会
（ACAMIS）以及国际学校体育协会（ISAC）的会员资格学
校。本案例将从学校概况、海嘉课程体系、服务及活动三个
方面对海嘉国际双语学校进行分析介绍，并着重探讨IB课程
及国际学校在中国的现状以及发展趋势。

关键词： 国际学校 双语 IB课程

---

* 杨娟，北京师范大学经济与工商管理学院教授，学业规划研究中心主任，主要研究方向：教
育经济学；姚效玲，北京师范大学经济与工商管理学院研究生，主要研究方向：教育经济学。

一 海嘉国际双语学校概况

（一）学校发展历程

2006 年，海嘉国际双语学校在北京顺义落地生根。海嘉秉承"让孩子因为我们而幸福"的教育情怀，十年来，锲而不舍，兢兢业业，在中国民办国际双语教育的探索大道上，执着而坚定地行进着。十年，见证了海嘉国际双语学校从无到有、从小到大的成长历程。

多元共融，精粹十年。2006 年：海嘉学校（小学部和幼儿园）落成；2008 年：海嘉学校添设初中学部；2013 年：海嘉学校增设高中学部，成为一所符合国际化标准的 K12 学校；2015 年：海嘉学校获得 IB 组织认证，成为一所 IB 世界学校；2016 年：海嘉学校获得 WASC 认证。

（二）学校发展现状

1. 办学规模

海嘉学校坐落于北京顺义中央别墅区，交通便利，环境优美，浓郁的国际化氛围让孩子们感受到东西方文化的自然融合。

目前海嘉学校共有 80 个教学班，超过 1500 名在读学生。其中幼儿园阶段 22 个班，428 人；小学阶段 35 个班，756 人；初中阶段 14 个班，270 人；高中阶段 9 个班，120 人。外籍学生占比 20% 左右。每年学生的流失率在 10%～15%。成立 12 年来，学校一直保持稳步增长的状态。学前阶段学费每年在 15 万～18 万元，小学到高中学费每年在 20 万～24 万元。

整个海嘉校园分为三个学部：幼儿园、小学部、中学部，每个学部拥有独立的教学楼和完备的教学设施。学校拥有 5 个户外活动场地、1 个室内体育馆、3 个图书馆、小剧场、ICT 实验室、礼堂、孔子庙、舞蹈教室、音乐教室、美术教室、书法教室、科学实验室等，且每个班级均配备 Smart board。

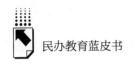
教室内配备新风系统和空气净化器，每栋楼都有监控空气质量的大屏幕，24 小时监测室内空气质量，并通过互联网连接环境电器及时改善室内环境，帮助监控了解学校室内的空气质量，保护全校孩子健康。

2. 教师团队

2018 年，海嘉建校已经有 12 年的历史，它的学校运行与教学管理机制很成熟，这些机制是需要沉淀才能形成。海嘉在师资上较强，有外籍教师 130 余人，加上外教家属有 200 多人的外籍人士群体，他们来自 20 多个国家和地区，包括美国、英国、加拿大、新西兰和澳大利亚等。

海嘉所有的教师选聘机制非常严格，层层选拔、择优聘请，他们热爱教育事业，具有丰富的经验和专业的资质。西方教师团队具有不同的文化背景，在国际教育方面有丰富的阅历。中文教师团队不仅拥有扎实的中文教学基础，同时能够积极地融入国际教学环境。为此海嘉每年都会在全球知名教育平台招聘教师，并且每年至少参加 4 ~ 5 次伦敦、纽约等地组织的国际教师招聘会。

关于教师的成长分为专业成长与心灵成长，在专业成长上，海嘉每年为教师提供专业的培训，包括引入专家、开展教研活动等；海嘉也会组织各种教师活动，关心教师的心灵，让教师能够更好地应对教学的情况，中外教师间有相互的培训，中教培训外教，外教也会培训中教，中外老师间分享教学的观点，相互交流非常重要。

海嘉专门的教师发展部门每年都会安排不同的教学培训计划，除了内部培训，还会安排老师参加外部培训，平均每年培训次数达到 100 次以上。因此在教师流动性上，海嘉一直保持着比较稳定的状态，其中初高中部教师的留任率达到 95% 以上。

3. 权威资质

海嘉国际双语学校致力于为学生提供优质的学习环境，学校不断努力获得各种资质认证，以确保教学理念、课程设置、师资力量及资源配置等均达到国际水准。

（1）IB。国际文凭组织（IBO）成立于 1968 年，总部设在瑞士日内瓦，

IB DP 是面向高中提供的文凭课程，作为国际上著名的大学预科课程项目，它已经得到世界一流大学的广泛认可，DP 的学生也受到顶尖大学的欢迎。IB 是主流课程项目中难度最大，需要学生花时间最多的课程，海嘉被 IBO 授权向高中 11 年级和 12 年级提供 IBDP 课程。

（2）IGCSE。海嘉被授权向高中部 9～10 年级提供剑桥国际证书课程。Cambridge IGCSE（剑桥国际证书课程）是全球最受欢迎的国际资格证书课程之一。IGCSE 拥有灵活的课程体系，学生可在 70 多门科目中选择任意组合进行学习。IGCSE 的资格证书受到全球众多一流学校和机构的认可，并被视为学习能力的有力证明。

（3）IMYC。海嘉是被授权向初中部 6～8 年级提供 IMYC 国际初中课程（International Middle Years Curriculum）的学校。IMYC 由 Fieldwork Education 国际教育组织联合全球 100 多所国际学校的一线教育人员共同参与开发，已经被包括英、美、澳等国家在内的 65 个国家的 1100 多所学校采用，是真正意义上的国际课程。

（4）WASC。海嘉是美国西部院校联盟（WASC）的认证学校。WASC 是国际权威教育机构，是美国教育部认可的，为美国国内及全球公立、私立学校、学院和大学进行认证。WASC 专注教育，考核审查全面，严谨公正，WASC 认证具有权威性与荣誉性，保证教学优质，教育理念正确，其认证是具有一定有效期的，需要学校不断改进延续其认证资格。不仅学校需要 WASC 的认证，WASC 同时也被全球众多学校所认可，证明了海嘉学校在全体员工的不懈努力下，达到了国际权威机构认定的优质教育标准。

二 海嘉教学体系

（一）教育理念

通过融合东西方的文化精粹，由来自 26 个国家经验丰富、充满热情的教师形成探究性、互动性，小班教学和总结评估型的教学模式，强调同

时发展英语和中文两种语言，双语取向帮助毕业生成为未来具有独特能力的领导者。他们在具备熟练运用两种语言的能力的同时，具备跨文化间的理解。

在海嘉，爱是教育的原动力，让孩子因为我们而幸福，幸福的教育培育美好的心灵：是对成长的美好理解，是对生命的美好陪伴，是对未来的美好愿望。

（二）课程设置

海嘉毕业生的素养，就是海嘉学生的行为准则和学习素养，由 4 个核心价值（4Rs）和 10 项学习素养（10As）构成。就像一棵茂盛的大树，扎根于"责任（Responsibility）"、"尊重（Respect）"、"努力（Rigor）"和"友情（Relationships）"，生长于"善于思考（Thinkers）"、"善于沟通（Communicators）"、"善于反思（Reflective）"、"均衡发展（Balanced）"和"关爱他人（Caring）"，繁盛于"善于探究（Inquirers）"、"勇于冒险（Risk-takers）"、"学识渊博（Knowledgeable）"、"重视原则（Principled）"和"思维开放（Open-minded）"。

经过 12 年的发展和不断完善，海嘉已经形成了自己的从幼儿园一直到高中的完整的课程体系。为了实现海嘉的教育理念，整个学习过程循序渐进，每个阶段都有各自的重点。

在幼儿园阶段，海嘉更重视发展爱、尊重、好奇心、兴趣、和谐；小学阶段，以美国标准开设课程，以全面及均衡发展知识、思考、价值观、态度与技巧作为基础；初中阶段使用 IMYC 国际初中课程，着力于深化知识、各种技巧、理解、联系、全人发展；高中阶段，则采用 IGCSE 剑桥国际证书课程和 IBDP 国际文凭组织大学预科课程，为读大学做策略性的最好准备：进行学术学科学习，同时注重培养学生的国际心、评鉴性思考、价值观、自学和建构知识的能力。

1. 幼儿园——培养孩子的探究能力和兴趣

海嘉双语学校幼儿园，采取校本主题探究式课程模式，提供浸润式双语课程，中英文教师教学时间的比例是 50%：50%。在幼儿园里，中、外教老师共同为 2~5 岁的孩子们提供一个吸引人的、丰富有趣，同时又温馨安全的学习生活环境。幼儿园根据学生年龄划分班级，共分为三个年龄阶段。学校致力于提供高品质的教学课程和教育服务，做到因材施教，并呈现在每年的学生发展测评报告中。

孩子们每天在幼儿园的活动多种多样，他们有充足的自我选择活动的时间，也有在老师带领下的小组探索时间，激烈有趣的集体讨论时间，兴致勃勃的户外活动时间——他们可能随时在体验着，在宽敞的图书馆里阅读；专注地在教室里搭建积木；用放大镜观察一片叶子；亲手烘焙一块蛋挞；与老师和伙伴们在一起分享好主意；开心的欢笑，更多的创新！

幼儿园的孩子们总是乐此不疲地沉浸在他们丰富有趣的课程中，作为一个双语幼儿园，海嘉不单纯强调某一种语言，而是双语均衡发展，学习多元文化带来的不同体验，这是个富有挑战的工作。海嘉相信，童年是人生旅程中不可忽略的一段重要行程，海嘉也努力在家庭和学校之间建立起良性的伙伴关系，在家校共同合作下，让孩子们每天的每个时刻都不同寻常。

幼儿园专注于发展学生基础的态度和基本的能力，包括爱、尊重、好奇心、兴趣和和谐。从孩子们的兴趣出发，以小组学习讨论、主动探索、记录和体验学习的过程，从而让孩子构建自己的知识体系，学会学习。

（1）双语的主题探究式课程。幼儿园依据中国《幼儿园教育指导纲要》要求以及美国《公共核心标准课程》来制定课程发展目标。并依据多元智能以及瑞吉欧的教育理念为指导，采用主题探究式课程模式，从孩子们的兴趣出发，以小组学习讨论、主动探索、记录和体验学习的过程，从而让孩子构建自己的知识体系，学会学习。

主题活动设计的范围包括：了解自己和周围的环境；研究人类历史中的一个时期；世界各地的人们表达庆祝的方式和原因；不同民族和信仰；人与自然的关系，神秘的数学以及如何保护地球等。

（2）英语语言课程。幼儿园采用浸润式英语环境，从生活情景和阅读

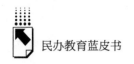
基础两方面引导孩子逐步具备流利表达、交流、阅读等多种能力。采取小班授课制，让每个孩子都能有机会学到适合他们水平的语言知识，可以用他们适合的词汇去描述自己的家庭成员、熟悉的人、地方及事件，表达他们的思想、情感和想法。为接下来的语言学习打下良好的基础。

（3）自选学习区活动。每个教室都精心构建成六个学习中心，孩子们分别从自然科学、语言、艺术建构、角色扮演、益智活动和阅读等活动中选择适合自己或感兴趣的内容，在自选学习中，培养自信，懂得做出好的选择，与伙伴融洽相处，展现自己解决问题的能力以及不断发挥自己的想法和创造力。

此外还开设了创意美术、奥尔夫音乐、厨艺课程等。

2. 小学部——批判性地思考学习

海嘉双语学校小学部采用以标准为基础的课程（standards-based curriculum）。在以标准为基础的教育系统中，标准、课程和教学是有机关联的，以确保所有学生都有机会达到高水准，成为优秀的学生。海嘉的小学部标准（standards）是经过慎重选择，以确保要求学生掌握的技能、知识都是经过严格、全面考虑定义出来的，学生可在指定的级别和指定的领域进行学习。这些标准设定了重点，并提纲挈领地定义了学生必须学习什么。海嘉的课程和教学部界定了如何执行这些标准，而这些标准是通过国际认证的，以确保海嘉的学生在小学毕业后可以在海嘉和全世界任何其他学校继续学习。统一的课程设计可以确保所有资源、材料、教学实践和评估能够反映每个内容领域对这些标准的要求。作为一所教书育人的学校，海嘉国际双语学校一直在深思熟虑中发展，审查和评估以标准为基础的课程的相关性和妥善性，可以确保所有海嘉的学生都能够完全享受到有保障的、切实可行的课程，为他们以后升入大学和就业做好准备。

在北京海嘉双语学校，学习是一个获取、开发、连贯、转化、交流和思考知识、技能、经验和态度的过程。获取技能和知识以促进学习，探究以贯通他们周围的环境和世界。把知识和技能转移到新的多样性环境，以有效的和高效的方式进行沟通。批判性地思考学习。

3. 初中部——多元化的课程体系，发掘学生潜能

所有的初中学生都必须学习中文、英文、数学、科学和社会学，6 年级的学生还要学习中文数学。除了这些核心领域，学生们也将有机会学习各种技能，学习如何解决问题，并通过美术、商业和第三、第四外语言等选修课和专业课（电脑技术、艺术、音乐和体育）来发掘自己的潜能。

海嘉初中（6～8 年级）的教学大纲是遵循国际初中课程（IMYC）设计的，旨在帮助这个年龄组的学生建立起宏观的视野和帮助他们掌握 21 世纪所需的各种技能。每一年的课程都会围绕 6 个主题，同学们会通过不同的科目来认识这 6 个主题：

6 年级主题：适应性、合作、发现、结果、解决、平衡；

7 年级主题：好奇心、传统、毅力、尊重、竞争、关系；

8 年级主题：挑战、解释、公义、领导、更新、责任。

每隔 6 个星期，当 1 个单元主题结束的时候，海嘉有名为 Exit-Point 的活动，那是一个让学生分享他们学习成果的时间，家长可以到场参观，看见学生创意的展示。

4. 高中部——国际标准化的课程体系

9～12 年级的学生在高中部就读，其中：9 年级和 10 年级的学生将遵循剑桥国际证书课程（IGCSE），这将为他们将来能顺利完成 IBDP 课程打下坚实的基础和学习技能。

（1）剑桥国际证书课程。IGCSE 是国际认可为 14～16 岁而设的课程，它在世界 160 个国家超过 9000 所不同的学校采纳的课程大纲。它是一个经过 25 年发展，一套成熟和值得信任的课程。被世界大学公认为可靠的学习能力的课程，在十年级的时候，学生们会参加一个公开考试。

9 年级，10 年级的必修课：IGCSE 英语、IGCSE 数学、IGCSE 科学、中国语文或中文为第二语言、历史（9 年级）、世界视野（10 年级）、体育、阅读。选修课：艺术、音乐、体育、IGCSE 法语，韩语或英语为第二语言。学生还要参与社会服务，学习图书馆运用和个人自学。

（2）国际文凭组织大学预科课程（IBDP）。IBDP 课程于 1968 年首次开

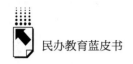

设，借鉴各国教育之长，在40余年的实践中，已经逐步形成一整套广受赞誉的课程大纲和评估体系，成为一个非常成熟的教育体系。旨在发展学生各个方面：智力、社交、情感和健康等等。全球现有超过2470所IB World Schools提供IBDP课程。它是一个具有挑战性但又平衡的课程。除了高标准的学术要求外，也强调培养具有社会意识及责任感的公民。

IBDP课程作为国际高中课程，能最大限度地避免中外学制差异，帮助学生成功申请到国外的大学，并为将来在职场上发展做好准备。同时，它已经得到了世界领军大学的认可，学生需要参加公开毕业考试，由校外IB专业老师统一评估。

（3）三大核心课程。除了六门必修课外，学生还要完成以下三个核心课程：知识理论（Theory of Knowledge，简称TOK）：知识理论是一门跨学科的课程，为的是鼓励、培养学生的批判性思维能力，防止认知偏见与主观臆测，增强学生的理性分析能力和表达能力，测试形式为写作与口述。扩展论文（Extended Essay，简称EE）：要求学生进行一次调查研究，内容包括所学课程中的知识点，写出4000字的研究论文。课程目的是：培养学生掌握独立研究课题的方法，学习学术性论文的写作规范和写作技巧，为将来大学学习打下基础。创意、行动与服务（Creativity，Action and Service，简称CAS）：IBDP文凭的学生都必须完成至少150小时的创意、行动与服务活动。CAS旨在使得学生除了学好必修的文化课程之外，为学生提供机会，进行创新活动，关心服务社会与他人，培养团队精神，增加社会责任感。

5. House Program——培养道德情操和团结精神

世界上有许多国家的国际学校都采用House体系来帮助学生发展人际关系、培养团结精神。海嘉结合中西方的教育理念，并致力于将中国优秀传统文化的精髓彰显出来，创造和谐共享的集体。这种和谐的理念融合正是House课程的概念基础，它积极地帮助和指导学生的行为规范。学生从进入海嘉学校的那一刻起，即开始接受这样的指导。

每一个House都会有自己的特殊标语和独特内涵，House取自中国儒家文化的五常（分别是仁、义、理、智、信）。全校所有的学生及教职员工都会被随机分配到五常中的一组，一个家庭中的兄弟姐妹会被分配到同一House 中。且每个 House 的人数平均。

在学年内，学生会以 House 形式进行健康竞赛，参加由 House 负责人设计的各类集体活动。当然，在全校范围的活动中，如运动会，学生将以House 为一个集体进行比赛。学期内分数最高的 House 可以举行自己的庆祝活动，并有机会争夺年度冠军 House 评选。

（三）服务及活动

1. 社区活动

在海嘉，学习永远不是学校生活的唯一重心。作为一个拥有多元文化的综合社区，丰富多彩的社区活动为校园平添了更多的乐趣。海嘉学子通过参加这些活动，进一步开发逻辑思维和批判能力，具有团队合作能力，展示艺术天赋，并在身心、性格、社交等方面得到了全方位的拓展和锻炼。

艺术的学习让学生陶冶情操，全校学生都会参加一年一度的海嘉冬季音乐会，通过歌唱和音乐演奏等形式，面向整个海嘉社群展现自己的音乐艺术才艺，并增加自信；每年春节的海嘉家庭日让校园成为孩子们欢笑的乐园，与老师、家长们一同玩乐畅快，萌娃们会在 T 台上自行搭配时尚造型，学生摇滚乐队也会助兴嗨翻全场，这不仅为孩子们和全体家庭带来了欢乐时光，更在社区周边营造了欢乐的氛围。

基于对多元文化的尊重和理解，海嘉在特殊的日子里也会进行各式庆祝活动，比如中国传统春节、中秋节，以及国际日、万圣节等，在享受欢乐的同时让师生家长会对国际化社区加深了解。

2. 家校联合会

（1）家校联合会使命。海嘉 PTA 是一个志愿者协会，每一位海嘉家长和教师自动成为其中一员，奉献时间精力致力于建设一个有爱、相互支持和共同成长的海嘉大社区，为孩子们提供更好的成长环境。PTA 的主要功能是

成为家长和学校之间的纽带，组织活动并为学校开展的活动提供支持，为学生提供更好的体验式学习环境；联系海嘉家长，帮助家长学习成长，组成各种服务和兴趣小组，丰富家长在海嘉大社区的生活；促进学校与家长之间的沟通，为学校提供建设性的意见。

海嘉不仅是一所学校，海嘉也是一个家庭，更是一个大社区。PTA作为海嘉社区的核心力量，在学校、家长、教职员工之间架设了桥梁纽带，以共同的向心力，为学生的教育和成长提供全方位支持。

（2）家校联合会组织结构。目前，海嘉PTA由PTA管理团队统筹，PTA核心团队把控PTA整体方向，决定重要事项，制定年度计划并带领执行。

PTA核心团队：由PTA管理团队和各功能组组长、兴趣组组长以及长期参与PTA活动的志愿者组成。同时，各班还推选一位家长成为班级代表，以班级为核心协助保证学校和老师之间的高效沟通。

学校支持组：公益服务、义工招募、大型活动、图书馆支持、伙委会等社团，是家长们深度融入海嘉社区的丰富途径，更是学校工作的有力支持。

家长支持组：作为双语学校，中外籍家长的支持工作同等重要和必要。PTA中的家长讲堂、外籍家长支持小组，将成为家长们的好帮手。

家长兴趣组：英语学习，手工社，厨艺小组，合唱团，读书会……丰富的兴趣小组欢迎每一位海嘉社区成员的加入。

PTA商店：由PTA咖啡厅和圣诞商店两个平台组成。

三 海嘉国际双语学校的自身优势

（一）办学年限

海嘉国际双语学校2006年成立至今已有12年的时间，这对于一个国际学校来说算是比较长的时间了，无论是学校整体运营、人员架构以及课程体系都相对成熟和稳定，也会有一些自己的特色。这些可能是一些年头比较长的学校相对于新学校的优势。同时稳定的生源和家长口碑，也是很好的招生渠道。

（二）双语教育

海嘉致力于最优秀的双语教育，最先进的课程体系。从成立至今已经有第一批毕业生，这样更从实践上检验了海嘉的整体课程。相对于一些新学校来说，办学理念很好，但是整体课程体系没有被实际检验过，是缺乏说服力的。对于海嘉来说，至少课程的可行性是被验证过的，并且有一定的实际案例作为参考，可以更进一步去优化和完善课程。

同时，很多家长选择海嘉的原因在于真正做到双语教育。海嘉的中文课程是按照国家课标来开设的，不但开设，而且开足开齐，保证学生的中文学习，这在很多国际学校是比较少见的。也就是说，在注重英文学习和英文教学的同时，中文教学并没有落下。

（三）重视阅读

每个学部都有自己专属的图书馆，除了硬件设施之外，还有很多关于阅读的活动，比如：阅读月、演讲比赛、作者见面会等。阅读是需要日积月累的，所以学校需要落实到每天的教学计划中，不同学段的学生都有自己的阅读计划。并且在家里也有阅读任务，保证在一定时间内完成一定的阅读量。计划性以及丰富的活动，可以很好地培养学生的阅读习惯和阅读素养，最终才能使学生在毕业时具备相应的素养，为进入大学做好充分的准备。

（四）多元发展

海嘉除了重视文化课的学习外，还注重体育、品德培养以及艺术类项目。多元的学校，多元的学生，多元的老师，多元的课程，多元的管理，促使学生多元发展。不仅注重知识的学习和储备，同时更注重学生全方位的发展，以及全人的培养。

（五）活动丰富

海嘉的学生还会参加很多课外活动和社团。课外课程包含兴趣课和专业课，是学生传统教学后的延时课堂。孩子们在这里提升自己的专业能力，发挥自己的特长，丰富课外生活。丰富多彩的课外课程有艺术类、美术类、音乐类、体育类，不仅有校内老师的兴趣课程，还有外聘校外老师的专业课程，每个学期都有近100种课程供学生自主选择。国际象棋、羽毛球、时尚空间、尤克里里、数字沙盒、初级日语、国画、网球、数学天地、科学实验、中文辩论社、乒乓球、木偶戏、厨艺、拉丁舞、手工模型、跆拳道、绘画、读者剧场、瑜伽、篮球、乐高、轮滑、纸航模、芭蕾舞……在不断的提升和发展中，多方位为学生提供适合他们的课程，让他们在课外课程的学习中享受专业技能提升的快乐。

（六）家校联合会

家长参与学校管理，开放沟通，家校合作。家校联合会也是海嘉的一项管理特色，在学校的运营管理中，并不是学校或者校长一言堂，而是家长们共同参与管理，学校对于家长的意见是非常开放的态度，乐于听取来自家长的不同的声音，共同讨论，群策群力，做出决定。这样就把家长和学校本来是比较微妙的关系，甚至在一些学校是对立的关系，变成了一种公开、透明的关系，这样家校联合形成合力，齐心协力为了孩子更好的成长而共同努力。

（七）校园文化

北京的国际学校、双语学校有很多，特别是集中在顺义区，每个学校都有自己的特色，有很多学校的硬件和基础设施都非常好，但是最大的区别在于学校的文化，这是海嘉区别于其他学校的核心。而校长又是学校文化的引导者，所以以校长为代表的管理团队对于学校文化的建设起着至关重要的作用，而文化又像瀑布一样是自上而下的，会直接影响到每位教职员工的精神面貌和工作态度。在这点上，海嘉一直倡导"家"的文化，追求和谐、平等、融合。

四　海嘉的运营模式

（一）领导团队

海嘉的领导团队分为三部分，管理团队、专家顾问团和国际教育学术顾问委员会。管理团队中有总校的校长，各学部的校长，各学科的主任，以及专门负责 IB 课程和体育活动的主任，分工非常明确，各司其职。实行学部管理制，每个学部都由外籍校长来进行管理，保证国际学校的管理模式，同时配合中方校长，保证教学质量。整个团队的成员也是非常多元，既有中方管理人员，也有外籍管理人员，名副其实的国际团队，兼容并包。

（二）招生模式

12 年来海嘉的学生人数一直在稳定增长，主要服务于顺义中央别墅区、望京区域及周边区域。最主要的招生渠道是在高端杂志投放广告，此外就是来自于老学员家长的推荐。

海嘉每年有两次招生，分别是春季招生和秋季招生，家长可以通过网站或者微信进行预约，学校会安排开放日来学校参观、咨询、报名。目前，幼儿园阶段需要提前一年排队预约学位，其他阶段都可以正常报名，接受入学考试即可。但是初中和高中阶段的录取率比较低，也很少有通过入学考试成功插班的学生。因为，海嘉小学五年级的学生水平就已经很高了，如果外部学生从小没有接受系统的英文学习，很难通过入学考试。特别是阅读方面，很多外部学生的水平达不到入学要求，无法正常插班学习。因此，海嘉的初中部和高中部学生基本是直升。

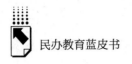

五　国际学校面临的问题和挑战

（一）IB 课程中国发展趋势

海嘉选择 IB 课程作为高中阶段的主要课程也是有一定的原因，作为 IB 课程的其中一个代表学校，其发展必然要参考 IB 课程在中国的发展。从增长趋势上来看，2016～2017 年各项目在中国的增长速度都在增加，DP 在近 5 开开设的项目中仍然是数量最多的项目，且数量上远远超过 MYP、PYP 项目。DP 项目较 2016 年增长了 10 所，是近 5 年 DP 项目增长最快的一年。MYP 项目是开设学校数量最少的，DP 项目的数量是 MYP 项目数量的两倍还多。一方面，MYP 项目所在学段为 6～10 年级，仍处于义务教育阶段，大部分公立学校国际部只开设高中阶段课程，只能实施 IBDP 项目，此外受中国政策影响，部分民办国际化学校会在这个阶段需要安排融合课程。另外，有相当数量国际学校在这个学段选择 IGCSE 课程，以上原因导致 MYP 项目在中国的发展相对滞后。即使如此，2017 年 MYP 项目较 2016 年增长了 5 所，仍然是近 5 年 MYP 项目变化幅度最大的一年。

2017 年 PYP 项目较 2016 年增加了 10 所，是三个项目中变化幅度最大的，同时也是近 5 年 PYP 项目增长最快的一年。随着二孩政策放开，出生人口数量增加，社会对于学前教育的需求会上涨，加之学前教育阶段不在义务教育范畴，可以预见到未来三到五年内，PYP 仍然会保持一个相当高速的增长。

（二）未来市场预测

随着出国留学人员日益增多，以培养孩子出国留学，适应国外教育的国际学校在我国的蓬勃发展。选择读国际学校的家庭，一般都是希望孩子将来出国留学，进入名校学习是每个孩子的目标。国际学校一般都是双语教学，学生经过在国内的过渡，不仅提升了语言水平，还对国外课程设置、教学方

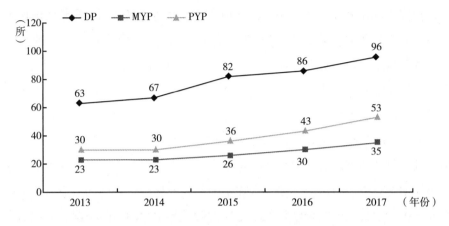

图1　2013～2017年中国IB项目增长趋势

式方法、国外文化等有一个熟悉的了解，让他们更好地融入国外的留学生活。与此同时，随着人民生活水平的提高，新一代家长对子女教育愈加重视，教育投入随居民收入增加而不断提升。

然而，目前海嘉顺义校区在读学生人数已经接近饱和，无法承接更多新生，面对不断增长的市场需求如何应对？海嘉于2017年9月新建了天津校区，2018年9月新建了贵阳校区，但是北京似乎还没有新建校区的计划。

（三）来自内部的挑战

要保证国际学校良好运转，教师和管理人员的质量和数量是起决定作用的重要因素，决定了国际学校教育教学质量。师资起关键作用，管理起重要作用。与传统学校不同的是，国际学校的教师和管理人员除了要具备基本的专业素养、管理能力，还需要有全球化意识、国际化的视野和专业技能、终身学习的理念等。

从人员的来源上看，尤其是中层管理人员，除了从普通员工正常职业发展提升外，不仅有跨界进入该领域的，还有其他行业具有丰富经验的从业者加入。

近几年中国国际学校数量一直保持较高水平的增长趋势，2007年至

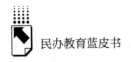

今，我国国际学校平均每年增长 50 所左右。大量的新学校涌现，迅速发展的国际学校需要丰富的教师资源，导致了国际学校教师存在较大缺口。

然而国际学校师资存在如下三大问题：教师资源匮乏，招聘难度大；从业人员不稳定，教师队伍流动性大；外籍教师水平参差不齐，缺乏管理经验，影响外籍教师作用的发挥。

中国国际学校迅速发展，国际学校教师和管理人才的缺口较大，外籍教师数量有限且招聘困难，要想解决这个问题，本土专业人才必将成为国际学校教师的主力军。中国国际学校人才培训的方式呈现多样性的特点，各国际学校和国际学校集团结合学校教学工作的安排与学校的实际情况，采取适合本校的培训方式。按照培训地点可分为校内培训和校外培训。按照培训时间可分为集中培训和分散培训。按照授课方式可分为线下培训和线上培训。

人才培训机构包括主流国际课程的相关管理组织机构，例如 IBO、剑桥国际考试中心、美国大学理事会等。

其中 IB 教学证书：IB 教学证书使参与者能获取与三个 IB 课程（小学、中学和文凭课程）之一相关的原则理念和实践经验，该课程推动了新的或经验丰富的教育者向反思实践者和教学研究者转变。

（四）毕业生的名校录取率有待提升

国际学校的毕业生必然是去国外留学，有些孩子在高中之前因家庭原因就会选择出国，而大部分孩子会在高中毕业之后去国外上大学。但是在留学行业内普遍的规律就是本科上名校的比例和人数非常低，远远低于研究生留学上名校的人数。海嘉似乎也面临同样的问题，在已有的第一批毕业生中，虽然最终考试成绩还不错，但是被名校录取的人数和比例并不高，而且没有学生被知名顶尖学校录取。所以，期待未来海嘉可以在这方面能有所提升。对于留学而言，一方面是学生的考试成绩，这点可以从源头把控，比如制定招生政策、吸引一些优秀学生、提升教学质量。同时在留学申请名校的规划上，也可以借鉴之前被哈佛、耶鲁等名校录取的学生的案例，优化方案，提升毕业生的名校录取率，成为海嘉的亮点。

（五）政策的冲击

新华社 2018 年 11 月 15 日播发《中共中央、国务院关于学前教育深化改革规范发展的若干意见》，意见要求遏制过度逐利行为。提出：民办幼儿园一律不准单独或作为一部分资产打包上市。上市公司不得通过股票市场融资投资营利性幼儿园，不得通过发行股份或支付现金等方式购买营利性幼儿园资产。

这对于国际学校也会带来相应的冲击，很多学校和幼儿园首先要明确自己的办学性质，确认是否营利性。如果是非营利性，根据政策，必然会阻断资本的进入，这对于国际学校的发展具有一定的影响。一方面，没有资本的介入，国际学校发展的速度和规模会受到制约；另一方面，正是因为没有资本的牵制，国际学校的运营和管理反而趋于理性，变得简单纯粹，或许会吸引真正懂教育、爱教育的人来做教育，如果是这样，那么整体的教学水平和办学水平也会相应得到提升。

素质教育篇

Quality Education

B.11
2018年素质教育产业发展报告

孙志军 *

摘　要：　素质教育的概念从1993年以文件形式确立至今已有20余年，
　　　　　虽然推行过程中遇到了不少困难，但已成为目前中国教育者
　　　　　的共识。也是从这一年开始，在国家的大力倡导下，学校开
　　　　　始调整课程结构，增加音体美以及其他素质类课程，校外的
　　　　　传统素质教育产业随之开始兴起。近几年，尤其是在新课程
　　　　　改革和新高考改革之后，素质教育热度再升级，致力于培养
　　　　　学生兴趣爱好、创新精神、实践能力的新兴素质教育行业受
　　　　　到了很多的鼓励和帮助，得到了较大的发展。2018年被认为
　　　　　是素质教育发展的黄金之年，有新的机遇，但也面临着一些
　　　　　挑战。本章对素质教育与K12教育的区别、发展现状及特点

* 孙志军，北京师范大学经济与工商管理学院教授，主要研究方向：教育经济学。

进行了概述，并对其分类及商业模式做出了详细介绍，从产业模式逐渐多样化、新的客户需求提高、投资额迅速增长等方面分析了素质教育行业的发展趋势，还提出了素质教育产业的覆盖区域过于集中在一线城市、发展仍不成熟、师资匮乏等挑战。

关键词： 素质教育产业　商业模式　"互联网＋教育"　研学　生涯教育

素质教育产业，顾名思义，就是响应国家进行素质教育的号召，致力于提高青少年各方面如精神素养、身体素质、认知能力、创造力以及社交能力等"软素质"的教育产业。随着国家教育改革的全面升级、新高考改革的推进，以及素质教育相关政策的不断调整，一系列措施刺激教育行业改变学科结构和比重，素质教育在我国的重要性得到提升；加之我国正处于从制造生产型经济向服务主导型经济转型阶段，对服务业人才的需求不断提高。同时，对"软能力"提出更多要求，更多地强调沟通能力、创新意识、应变能力及敏锐度等，而这些"软素质"通常是在艺术特长、科技创新等的培养过程中得到提升和更好的体现，孩子在家长督促下也会相应改变知识结构；再加上国人消费能力和全民娱乐氛围的提升，素质教育为彰显个性提供了有效途径。随着"80后""90后"等陆续升级为父母，家长一辈的文化素质整体进一步提高，素质教育理念更加普及，追求多才多艺蔚然成风；互联网的普及、大数据和人工智能的发展也为素质教育发展提供了技术基础，素质教育领域的市场规模增长势头非常强劲。"国家重视＋就业变迁＋全民娱乐＋技术支持"点燃了素质教育行业发展热潮。[①] 近年来，随着监管层对校外培训机构的治理加强，部分传统培训机构也开始了与素质教育的融

---

① 《2017年素质教育行业分析报告》。

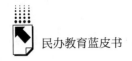

合。教育领域越发受到资本市场青睐，素质教育迎来投资热潮，这些都预示着素质教育产业将进入快速发展阶段，2018 年更是被认为是素质教育发展的黄金之年。

一　素质教育产业相关概述

（一）素质教育产业整体概述

1993 年，《中国教育改革和发展纲要》及其《实施意见》中以中共中央、国务院文件的形式确立了基础教育要由"应试教育"转向全面提高国民素质教育，面向全体学生，全面提高学生的思想道德、文化科学、劳动技能和身体心理素质，促进学生生动活泼的发展。[①] 从这一年开始，在国家的大力倡导下，学校开始调整课程结构，增加音体美以及其他素质类课程，素质教育开始走进人们的观念中，校外的素质教育产业随之开始兴起。

数据显示，2016 年，中国家长重视素质类教育的比例高达 80%。对课外辅导班类型的调查发现，2015 年，有接近 40% 的家长选择书法、绘画、舞蹈、体育等特长类的课外辅导，30% 左右的家长选择与课程相关的语数英物化生等方向的课外辅导，只有不到 10% 的家长选择奥数等方向的辅导。[②] 有一半以上的家长表示送孩子参加课外培训班的主要目的是对兴趣的培养。近年来 K12 素质教育市场火爆，2015 年迎来一个投资高峰期，乐博、真朴教育先后获得千万以上的投资。众多以应试教育起家的培训机构积极"拥抱"素质教育，甚至连以应试培训为核心的新东方也创办了素质教育品牌百学汇。此外，教育创业领域也不断涌现出以素质教育为切入点的公司，如环球雅思创始人张永琪创办针对中国青少年科技教育的公司鲨鱼公园。家长对教育认知的转变，是推动素质教育发展的一大重要因素。[③] 据麦肯锡的数

---

① 《中国教育改革和发展纲要》。
② 《2018 年中国教育发展趋势分析》，中国产业信息网。
③ 《2015 年中国教育行业白皮书》，搜狐教育。

据分析，中国的家庭数量在 2022 年会增长至 14 亿人。从宏观角度按照经济能力分层，城市中富裕及上层中产阶级占 6 亿人。而素质教育主要针对的客户群体就是这 6 亿人，他们会优先考虑采购全球化的教育产品，其中包括优质的素质教育课程以及国际教育项目。而这 6 亿人所产生的社会价值，也是推动行业发展的重要因素。

本文主要从素质教育产业的整体概述、素质教育产业的应用，素质教育产业的发展趋势与挑战这四个方面对整个行业进行一个大致的介绍，并选取两家典型的素质类教育培训机构进行案例分析，从微观和宏观层面让大众对素质教育产业获得进一步的了解。

（二）素质教育与 K12 教育的区别

K12 教育是国际通用的基础教育简称，中国 K12 教育特指小学、初中、高中阶段的教育。K12 教育培训主要针对中小学阶段学生提供全学科一体式的课外辅导教学服务，它作为课内教育的有效补充，是弥补课内教育不足、实现个性化教育的主要手段，致力于提高学生的"硬素质"。我们在本章中介绍的素质教育培训，阶段上不限于中小学生，而是涵盖了从幼儿园到学业结束前的所有阶段；教育的内容上，也不是致力于像语、数、外这种学科式的辅导，而是致力于提高学生除学科知识和能力外其他方面的素质，促进我们称之为"软素质"方面的能力发展。在目前的市场上，K12 培训无疑比素质教育培训更占优势，归根结底，社会竞争日趋激烈，贫富差距越来越大，教育不均衡也越来越严重，又有中考和高考这"两座大山"的存在，我国本质上仍然是应试教育做主导，家长最关心的还是自家孩子能不能提高成绩，能不能在激烈的社会竞争中获得优势，因此提供全学科一体式的课外辅导教学服务的行业肯定备受关注。再加上前文提到过的，从宏观角度按照经济能力分层，城市中富裕及上层中产阶级占 6 亿人，而素质教育主要针对的客户群体就是这 6 亿人，K12 教育面对的客户群体要更庞大。

在发展潜力上，K12 阶段入学率和升学率已经达到足够高的水平，未来进一步提升的空间有限。随着义务教育的不断普及，我国 K12 阶段的入学率和升学率已经达到较高水平，其中学龄儿童毛入学率始终保持在100%以上的水平，小学毕业升学率达到98.7%，初中阶段的毛入学率已达到104%，初中毕业升学率已达到93.7%，高中阶段的毛入学率已超过87%，升学率达到92.5%。在K12学生存量稳定，各阶段毛入学率和升学率已经达到较高水平的情况下，K12学生数短期难以有较大提升。而素质教育行业的发展潜力是巨大的，消费升级的驱动，带来家庭对软实力、综合能力培养的需求，以及新修订的《民办教育促进法》在2017年颁布实施，促使资本更加活跃地进入到素质教育的各个细分领域。素质教育是在国家的大政策下应运而生，国家大力提倡素质教育，素质教育行业的发展目前处于只会前进不会后退的阶段，增长十分迅速，并在2017年整体呈现爆发式增长。投融资数量及资金量成倍增长，从2015~2017年，素质教育行业投融资热度持续上升，投融资案例数累计增长93%，投融资总额年复合增长率189%。素质教育行业大环境利好。

（三）素质教育产业发展过程及现状

素质教育产业在中国的发展主要分为两个阶段，分别是早期的传统素质教育阶段和新兴的素质教育阶段。这两个阶段大致上以2006年作为分界点。

2006年之前，素质教育产业主要是体育教育培训和艺术教育培训。体育教育培训和艺术教育培训是素质教育产业最传统和老牌的培训项目，至今仍在素质教育培训的市场上占据很大比重。体育教育培训和艺术教育培训的兴起，一方面是因为这两类培训的内容是中国文化里最传统的活动，家长送孩子参加这类补习班，一个重要原因就是想要对孩子进行兴趣启蒙。另一方面要归功于中高考的特长加分政策和艺考的发展。为了挤过高考这座独木桥，在中高考中让孩子更具备竞争力，众多家长们纷纷"曲线救国"，采取走特长生或者艺考的路线。在国家的政策带动及市场的庞大需求下，相应的培训机构大量产生，体育教育和艺术教育的发展得到了生机。

从2006年开始，随着国民经济水平的提高和国家对素质教育的大力提倡，素质教育观念更加深入人心。除了传统的音乐、体育教育外，机器人、少儿编程等科学教育，研学游学的营地教育以及生涯教育正逐渐成为素质教育培训市场的重要方向。2015年，《北京市初中科学类学科教学改进意见》指出开放性科学实践活动和综合社会实践活动成为多门中考学科的必考项，中考考试的内容也逐渐向实践和应用倾斜，例如全国级别的机器人大赛获奖者可在升学考试中加分等。2016年，教育部出台的《教育信息化"十三五"规划》中明确指出有效利用信息技术推进"众创空间"建设，探索STEM教育、创客教育等新教育模式，使学生具有较强的信息意识与创新意识，养成数字化学习习惯，具备重视信息安全、遵守信息社会伦理道德与法律法规的素养。[1] 对比特长生加分政策的取消，科学类素质教育培训发展机会增大。

按照《国务院关于深化考试招生制度改革的实施意见》，浙江省和上海市成为我国新高考改革的首批省市，2017年秋季开始山东、北京、天津、海南等省市也都陆续启动了新高考模式，截至目前，已有16个省份公布了高考改革方案。基础教育阶段越来越重视对学生思维能力和应用能力的全面培养，在教育中激发学生的探索精神、创造能力和个性潜能，已经比掌握知识和技能更加重要。怎样选择文理科以及如何填报志愿的需求一直就有，近几年国内已经开始注重生涯教育的内容。

教育和旅游业本身就具有较强的包容性，而营地教育就是"教育+旅游+体育"的多产业融合市场。随着更多优质开放空间的供给和素质教育内容全面提升，营地教育这种先进的体验式教育方式得到新一代家长的认可，行业进入蓬勃发展阶段。近几年研学游学教育成为领域中的"新宠"。2014年中国海外游学人数接近35万人次，市场规模近90亿元，2015年人数激增至50万人次，市场规模达到120亿元。[2] 2016年12月，教育部等11部门联合发布了《关于推进中小学生研学旅行的意见》，根据公开数据，中国目前中小学研学教育的渗透率仅为5%。2017年7月，教育部办公厅下发

---

[1] 《教育信息化"十三五"规划》。
[2] 邱庆生：《2016中国游学市场发展报告》，世研旅游智库，2016

了《教育部办公厅关于商请推荐"全国中小学生研学实践教育基地"的函》、《教育部办公厅关于开展 2017 年度中央专项彩票公益金支持中小学生研学实践教育项目推荐工作的通知》，《通知》中称将组织省级教育行政部门会同相关部门组织资源单位申报，在各地遴选命名"全国中小学生研学实践教育基地"和"全国中小学生研学实践教育营地"。① 政策的推进，使2017 年国内大大小小的研学、营地教育机构如雨后春笋般涌现，呈爆发式增长态势，是素质教育领域的"新宠"。

总体来说，从 2006 年开始，各类素质教育培训层出不穷，百花齐放，给素质教育行业带来了蓬勃生机，但大部分新兴的素质教育培训仍处于探索阶段。

（四）素质教育行业发展特点

目前素质教育行业内，传统的素质教育培训仍占据很大比重，新兴的素质教育培训如雨后春笋般出现，蓬勃发展。目前的素质教育行业发展主要有以下特点。

1. 内容多样化

素质教育行业的内容呈现出多样性和层次性，其内容不再仅仅是之前的体育教育和艺术教育培训，在体育教育和艺术教育内部，跟以往相比也多了很多不一样的内容。体育教育一开始的主要培训内容是各种运动技能和球类运动，而现在会有更多的像攀岩、轮滑、骑马等新兴内容。之前的艺术培训主要是对音乐、舞蹈和美术的培训，现在增加了书法、表演、动漫、手工、棋类等更丰富的内容。新兴的生涯教育、营地教育、科学教育等新的培训内容近几年发展迅速，大大补充了素质教育行业的空白。

2. 客户群体覆盖广

素质教育行业的客户群体覆盖了从幼儿园到学业结束前的所有人，没有

---

① 教育部办公厅下发《关于开展 2017 年度中央专项彩票公益金支持中小学生研学实践教育项目推荐工作的通知》。

年龄和学段的限制。每个年龄段或者学段的人，想提高自己某些方面的能力，都可以找到相应的培训机构去学习。也因为素质教育的内容多样，涵盖的范围广，与此同时扩展了客户群体的覆盖率。

3. 模式多样化

素质教育行业有多样化的模式，像艺术教育、体育教育，主要是线下教育的模式，营地教育采取的是"教育＋旅游"的模式，生涯教育则是与"互联网＋"相结合，依靠大数据，也有售卖产品与学校合作的模式，科学教育走的是"线上＋线下"的模式。

4. 行业内规则尚未成熟

中国素质教育培训市场目前仍处于产业发展的成长期，培训需求巨大，商机无限，利润空间十分可观，所以吸引了众多的机构和组织投身于市场，推进了培训行业的发展。但由于产业不够成熟，培训机构的普遍现状是市场集中度偏低、市场竞争秩序混乱。

二 素质教育产业应用

（一）素质教育产业主要分类

据统计，素质教育产业按照教育内容总体分为三大类。

第一大类是旨在提高青少年的力量、速度、耐力、灵敏、柔韧等机能的身体素质培训，例如游泳、跆拳道、轮滑、骑马以及球类运动等体育教育相关培训；

第二大类是旨在提高青少年的性格品质、认知能力、心理适应能力与内在动力的心理素质教育培训，例如研学游学夏令营等营地教育以及生涯教育等培训；

第三类是旨在帮助青少年提高社会科学、自然科学和生产技术等方面知识以及文化修养和艺术水平的社会素质培训，例如少儿编程、STEM 课程、机器人教育等科学教育培训以及美术、书法、舞蹈、音乐等艺术教育培训。

国内这三大类素质教育培训为青少年追求个性发展提供了最直接有效的途径。

（二）素质教育行业主要商业模式

不同类型的素质教育培训机构的商业模式有所不同，总的来说素质教育行业有三大类主要的商业模式，一是传统的线下教育模式，二是随着互联网发展而兴起的"互联网＋"模式，三是O2O模式。下面将分别对这三种商业模式进行介绍和分析。

1. 线下教育模式

（1）传统线下教育。素质教育行业内，体育教育由于自身的特殊性，因此大多采取的是最传统的线下开班方式，艺术教育和科学教育领域虽然在线教育兴起，但也仍有很多机构都是线下教育的方式。

（2）"教育＋旅游"。教育和旅游业本身就具有较强的包容性，而营地教育就是"教育＋旅游"的多产业融合市场。随着更多优质开放空间的供给和素质教育内容全面提升，营地教育这种先进的体验式教育方式得到新一代家长的认可，行业进入蓬勃发展阶段。

2. "互联网＋教育"模式

"互联网＋"模式指的是依托互联网信息技术，充分发挥互联网的优势，将互联网与传统产业深入融合的一种商业模式。"互联网＋教育"是随着当今科学技术的不断发展，互联网科技与教育领域相结合的一种新的教育形式。

（1）在线教育。在线教育顾名思义，是以网络为介质的教学方式，通过网络，学员与教师即使相隔万里也可以开展教学活动；此外，借助网络课件，学员还可以随时随地进行学习，真正打破了时间和空间的限制。在线教学也便于实现教育公平化，更多的人享受到"互联网＋"带来的教育优质资源。艺术教育和科学教育都有在线教育模式，通过远程授课等在线形式进行教学活动。

（2）"AI＋教育"。"AI＋教育"是利用计算机技术，为教学设计人员和其他教学产品开发人员在教学设计和教学产品开发过程中提供辅助、指导、咨询、帮助或决策的过程。教学设计自动化更贴切地说是"计算机辅助教学设计"。生涯教育领域内，iPIN发布的完美志愿就是这样的模式，完美志愿是根据大学毕业生真实毕业去向来填报志愿的产品。该产品主要面向高三考生，通过分析全国2000多所院校、1200个专业、4000万学生的数据，并利用机器学习、自然语言处理、复杂数据分析、大规模运算、可视化、数据应用等办法，最后为考生报志愿提供决策依据。

（3）TO B模式。学校方面十分希望能够采购到与自身发展相适应的素质教育课程来扩充学校课程的丰富程度，很多素质教育培训机构会跟学校达成合作。通过企业与学校的对接，更加便利的输出成果。比如，北森生涯通过开发关于大学生职业规划的产品，从源头上对学生进行职业规划，帮他们找到合适的职业定位，从而解决就业问题。北森生涯已为清华、北大等700多所高校，北京四中等300多所中学，提供了"培训＋工具"的专业化生涯解决方案，培训高校老师超4.5万人次，受益学员超千万。[①] 顺应教改趋势，寻求与公立学校的深度合作成为素质类培训机构发展的新方向。

3. O2O模式

将内容与渠道剥离，线上招揽生源，线下设立门店，线下培训和线上营销模式相结合的O2O教育模式则是艺术培训在模式上的发展方向。O2O的优势在于把网上和网下的优势完美结合，目前很多素质教育领域都采取O2O模式。

（三）素质教育行业分类介绍

1. 体育教育

体育教育培训以往通常扮演的是体制内常规教育的辅助补充功能，近几年国家相关部门先后出台一系列政策文件，直指青少年体质健康。各地也纷纷出台学校体育发展规划、行动计划、促进措施，完善体制机制，营造工作环境，狠抓政策落实，进一步调动了家长、企业、社会组织、媒体等参与学

---

① 《三度入选〈福布斯〉——访北森联合创始人王朝晖》，江苏新闻网。

校体育工作的积极性，营造了支持学校体育和学生锻炼的良好氛围。① 在良好的大环境下，体育培训市场呈现火爆状况。家长们愿意投入金钱送孩子参加体育培训，主要有三方面原因：一方面是家长对孩子更为健康的身体、更加健全的人格塑造的需求。这种需求使得武术、跆拳道、体能训练等培训项目非常热门；再一方面是中高考改革的要求，全国各地陆续将体育纳入中高考必考科目，增加了高水平运动员和体育特长生的比例，使得针对中高考体育考试的项目如50米、立定跳远等以及竞技类项目如球类、游泳等成了家长热衷投资的项目。还有一方面是家长针对孩子兴趣的培养，除了像篮球、足球、游泳等传统项目外，随着全球化趋势的进一步加强，我国教育也进一步与国外接轨，国外流行的冰球、马术、橄榄球等也成了北上广家长投资孩子兴趣的新热点。

注重兴趣培养和提高体质的这一类培训机构，因为不需要太注重专业技能，市场比较好进入，因此在体育教育产业大潮中出现的培训机构，特别是融资较为成功的公司，商业模式大部分还是围绕兴趣启蒙和体质提高而展开。而针对体育教育的另一种需求，即专业技能培养，则是另外一幅光景。在市场化的背景下，过去一直在体育类人才培养上扮演重要角色的体校已经力不从心。学校作为体育教育的一个环节，由于高考"指挥棒"的存在，也不可能投入更多精力和资源在体育运动上。因此，体育专业技能培训领域相对市场更加空白，走中高端路线，提升单个用户的价值是体育培训行业的一种新思路。

2. 艺术教育

教育培训行业中，艺术教育培训的市场现状与体育教育培训有很多相似之处。艺术教育是中国文化教育产业的重要组成部分，同时也是国家推广素质教育的重要一环。随着国家对艺术教育的不断重视，艺术培训开启了快车道模式。在一系列的改革中，加强学生综合素质、培养学生美育素养成为主基调，同时国家也对艺术培训机构颁布政策优惠，鼓励机构提供更优质及多

---

① 《"体育培训热堪比奥数"如何看?》，《中国教育报》2017年12月12日。

样化的教学。艺术教育培训千亿级的市场规模不容小觑，其中少儿艺术培训市场和艺考培训市场是艺术教育培训的两大"主战场"。据调查，艺考报考人数平均每年增长速度达到了9%，部分专业增长速度甚至超过15%。调查显示，在众多艺术培训项目中，家长最希望孩子接受的是乐器、舞蹈、美术等培训，分别占30%、25%、20%，在全部培训项目中占到近八成。[①] 这说明当前在艺术培训市场中，乐器、舞蹈、美术这几类培训项目已成为主要消费市场。

总的来说，艺术培训重在体验，需要良好的学习氛围和有效的师生互动，这就要求培训机构能够提供优质的线下服务，线上平台作为辅助手段让用户能够更为便利地选择服务的场景，"线下培训＋线上营销"模式是未来艺术培训行业发展的趋势，而驱动它的引擎掌握在线下培训机构的手中。随着人们物质文化生活的逐步提高，民众对于艺术素质教育的意识也逐渐提升，需求结构不断扩大，需求前景广阔。艺术培训既是文化艺术消费，更是文化艺术再生产，不断推动文化市场发展，为市场发展提供大批高素质生产力。这一系列的利好消息都释放出一个信号——艺术培训市场是一个诱人的蛋糕，是21世纪最有前途的发展行业之一。[②]

3. 科学教育

2014年，环球雅思创始人张永琪选择"科学"项目进行二次创业，在此时间段内，先后出现了一些以科学为主的素质教育项目。2015年成立的科学媒体"知识分子"也将变现的方式瞄准了K12的科学教育，以科学为主题的游学活动、冬夏令营等活动正在越来越多的出现。

STEM课程、机器人教育等科学教育正逐渐成为素质教育培训市场的重要方向。STEM起源于美国，是一种新的基于混合学科背景的素质教育理念，提倡将各个领域的知识综合学习，而通过组装、搭建、运行机器人，激发学生学习兴趣、培养学生综合能力的机器人教育则是STEM教育的最佳载

---

① 《中国教育培训市场供需细分与市场前景分析》。
② 《2016中国艺术教育培训行业报告》。

体。国内机器人教育主要分为三大派系，即乐高系、进口系和国产系。机器人教育行业的盈利模式主要有三点，一是与学校合作，开展校园创客空间、机器人实验等，与学校联合举办兴趣班、课后活动班等；二是根据不同年龄段学生开展培训课程，并举办夏令营、比赛等相关活动；三是在与学校合作的时候，根据课程所需材料进行硬件销售。

机器人教育虽然起步晚，但是发展很快，未来随着国家和学校对科学教育的重视，机器人教育的发展仍有很大潜力，百亿市场仍待挖掘。它的繁荣离不开当前科技教育整体繁荣的环境。把握住科技发展的脉搏，不断挑战与创新，这既是对机构，也是对个人提出的要求与使命。

4. 生涯教育

在我国的教育体制中，对文理科选择以及志愿填报指导的需求一直就有，近几年随着观念的进步和国外的影响，国内也慢慢开始注重生涯教育的内容。新高考改革后产生了比以往更迫切的选科目和填报志愿的需求，生涯教育已成为学生不可或缺的事情。这样的教育改革环境，为生涯教育产业带来了更多机遇和挑战。

国内生涯教育相关培训目前相对不多，而且大多是为高中生填报志愿和大学生求职服务。前者的标志性机构是 iPIN，"完美志愿"是其主要服务；后者是北森生涯，主要根据系统数据，进行中学生和大学生的现状评估特别分析，以作为生涯教育实施的依据，已经为多所学校提供了"培训 + 工具"的专业化生涯解决方案。在生涯教育培训中，依托大数据或者测评系统是其很明显的特征，但更多的是对现在状态的测评，对帮助学生进行生涯探索的培训机构较少，目前比较好的是试界大学。试界大学也是依托互联网和人工智能技术，为中学提供专业的生涯教育整体解决方案，通过课程，给学生沉浸式的职业体验。近几年，申请方致力于建立学生学业发展平台，通过数据库、工具、社区以及测评帮助学生快速准确的认知自我和认知目标，帮学生量身定制个性化规划方案、前行路线，自动匹配所需内容资源、人脉资源和管理工具，有效评估用户学业发展过程。也针对高考报考推出了 iKASC 专业测评和高考报考测评。

我国的生涯教育仍处于起步阶段，生涯教育培训更是如此。但随着新高考改革在全国范围内的逐步推进，生涯教育必将被国家提上日程，而早进入这个市场的机构也将有更大的优势。但正如北森生涯CEO王朝晖在一次采访中所说："这个市场还处于早期状态，早期意味着大家还需要共同把这个市场做繁荣。生涯规划概念的普及现在还远远不够，有这个需求的人大量存在，却不知道谁能够来帮助他解决这个问题，这个理念的导入需要大家共同去推广。在这里面谈竞争就没有特别大的意义，而是大家各自把自己的事情做好，让整个市场繁荣。"①

5. 研学教育

研学教育又称营地教育，是近年来被频频提起的热词。我国古代就有游学的传统和"读万卷书，行万里路"的教育理念，加上国外研学教育盛行之后影响到中国，经过近几年的发展成为我国素质教育领域的新趋势，被誉为"21世纪最好的深度学习方式"。研学教育形式多样，其共同点是体验式学习，让青少年在富有创造性的营地活动中，深度探索自己、发现世界。在提升学生创新能力、社会责任感、科学技术普及、文艺体育培养、劳动技能锻炼、习惯养成等方面发挥着重要作用。②

2016年12月，《关于推进中小学生研学旅行的意见》出台，提出"研学旅行将纳入中小学生教育教学计划"，标志着研学旅行、营地教育在中小学生成长教育中的重要作用已经得到国家和政府的高度重视。2017年7月，教育部办公厅下发了《教育部办公厅关于开展2017年度中央专项彩票公益金支持中小学生研学实践教育项目推荐工作的通知》，《通知》中称将组织省级教育行政部门会同相关部门组织资源单位申报，在各地遴选命名"全国中小学生研学实践教育基地"和"全国中小学生研学实践教育营地"。政策红利的出现让越来越多人看到营地教育的巨大风口。营地教育的主要受众为6~18岁中小学生，根据目前的发展趋势，未来覆盖人群可以达到1.6

---

① 《三度入选〈福布斯〉——访北森联合创始人王朝晖》，江苏新闻网。
② 《营地教育，孩子成长路上的必修课》，搜狐网。

亿，渗透率为57%。2017年，中国旅游研究院等联合发布了《中国研学旅行发展报告》，报告指出，随着素质教育理念的深入和旅游产业跨界融合，研学旅行市场需求不断释放，未来3～5年中国研学旅行市场总体规模将超千亿元。[①]

三 素质教育类行业的发展趋势

（一）素质教育产业模式多样化，新兴模式已超越传统路线

目前素质教育产业的模式，主要分为两种。一部分仍然是沿着国家体制内教育的传统路线，比如艺术、体育类培训，仍然是体制内教育的补充，但因为政策的引导，优势有所削弱，探索新的发展方向是传统素质教育机构的未来改革趋势。而目前在北京、上海、深圳等经济较发达地区，另一部分模式展现了一股新的力量，就是脱离体制内教育内容，开发一种新的个性化、特色化、国际化的教育模式，例如STEAM课程、生涯教育研学游学等。[②]从目前教育培训市场的发展趋势来看，传统的素质教育产业起到弥补公立教育不足的作用，在未来很长的一段时间内都仍有很大的发展空间。但素质类教育如果只在国家教育体制内发展，随着国家对公立教育的不断投入，教育机构在场地、师资、课程等方面将永远居于次要选择的地位，生存空间会不断被压缩。目前越来越多的家庭，特别是经济较为发达的一二线城市家庭，对教育愈加挑剔，开始考虑更具特色的校外课程作为公立教育的补充。校外的教育培训机构与公立学校相比，具有更多的自主性，可以将各种特色教育和国内外成熟教育理念结合起来，开发更具特色和吸引力的课程，并对公立教育形成补充。只有适合的教育才是最好的教育。如果教育机构能够抓住学生个性化成长的需要，必将能开拓出一片新的天地。

---

① 《中国研学旅行发展报告》。
② 《教育行业深度研究报告》。

（二）新的客户需求亟待被满足

随着消费升级和政策扶持，越来越多的家庭开始重视孩子的全面发展。聚焦软实力、综合能力的素质教育，正在获得更多家长的青睐。随着二胎政策的开放，我国0～14岁少儿群体人数快速增长，从2013年的2.2231亿人口增加到2016年的2.30亿人口。幼儿、青少年群体发力，成为艺术教育消费的主力军，艺术教育市场有着广阔的机会和市场。"80后"、"90后"逐渐成为家长的主流群体，更加注重对子女综合素质的培养，家长结构的年轻化为中国素质教育的发展增添了更多的机会。2018年发布的《中国教育新业态发展报告》显示，中小学生参与兴趣拓展类校外培训的全国平均参与率为21.7%，东部地区最高为26.7%，其次是东北部地区为21.9%，西部地区最低，为17.6%。一线城市中小学生的兴趣类校外培训的平均参加率达到了41.2%，二线城市为29.6%，其他城镇为25.6%。随着家庭经济实力的提高，培训占教育总支出的比例是不断提高的。据家长帮发布的《2017中国家庭素质教育消费报告》，每年在孩子素质教育上投入费用超过1万元的家庭占60%，约80%的家长会为孩子选择校外素质教育课程。家长在素质教育上的消费诉求，正让素质教育成为下一个教育"风口"。据统计，2017年素质教育市场增速高达30%，在资本市场成为仅次于K12的重点关注领域。在快速发展的形势下，各大教育企业也将实现素质教育的数字化、集中化、规模化作为思考的重中之重。

（三）素质教育行业投资额爆发式增长

这些年受相关政策支持和国民消费升级这两大因素影响，素质教育行业投融资热度从2015年开始持续上升，在2017年整体发生爆发式增长。将教育行业分为10个细分领域，2017年各个细分领域投资情况旗鼓相当。其中较为突出的是音乐、足球STEAM等素质教育领域，共有44起融资。2017年前8个月，STEAM领域投资总额达到3.16亿元，占教育行业总投资规模的3.3%，

2016 年整年该数字为 1.68%。不论是投资金额还是投资案例数，在前 8 个月就超过了 2016 年全年的总量。其中，少儿编程项目有四例，占到接近一半。整体来看，STEAM 教育领域各项目轮次较为早期，均在 B 轮以前。说明目前市场正处在早期阶段，市场增长率较高，需求增长较快。在各细分赛道投融资表现中，传统艺术教育稳中求新，在线化、智能化项目倍受青睐。科创教育投融资总额增长近 6 倍，成为投资者追逐热点。从 2015 年到 2017 年，素质教育行业投融资热度持续上升，投融资案例数累计增长 93%，投融资总额年复合增长率 189%。消费升级的驱动，带来家庭对软实力、综合能力培养的需求，以及新修订的《民办教育促进法》在 2017 年颁布实施，促使资本更加活跃地进入到素质教育的各个细分领域。各个赛道投融资案例数、资金量，均有增长，素质教育领域全面发展。在 2018 年的资本寒冬中，素质教育赛道融资热度并没有下降，据不完全统计，2018 年 1~10 月，素质教育融资已超过 110 起，且不乏过亿元的大额融资，虽然行业总体处于较早期的发展阶段，但未来几年随着消费水平的提升和考试制度的改革，素质教育还将持续现在的热度。

（四）"融合"是素质教育发展的重要趋势

随着素质教育行业的进一步发展，行业内在多方面呈现出了融合的趋势。在机构自身的运营模式方面，线上与线下相结合，通过优势互补提高资源利用率；在产品内容方面，各类课程不断交叉，综合性课程比重上升，部分 K12 机构也开始涉足素质教育领域；在跨界发展方面，一些教育企业也开始探索与非教育企业的结合点，研学教育领域体现的尤为明显。[①]

四 素质教育行业面临的问题和挑战

（一）素质教育行业的覆盖地区仍集中于北上广深

当然，素质教育产业仍面临很多挑战。首先一点就是，大众对新兴素质

---

① 《2018 教育行业蓝皮书：素质教育的机遇与困境》。

教育产业的认知度还是不够，因此这些机构多位于受教育程度相对较高的北上广地区。一个最重要的原因在于，以高考为最终目的的应试教育，是很多人改变命运、实现阶层跨越的关键通道，尤其对寒门学子来讲，甚至可以说是唯一的通道。高考更偏重在维系社会公平的基础上选拔常规人才，而非培养个性化人才。在这种情况下，一切都要服务于学业成绩这一目标。在各种各样的教育需求中，只有高考是刚需，以提高学业成绩为目的的教育产业的需求也是最大的。因此虽然国家在大力提倡素质教育，但我国现行的素质教育更像是在应试教育的基础上增加部分素质教育的内容，还不能完全适应时代发展，满足个性化教育的新需求，素质教育目前仍然处于推行难度大，易于流于表面的形式，实施困难的状态。素质教育在一段时间内实际上在教育体系中只能扮演配角，这也会限制素质教育产业的发展。再者，作为新的行业，素质教育行业市场的规则还没有确立起来，也没有对市场准入进行限制，这些也导致市场内机构参差不齐，优秀师资匮乏，之前曝出的一些负面新闻会影响到家长对整个市场产业的信心。而北上广深地区，公立教育质量较高，家长们不管是经济实力还是思想观念都相对更先进，对素质教育的接受度更高，对相关培训的需求相对更大，相应的，素质教育产业许多门类的优质机构和优秀师资也都集中在北上广深等一线城市。北上广深地区对素质教育培训的需求促进了优质机构和优秀师资的集中，而优质机构和优秀师资在这些地区的集中又反过来促进了素质教育行业的发展，这种双向的作用使素质教育行业在北上广深地区形成了良性的循环。反之而言，其他地区受制于区域，扩张缓慢。

（二）素质教育行业发展仍不成熟

再就是很多教育产业都可能会遇到的问题，一是市场不够集中化，过于分散。就像，如果我们被问到英语培训比较好的机构是什么，差不多每个人都会说新东方，但要是被问道，艺术培训比较好的机构是什么，那么大部分人都是回答不出的。这就是市场过于分散，规模大的机构少的原因。这也就很难形成品牌，通过品牌来吸引稳定的客户源。而客户源才是行业发展的重点。二是行业门槛和收费标准的问题。素质教育产业行业门槛较低，课程内容易被复制模仿，也缺乏评价体系，但通常收费较高，尤其是新兴的素质教育培训机构，通常价格比其他类别的培训价格高，而又因为市场不够完善，很多家长反映，孩子花了钱但是没有什么收获。在没有形成品牌效应的情况下，家长的反映就会直接影响产业的口碑，给新兴的素质教育培训带来更多困难。

好在如今中国的教育培训市场已经开始逐步走向正轨，走向规范，走向成熟。产业开始逐步脱离无序竞争，转而进入高层次精细化的行业发展之中。[①] 目前中国教育培训行业各细分市场都开始考虑如何形成自己的核心竞争力，深度挖掘市场潜力，开发满足不同层次和阶段用户需求的课程体系。与此同时，整个市场的监管也将越来越严格，那些缺乏优秀师资和课程规范的企业，注定会被迅速淘汰。随着教育培训行业的发展成熟，各细分行业的标准将在领头企业的带动下逐步浮出水面，并且政府也在逐步推出教育企业的审查制度，那些虚有其表，无过硬实力的机构将失去生存空间。并且，也只有企业坚定地走向规范化，企业之间的竞争才可能变成是良性竞争，才能减少恶意竞争带来的互相消耗，将产业环境变得更好。

（三）素质教育行业好的师资匮乏

素质教育行业好的师资匮乏是不容否定的残酷现状，而这一情况与素质教育行业发展周期尚短的现实因素紧密相关。因为素质教育注重交互式体验，行业对于教师的要求也较高，教师需具备相关的从业资格，还需满足具有行业从业经验、资源等要求，需要其对行业有着极为充分的了解和认知，这是素质教育行业在师资方面的硬性要求。然而素质教育作为新兴行业，迅猛发展的时间不足，这样的客观因素，使得缺乏足够的专业师资几乎成为一个必然结果。加上素质教育课程大多从国外引进，本土化做得还不成熟，缺乏标准的教材，因此中国的老师还不太适应教授这类课程，容易照本宣科，

[①] 《教育行业深度研究报告》。

无法真正做到以学生为中心的通过体验、项目的形式授课，容易事倍功半，使教育效果大打折扣。我们知道，一切教育活动必须由具体的教师通过使用具体的教材、通过适当的课程开发、综合相关的知识等载体去完成。虽然我国有了从事素质教育行业研究的机构，也有一些做得好的教师。但是，就目前我国的素质教育行业中，那种具有素质教育学养、有能力在素质教育的某个领域开发出一套完整课程体系来实施的教师却非常少见。这无疑说明，我们要在教育产业中落实素质教育，实际上面临的很大困难就是优秀师资的匮乏。

参考文献

李福华：《论国家力量介入教师队伍建设的内生性需求》，《清华大学教育研究》2018年第6期。

张良、靳玉乐：《改革开放40年基础教育课程改革的知识立场及其意义阐释》，《教师教育学报》2019年第1期。

B.12
做 STEAM 课程的引领者：诺加国际

孙志军　辛翔宇*

摘　要：　UFEIC诺加国际教育集团成立于2006年，2011年转制为民办教育集团。诺加国际教育集团以行业外语培训起家，后来拓展了国际教育和STEAM教育板块，并成为目前的主要业务，集团现有连锁的国际学校——橘郡美国高中、国内领先的科技创新教育和素质教育课程的研发机构——国信世教，两个业务板块之间有紧密合作。本案例将从公司概况、发展战略、未来发展趋势三个维度对诺加国际教育集团进行分析介绍，并着重探讨STEAM教育的背景、特点以及面临的机遇和挑战。

关键词：　STEAM教育　生涯发展规划　PBL模式　国际教育

一　诺加公司概况

（一）公司创办背景

　　UFEIC诺加国际教育集团是自2006年开始，经北美高等教育基础课程指导中心（UFEIC）授权，与北京外国语大学培训学院共同创立的国际化教

＊　孙志军，北京师范大学经济与工商管理学院教授，主要研究方向：教育经济学；辛翔宇，北京师范大学教育学部研究生，主要研究方向：课程与教学论。

育机构，致力于面向中国和全球主要发达国家开展教育国际合作、应用语言教育，引进和提供国际化课程体系和教学资源，同时也是国内领先的科技创新教育和素质教育课程的研发机构。该公司的成功主要得益于以下三个因素。

一是源于 2008 年北京奥运会的举办对行业外语培训的需求。改革开放以来，我国的英语培训产业取得了很大的进展。无论从学习英语的人数，还是从培训的水平、质量、测试等方面来讲，英语培训已经成为我国的一大产业。加入 WTO，又给中国英语培训经济的进一步发展注入了新的活力，申奥的成功更是激发了中国人新一轮学英语的高潮，使得英语培训市场也异常火爆。北京奥运会的成功申办进一步增强了我国企业与国外企业的合作，英语培训市场出现了行业外语培训的缺口，创始人左罡看到了奥运会带来的行业外语培训的巨大市场，诺加就在这样的背景下应时而生。

二是源于国家对国际教育的政策支持。国务院 2003 年发布《中外合作办学条例》，鼓励公立高中成立国际班。随后，中共中央与国务院于 2010 年发布了《国家中长期教育改革和发展规划纲要（2010～2020 年）》，提到要通过加强国际交流与合作、引进优质教育资源、提高交流合作水平等措施来扩大教育开放①，加快了公立学校国际部的数量增长。诺加响应国家政策的号召，与北京八一中学、呼和浩特二中、山西大学附属中学等高中合作设立国际部，引进国外的教育模式和优质课程资源，增加了国际教育的业务内容。

三是源于国家近几年加大对青少年的综合素质和科学素养的培养，对STEAM 教育越来越重视。2015 年 9 月，教育部发布《关于"十三五"期间　全面深入推进教育信息化工作的指导意见（征求意见稿）》，其中关于未来五年对教育信息化的规划中，就明确提到要"探索 STEAM 教育、创客教育等新教育模式"。② 2016 年《教育部教育装备研究与发展中心 2016 年工作要

①《国家中长期教育改革和发展规划纲要（2010～2020 年）》。
②《关于"十三五"期间　全面深入推进教育信息化工作的指导意见（征求意见稿）》。

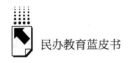

点》中提到，要贯彻国家"双创"要求，为创客教育、"STEAM 课程"提供教育装备支撑，探索将新的教育装备融入课堂，培养学生的创新能力、综合设计能力和动手实践能力。[①] 教育制度与政策的支持是推动诺加进一步研发推广 STEAM 教育的重要基础。

（二）公司发展历程

诺加国际教育集团是一家具有专业化优势的国际教育和素质教育培训机构，公司发展历程大致分为以下几个阶段。

1. 2006年创立

早在 1993 年开始，诺加国际教育集团的创办人左罡就在国外做政府官员的外语培训，之后在劳工部做国际证书和职业培训。在北京奥运会申办成功后，我国企业与国外企业的合作进一步增强，英语培训市场出现了行业外语培训的缺口。左罡看到了行业外语培训的巨大市场，于 2006 年经北美高等教育基础课程指导中心（UFEIC）授权，与北京外国语大学培训学院共同创立了北外诺加学校。把外语教学分出了旅游、金融、医疗服务等一百多个行业方向，开展对企业的行业外语培训，并设立了我国行业外语的标准。

2. 2011年转制

2011 年开始，北外诺加转制成为独立控股的民办教育集团，改名为诺加国际教育集团，并拓展了国际教育板块。诺加开始主打 STEAM 特色、个性化学习的国际教育。创立了自己的连锁国际学校品牌——橘郡美高，与公办高中合作，在校内成立国际部，如北京八一学校国际部、呼和浩特二中国际部以及山西大学附中国际部。并在 2012 年成立了面向中小学的创新教育和素质教育的课程资源开发、实验室建设和推广工作的教育研究院——国信世教信息技术研究院，也是教育部教育管理信息中心的业务关联单位。两个业务板块之间有紧密合作。

---

① 《教育部教育装备研究与发展中心 2016 年工作要点》。

3. 2013~2014年转型

2013 年 12 月，教育部出台《高中阶段国际项目暂行管理办法》草案，此后，北京、上海宣布不再审批新的公办高中国际班，浙江、安徽、黑龙江、吉林等地将公办高中国际班的审批权收归到省级。[①] 因此，与公办高中合作设立国际班的道路暂停了。国际班的主战场更多地从公办高中转移向民办学校，这也为民办国际学校迎来了新的发展契机。受政策影响，诺加从 2013 年开始转型，除了在旗下的橘郡美高实行 STEAM 特色的国际教育课程外，也将国际教育的资源对照中国的课程标准进行本土化整合，将 STEAM 课程推广到普通高中教育中，并进一步加强建设自己独立的国际高中品牌。2014 年开始，诺加旗下的国信世教信息技术研究院依托教育部教育管理信息中心，利用中国教育信息化杂志社的《中国教育信息化杂志》和《世界教育信息杂志》的平台进行了"基于中小学优质课程云平台的课程资源开发与应用研究"的课题研发项目，最终形成了基于新高考背景下的学生发展指导系统综合解决方案。

4. 2016~2017年新进展

2016 年教育部出台的教育信息化"十三五"规划，鼓励有条件的学校开展创新教育和 STEAM 教育。诺加进一步引进国外优质课程资源并对照中国的课程标准进行整合，运用 PBL（Problem-Based Learning，简称 PBL，也称作问题式学习）教学模式开展 STEAM 跨学科课程开发，形成了从小学到高中，共五十多门的系列课程。而且开发完善了以生涯引领的学生发展指导体系，为学生提供生涯、生活、心理、学业和德育等方面的全面指导。2017 年上半年开始，诺加开始进行产品硬件化，与公办学校合作建立实验室和学生发展中心。

综上，自创立以来，诺加从最开始的行业外语培训，到拓展了主打 STEAM 特色、个性化学习的国际教育，再转型到与普通公办学校合作推广 STEAM 课程和学生发展指导体系，每一步的发展都顺应了政策变化的趋势。

---

① 《高中阶段国际项目暂行管理办法》。

到目前为止，诺加旗下的橘郡美高在如下地点设有校区：北京市八一学校国际部、呼和浩特二中国际部、山西大学附中国际部、北京外国语大学附属朝阳双语学校以及深圳大学留学服务中心橘郡美高项目。国信世教信息技术研究院有面向新高考的学生生涯发展指导系统、正式出版的《学生生涯发展》教材，以及面向高中学校推广的学生发展中心场馆建设资格；面向初中、高中学校的系列创新实验室建设和 STEAM 创新教育课程等自有知识产权产品。诺加称得上是我国素质教育行业内发展 STEAM 教育和以生涯引领的学生发展指导系统的标杆性企业。

（三）公司发展现状

1. 课程研发方兴未艾

诺加旗下的国信世教信息技术研究院是致力于教育国际化与信息化发展的教育研究和咨询机构。

研究院自 2012 年成立以来，一直致力于研发用于中国基础教育学生学习需求的 STEAM 创新课程和课程资源，先后与美国杜克大学、卡耐基梅隆大学、斯坦福大学、北京大学、北京师范大学、上海交通大学、美国大英百科集团、培生集团、德国西门子集团和中国航天集团等国内外知名大学、科研学术机构和企业联合研发并推广优质教育资源，并结合中国基础教育特点进行本土化课程整合。

国信世教信息技术研究院联合北美高等教育基础课程指导中心（UFEIC）所开发的"UFE 未来课堂工程"系列课程集合了"多元素质系列课程"、"创新教育系列课程"等课程系统，是紧密配合我国《国家教育改革规划纲要》和《考试制度改革方案》的科研成果。通过其课程建设将直接提升学校的教学能力、研发能力，并通过系列课程中的学习、交流及活动，为广大学生带来综合素质的提高，从而直接影响学生升学结果。"UFE未来课堂工程"建设了一个基础教育课程资源平台（未来课堂课程云平台），其中每个系列课程资源包组成一个类型的课程系统，辅以学习中心、学习场馆或学科研究实验室作为教学场所以及形象载体，以其国际化造型设计、信息化的教学模式、配合以现代化的教学手段，和广泛的国内外社会实践活动和国内外交流活动，为我国基础教育学校开辟了一条通往未来教育的通道。

2. 国际教育如火如荼

诺加旗下的橘郡美高国际教育科技有限公司自创立以来，一直致力于国际教育的交流与发展，以丰富的软硬件教学资源、浓厚的国际化氛围、强大的科研能力为依托，引进了美国加州综合排名第一的橘郡安纳海姆学区蓝带高中课程体系、STEAM 特色课程、美国大学理事会 AP 课程、英语国学课程，实现与美国蓝带高中同步、高中教育与海外大学升学的无缝衔接，也是北京市首家以 STEAM 教育为特色的国际化学校，肩负着培养全国跨学科精英人才的特殊使命。

（1）办学规模不断扩大。近年来，橘郡美高的规模不断扩大，现有 3 个公办高中国际部（北京八一学校国际部、呼和浩特二中国际部以及山西大学附中国际部）和两个独立的国际学校（深圳大学留学服务中心橘郡美国高中和北京外国语大学附属朝阳双语学校）。

（2）课程多样性、创新性、特色性强。依托于国信世教信息技术研究院，橘郡美高的国际部和国际学校开设的课程具备多样性、创新性和特色性。目前为止，学校开设了自然科学 STEAM 特色课、学生生涯发展指导课程、大英百科研究性学习课程、机械制造与人工智能、浸泡式英语学国学、哈佛大学创新青年领袖课程、斯坦福大学创新型人才培养中学联动实验室及配套课程、品质人生课等一系列课程，充分培养学生各方面能力，发掘学生潜力。

（3）学习环境优越。橘郡美高的国际部和国际学校均实行双语教学，每个班级限定班额不高于 25 人，负责教学的老师与班级学生的师生比为 1∶4，确保最充分的师生互动式学习和交流，在班级内进行分层教学，推广正面管教，从心理层面解决问题。真正做到为每一个学生的发展保驾护航。

另外，为了给学生提供更直观的感受和更充分的体验。诺加建立及合作了生涯发展规划中心、中国航天青少年素质教育中心、杜克大学创新思维能

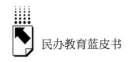

力培养中心、大英百科自然科学研究能力培养中心、北京大学地质与古生命学习中心等近10个配套场馆，充分满足学生学习的需要。

3. 研发团队和教师队伍一流

国信世教的课程研发团队由30多位研究人员组成，全部都是海归博士，对 STEAM 教育和 PBL 教学模式比较了解，具备优秀的研究能力。课程成型后，先由研发人员在旗下的国际学校内部进行课程试行，经过充分打磨调整后才会正式实施并推广到普通学校，保证了课程的科学性和可操作性。

橘郡美高的国际部和国际学校的教师成员中，外教比例达到了50%以上，并且绝大部分来自于美国、加拿大、英国、澳大利亚等发达国家。诺加与哈佛大学教育学院、哥伦比亚大学教育学院等国外知名大学的教育学院有密切合作，外教多为合作的国外知名大学招聘推广或学校推荐其优秀校友和毕业生来中国任教，还有由加州橘郡国际教育发展署（OCIED）选派的美国蓝带高中资深学科教师及知名大学的教授亲自授课。中方师资也是深圳大学、北京外国语大学等国内知名学府资深教师，同时具备海外留学和任教经验，具备 OCIED 中学教师任职资格。学生的留学申请由美国综合排名前50大学的前任招生官或面试官悉心相伴，规划指导学生本科学校申请。因此在师资上，诺加比起同类学校具备明显的优势。

4. 业务向多样化发展

诺加从2006年创立以来，推出了行业外语培训，兴办了橘郡美高国际部和国际学校，搭建了国内外顶级的教学研究平台国信世教，参与/承办了很多国内外教学研讨会，积极参加国际竞赛，参与了"基于中小学优质课程云平台的课程资源开发与应用研究"等国家级课题；积极进行学校品牌建设，建立区域性教学示范区；已向近百所普通学校推广 STEAM 课程，提供专业、系统的师资培训服务。并从2017年上半年开始进行产品硬件化，与公办学校合作建立实验室和学生发展中心。诺加的业务趋向多样化。

二 STEAM 课程引领教育行业

诺加是国内最早引进 STEAM 课程并进行 PBL 教学模式的教育集团之一。早在 2011 年，诺加就在旗下的橘郡美高国际部和国际学校开展早期的 STEAM 教育；2012 年，诺加成立了自己的研发机构——国信世教信息技术研究院，致力于研发用于中国基础教育学生学习需求的 STEAM 创新课程和课程资源；2013 ~ 2015 年，受政策影响，诺加开始向普通学校推广 STEAM 课程。在大力提倡 STEAM 创新教育的时代，诺加凭借科学化的课程体系、一流的师资和丰富的经验成为 STEAM 教育领域内的标杆性企业。

（一）STEAM 课程背景：基础教育改革，STEAM 教育蓄势待发

诺加作为目前 STEAM 教育领域内的标杆性企业，探索和发展 STEAM 教育主要受以下几个因素的驱动。

1. 前期资源的积累

在正式推出 STEAM 之前，诺加主要负责国际部项目和国际学校，国际部的业务即国信世教 STEAM 课程项目的前身。在发展国际教育的过程中，诺加慢慢发现其实国际部和国际学校应用的很多教学理念、教学内容等与 STEAM 教育是很相似的，比如项目式教学。而且诺加的课堂本身就很注重学生的主动性，教师主要作为辅助和观察者的角色。在这样的前期资源储备下，加上诺加创始人左罡在欧美考察的经历，他认为美国的 STEAM 教学体系和 PBL 的教学模式是很先进的教育模式，决心把这些引入中国，带给中国的学生。

2. 转变业务的需要

2013 年 12 月，教育部出台《高中阶段国际项目暂行管理办法》草案，明确对各类高中的"国际部"和"国际班"从招生、收费等多方面予以规范。此后，北京、上海宣布不再审批新的公办高中国际班，浙江、安徽、黑

龙江、吉林等地将公办高中国际班的审批权收归到省级。① 由此，公办高中退出国际班市场已是大势所趋。政策出台之前，国际部和国际学校是诺加的主营业务，政策出台后，诺加开始转变业务内容，研究院与国内学界的专家们开始研究 STEAM 教学，花费两年时间设计、打磨课程，并在 2015 年正式推入市场。

3. 政策的风口

2015 年 9 月，教育部出台《关于"十三五"期间全面深入推进 S（科学）T（技术）E（工程）A（艺术）M（数学）教育信息化工作的指导意见（征求意见稿）》，提出探索 STEAM 教育、创客教育等新教育模式，使学生具有较强的信息意识和创新意识。② 不但相关政策陆续出台，北京市更是将开放性科学实践活动记入综合素质评价，成为中考的重要参考。2017 年浙江省新高考方案已将信息技术（含编程）纳入高考科目，今后预计将有更多省份将信息技术纳入高考科目。

（二）诺加 SETAM 课程特点

1. 国际主流的 STEAM 课程教学方法

诺加旗下的国信世教信息技术研究院以布鲁姆教育目标分类理论和以项目为基础的学习模式为理论依据，以培养 21 世纪创新人才为课程设计目标，将信息互联网技术、物联网技术、人工智能技术等新技术与科学、技术、工程、人文艺术、数学、机械制造等课程资源相结合，提出了跨学科、多层次、复合思维能力并举、适合学生个性化发展的 STEAM 创新教育体系和教学方法。STEAM 课堂上教师围绕一个项目任务，促使学生参与到一个班级范围内的小组中去开展研究，其间，有可能通过面对面的方式、网络的方式与校外学习支持者、学习伙伴开展交流。在学习与研究的过程中，学生被要求使用技术搜集、分析数据，并设计、测试和改进一个项目方案，然后与其

---

① 《高中阶段国际项目暂行管理办法》。
② 《关于"十三五"期间全面深入推进 S（科学）T（技术）E（工程）A（艺术）M（数学）教育信息化工作的指导意见（征求意见稿）》。

同伴交流研究成果。这是目前国际上最主流和成熟的 STEAM 课程教学方法。

2. 成体系的素质教育资源

国信世教研究院依据 PBL 教育理念的四大基本要素和 DBL（Design-Based Learning）基本思想，结合中国基础教育需求及发展方向开发了"STEAM 未来创新教育"系列课程，分为了六个课程群：科学探究与实践课程群，人工智能制造课程群，艺术创客课程群，创新思维课程群，国际理解课程群，生涯发展规划课程群。这六类课程群上课都以跨学科，项目制学习的方式进行且与我国课程标准的知识点相对应，每堂课最终的实践也将落实到实际的生活中，课程更偏向训练创新思维。而做成六类课程，也是为了让每类课程培养的能力更具体，更系统性，这六类课程除却生涯发展规划课程外，其他几类将对应 STEAM 的这五个方向侧重点。

基于此前国际部的经验，国信世教的课程也更与国际接轨，能直接帮助服务的学校对接国际资源，目前诺加与美国杜克大学、卡耐基梅隆大学、斯坦福大学、美国大英百科集团、培生集团等国内外知名大学、科研学术机构和企业皆有合作。通过其课程建设将直接提升学校的教学能力、研发能力，并通过系列课程中的学习、交流及活动，为广大学生带来综合素质的提高，从而直接影响学生升学结果。

3. 成熟的评价体系

国信世教的评价体系，基于美国"21 世纪核心能力"框架，形成了比较成熟的评价方法。评价的参与者是教师与学生，评价内容依据课程内容、课程目标来定，评价形式为课后的自我评定，包括学生互评，团队评价，自我评价以及教师评价，而在每个小项目中又基于课程内容再细分评价的具体选项。成熟的评价体系有助于学生查漏补缺，获得更全面的发展指导。

总的来说，诺加在体系化、专业化、科学化方面具有绝对优势，这些是绝大多数同类型公司很难做到的。很多公司的 STEAM 课程，仍流于形式，而且没有可靠的评价系统；再加上，STEAM 教育课程开发难度较大，很多

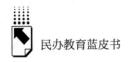

小公司没有足够的经费作为开发成本，导致课程趣味性有余但专业化不足；更有甚者，有的公司对教育的理论了解不深，过于追求利润，罔顾学生发展。

（三）机遇

1. 政策持续推广

政策的持续支持使中小学对 STEAM 教育的认知普及度持续提升。同时应试教育体制改革的力度也在加大，部分省份已将其纳入教学实践中，如北京市教育委员会将科学类学科不低于 10% 的课时用于开放性科学实践活动，鼓励和引导学生走出课堂，江苏等省份也正跟进；2017 年浙江省新高考方案更是将信息技术（含编程）纳入高考科目，今后预计将有更多省份将信息技术纳入高考科目。此外，针对新高考改革，教育部新修订的高中课标和课程方案于 2018 年 1 月正式出台。新的高中课程方案和课程标准，在教考关系方面，把学习内容分为必修、选择性必修和选修三类，与高中学业水平考试、统一高考相关要求以及学生兴趣特长发展需要相适应。在考试命题方面，各学科细化了评价目标，加强了对学科素养的测评指导。在课程实施方面，充分吸收了高考综合改革先行试点省份的经验，加强了对学校学生发展指导制度、选课走班教学制度、综合素质评价制度等方面的指导，并有针对性地提出了相关教学管理要求、条件保障措施等。[①] 新的课程标准以及课程方案推开之后，学校的工作重心将一定程度转向如何开发和建设校本课程，探索更加开放的课程体系，以适应学生个性化发展的需求。另外，配套的教学排选课系统、走班制、学分制、导师制、生涯发展规划等等也是辅助新课程标准和课程方案落地的关键。同时，随着人工智能发展写入国家发展规划，人才储备成为后续长期发展的基石，STEAM 教育作为培养高素质技能人才的入口级教育模式，未来将进一步享受国家政策红利，推广力度将进一步增强。

---

① 《普通高中课程方案和语文等学科课程标准（2017 年版）》。

2. 家庭教育理念不断优化

中产阶级规模扩大、家长结构年轻化，STEAM 教育意识觉醒。一方面，随着中产阶级的规模扩大，家长对教育投入的承受能力更高，对教育的投入意愿也更强。另一方面，"80 后"、"90 后"逐渐成为家长，整体社会的家长结构开始年轻化。这一部分家长更加注重对子女的沟通表达能力及动手操作能力的培养。传统应试教育以单纯的学习成绩为中心的理念受到素质教育的日益推广而受到冲击，STEAM 教育的理念开始深入人心，促使家长增加 STEAM 教育产品的投入，整个 STEAM 教育培训行业的渗透率开始迎来加速爬升期。①

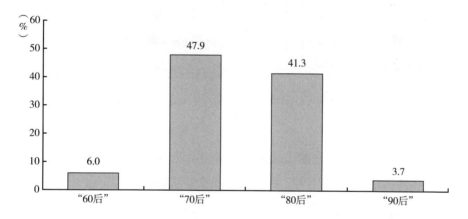

图 1　家长结构年轻化趋势渐显

资料来源：中国产业信息网。

3. 资本持续涌入

随着政策鼓励和需求崛起，资本开始流入 STEAM 教育产业。从投资轮次来看，近两年 STEAM 教育基本集中在早期项目，可见资本对其前景充分看好，提前布局。有两类公司会受到资本的关注，一类靠产品标准化，另一类靠精神领袖口碑及独特的产品。诺加产品的科学性和标准化程度在行业内名列前茅，利于吸引投资。

---

① 《2018 年中国 STEAM 教育行业发展现状及发展前景分析》，智研咨询，http：//www. chyxx. com/industry/201801/609261. html，2018 – 01 – 30。

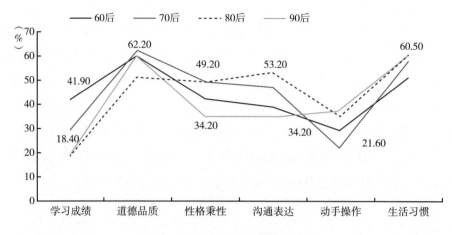

图 2　家庭教育理念初显转变趋势

资料来源：中国产业信息网。

（四）挑战

1. 大众对 STEAM 教育认知度不够

我国幅员辽阔，各地的经济、文化和教育水平都存在一定差异。目前，STEAM 教育在相对发达的一线城市得到了比较好的推广，但在其他一些地区，甚至没有听说过 STEAM 教育；还有部分地区想要发展 STEAM 教育，但由于经济欠发达，存在经费不足的情况。再就是，国家高考的评价模式没有发生根本性改变，STEAM 课程对学校的主干核心课程支持不足，PBL 模式的优势也不在于体现知识点上；政府进一步的政策变化也需要一定时间，STEAM 教育和 PBL 模式推广还有很长的路要走，市场需求目前仍集中于一线城市。

2. B 端项目的局限性

B 端项目主要由当地教育局或学校招投标完成，具备一定的参与门槛，且市场化程度有限，因此受到多重因素的制约。特别是在我国升学制度发生本质的变化之前，STEAM 校内市场发展仍然较为缓慢。目前校内 STEAM 教育在一线城市得到较大的支持，经营环境较好，但综合考量公办学校类渠道的分散性，B 端 STEAM 教育培训机构做大做强有一定的难度，在融资上相对主打 C 端的企业来讲会更有难度。

（1）申报流程繁杂。由于 B 端需要由学校或者政府招投标，因此整个项目申报花费的时间较长，而且手续比较繁杂，整个流程走下来甚至要用到半年到一年的时间，效率较低。

（2）学校课时和经费不足。STEAM 教育具有一定的理论和动手能力门槛，幼儿用户接受难度较大，而高中学段学生面临着较大的升学压力，学校的课时数和教室紧张，难以专门预留参与 STEAM 教育的时间和场地。再加上，STEAM 教育的课程教学对硬件设施和教师的要求较高，学校缺乏用于 STEAM 教育的经费去投入硬件设备以及校内教师培训和教师外聘。

（3）课程标准的限制。我国教育部对课程有明确的课程标准和课程大纲要求，将国外的 STEAM 课程引入后，也会有此方面的限制，需要根据我国的课程标准进行本土化整合，这在一定程度上会破坏原有的课程结构。

3. C 端市场较分散

C 端市场由于缺乏统一客观的评价体系及较低的准入门槛，市场上所提供的各类 STEAM 相关课程五花八门，整体市场集中度极低，这是 C 端 STEAM 教育培训机构发展到一定程度后天花板效应明显的本质原因。现在 C 端市场上，小公司众多，产品五花八门，舶来课程比例增加，这些对于诺加今后的发展都是不小的挑战。

三 公司未来发展趋势

2016 年《教育部教育装备研究与发展中心 2016 年工作要点》提出，要贯彻国家"双创"要求，为创客教育、"STEAM 课程"提供教育装备支撑，探索将新的教育装备融入课堂，培养学生的创新能力、综合设计能力和动手实践能力。[1] 2018 年 4 月，《民促法实施条例（修订草案）》（征求意见稿）

———————

① 《教育部教育装备研究与发展中心 2016 年工作要点》。

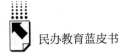
公布，部分国际教育集团涉及的类 VIE 形式合规关联交易得到默许，以民办教育为主体的国际学校或将迎来新一波发展机遇。而将 STEAM 特色作为主打的诺加国际教育已经做好了大干一场的准备，做出了新形势下的战略规划与调整。

（一）扩大 B 端市场，扩展 C 端业务

B 端及 C 端两类用户对应了当前 STEAM 教育机构的不同模式。B 端机构主要参与校内市场，诺加国际教育集团目前将 B 端业务作为其主要发展方向，至今已经相对成熟。在保持现有优势的基础上，通过优化产品、提供优质服务、降低价格等方式进一步扩大 B 端市场，是诺加接下来的重要发力点。

C 端机构主要是校外市场，而且 C 端 STEAM 教育培训机构的市场化程度较高，教学实力更强，同时在收费方面也远高于校内机构。诺加的 C 端业务相对较少，主要是橘郡美高国际部和国际学校的相关业务，因此 C 端相对偏弱。在接下来的计划中，诺加准备加快建设橘郡美高国际学校，借助较强的学校渠道向后端导流生源，拓展到 C 端市场。

（二）转变和扩展服务形式

目前诺加 B 端服务的主要形式是与学校合作，为学校提供相关教育课程、教具和教师，在校内建立相应的场馆和实验室；C 端服务的主要形式是直接为学员提供相关场所、教具、教师、教学等服务。诺加接下来的计划是，在 B 端服务方面，由与学校合作建设场馆和实验室转变为与学校合作建立线上平台，协助学校进行创新特色课程研发，提供专业系统的师资培训服务，确保教师能够自主授课。在 C 端服务方面，诺加计划建立自己的STEAM 课程线上学习平台和学生发展指导线上系统，将线上教育与线下学习相结合。建立完善的家校沟通机制，通过给家长发送学生的课程评价报告、发展测评结果等，对学生的学习情况及时反馈，加强与家长的沟通交流。

（三）加强对公办学校主干核心课程的支持力度

在我国升学制度发生本质的变化之前，STEAM 等创新特色课程的校内市场发展仍然会比较缓慢。要扩大市场，最重要的一点是要扩大需求，需求是带动消费的第一要素，学校对此类课程的需求增加了，课程的推广就成了顺理成章的事情。因此，课程研发与学校的需求挂钩，在保持创新和特色的基础上，加强对公办学校核心课程的支持力度，使课程尽可能贴近我国的课程标准，促进高考考试科目的知识和能力的提升，这是接下来诺加进行课程研发的重要方向。

参考文献

顾明远：《教育装备要始终坚持为育人服务》，《教育与装备研究》2016 年第 3 期。

宋秋英：《"创中学"引领美国基础教育》，《人民教育》2015 年 22 期。

尹钰钿：《上海中小学 STEM 课程整合模式分析》，《文化创新比较研究》2018 年第 27 期。

臧劲松：《基于 STEM 教育理念的课堂教学设计研究》，《教育现代化》2018 年第 49 期。

陈白颖：《英语热对我国培训产业的影响及对策研究》，《浙江经济》2003 年第 14 期。

B.13
研学领域的今日头条：亲子猫

杨 娟 辛翔宇*

摘 要： 亲子猫，成立于2015年3月，研学旅行领域的专家。亲子猫
成立之初，主打亲子徒步项目，公司成立8个月就获得了北
京师范大学教育基金会领投的数百万天使轮融资，2017年开
始进行业务转型到研学旅行。目前专注于线下线上的科学教
育，形成了"自然教育营地＋科学教育课程（线上、线下）
＋研学旅行培训论坛"齐头并驱的三驾马车，是科学主题研
学实践和在线科学教育知名教育品牌。本案例将从公司概况、
发展战略、未来发展趋势三个维度对亲子猫进行分析介绍，
并着重探讨亲子猫科学教育研学的背景、特点以及面临的机
遇和挑战。

关键词： 研学 科学教育 研学论坛 研学培训

一 亲子猫公司概况

（一）公司创办背景

亲子猫是一家专注高端科研资源方向研学旅行和在线科学教育，是综合

---

* 杨娟，北京师范大学经济与工商管理学院教授，学业规划研究中心主任，主要研究方向：教育经济学；辛翔宇，北京师范大学教育学部研究生，主要研究方向：课程与教学论。

实践活动知名教育品牌，致力于中小学生的童年安全、有趣、有益、有爱。该公司的创办和发展主要得益于以下三个因素。

一是源于亲子猫创始人魏巴德的个人经历。在儿子四岁时，魏巴德发现孩子变得软弱起来，见到陌生人就躲到妈妈后面，但因为工作较忙，魏巴德只有在每天送儿子上学的时候才能陪儿子 3~5 分钟。为了弥补之前儿子成长过程中的缺位，魏巴德决定带孩子去户外玩。他先后加入了 10 多个亲子机构群，发现父母们与孩子的活动内容大部分是爬山、采摘、去游乐园等，只有"玩"而没有教育意义。后来，与中科院朋友的一次出游让他茅塞顿开，当时有一条杂草丛生、生物丰富多样的小路，中科院朋友一路讲解动植物知识，儿子听得津津有味，并不时与朋友互动，让旁边的魏巴德惊讶又兴奋。这次经历是促使魏巴德从工作了 18 年的中科院辞职，创办亲子猫的重要原因。在带儿子多次旅行后，为了让孩子玩的"有意义"，而不是单纯地为了"陪伴"而充当一个孩子的"假期玩伴"，魏巴德开始下功夫去研究每次出游并定制详尽的出行计划，亲子猫初期的产品就是在这个基础上一遍遍的迭代优化的产物。

二是源于国家对研学教育的重视和政策支持。2016 年 12 月，国家教育部联合 11 个部委发布《关于推进中小学生研学旅行的意见》。《意见》一经出炉，就给研学旅行行业注入了一剂强心针；2017 年 1 月，国家旅游局发布《研学旅行服务规范》，详细提出研学旅行的安全性问题；8 月，教育部发布《中小学德育工作指南》，指出中小学生的综合素质培养刻不容缓；9月，教育部发布《中小学综合实践活动课程指导纲要》，将活动课程纳入学校教育学分系统；11 月，教育部发布《第一批"全国中小学生研学实践教育基地或营地"公示名单》，正式官方公示了研学旅行示范基地，部分省市（如上海、重庆、江苏等）也有研学政策相继出台。政府从安全、经费、出国批准等方面提供了政策支持，相关政策的持续推进体现了国家对研究教育的高度重视，研学教育成为素质教育领域的"新宠"，也为亲子猫的转型提供了政策保障。

三是源于研学教育庞大的市场需求。随着二胎政策的开放，我国 0~14

岁少儿群体人数快速增长，2016 年就已经达到了 2.30 亿人口。我国将出现一个更为庞大的儿童消费群体，新的生育高峰期主要群体是改革开放初期出生的一代独生子女，这些独生子女在关注孩子成长的花费方面表现出两个特点：一是舍得在孩子身上投入；二是越来越重视儿童的素质教育，这将会带来一个全新的亲子活动消费市场。2017 年 9 月，教育部发布的《中小学综合实践活动课程指导纲要》中正式将活动课程纳入了学校教育学分系统，明确指出学生要从自然、社会和学生自身生活中选择和确定研究主题，开展研究性学习，在观察、记录和思考中，主动获取知识，分析并解决问题的过程，如野外考察、社会调查、研学旅行等，并为此设置了专项拨款。① 国家的专项拨款加上地方政府的教育财政支出，每年有 4 万亿元左右投向全国 22 万多所中小学校用于开展综合实践活动课程。有国家和地方财政的资金支持，又是全国性的政府项目，与中小学合作开展研学实践活动的市场大且具有较高的稳定性和持续性，这也是亲子猫得以进一步发展的重要基础。

（二）公司发展历程

亲子猫创立时间不算长，但发展很迅速，公司的发展历程大致分为以下几个阶段。

1. 2015年3月创立

亲子猫成立于 2015 年 3 月，创业初期以亲子游业务为主，创立仅八个月就得到了北京师范大学教育基金会的数百万天使轮投资。在创立亲子猫之前，魏巴德已经在中国科学院从事科学传播近 20 年，出于个人的经历和背景，亲子猫创立初期将徒步作为了公司的发展载体，主打将自然教育和科学教育融入旅行的亲子徒步业务。从那时起，亲子猫获得了最早的一批较为稳定的客户群。

---

① 《中小学综合实践活动课程指导纲要》。

2. 2017年4月转型

2016 年 12 月，《关于推进中小学生研学旅行的意见》出台。2017 年 1 月 13 日，"中小学生研学旅行教育研讨会"在人民大会堂召开，这是我国第一个正式的研学教育研讨会，中国教育学会名誉会长顾明远先生、中国教育学会原副会长郭永福、北京四中校长刘长铭等全国知名中小学校长、专家出席了此次研讨会，并针对"中小学开展研学旅行"的重要意义、实践经验、面临的困难及未来的发展等多个方面进行深入探讨。会议上的探讨对创始人魏巴德影响很大，他发现亲子猫运营的亲子徒步教育与国家提出的研学很接近，他意识到这是发展研学教育的一个重要历史契机，未来研学教育一定会成为国家重点推崇的领域。同年 3 月，魏巴德进一步走访了一些教育界专家，在顾明远先生的指导和鼓励下，于 4 月正式决定转型发展研学旅行教育，并由原来的 C 端转向主打 B 端，C 端为辅。

3. 2017年6月业务拓展

2017 年 5～6 月期间，魏巴德四处咨询教育界专家和其他做研学的同行，在顾明远先生的建议下邀请了中国教育政策研究院的杨玉春老师和北大的一个实践老师，在 6 月 29 日对包括亲子猫成员和其他教育培训机构同行在内的 20 余人进行了第一期研学培训，并取得了人社部颁发的研学旅行培训资格证书，至 2018 年 8 月研学旅行培训已经进行了30 期。

2017 年 7 月，北京师范大学中国教育创新研究院院长刘坚邀请魏巴德办一个中国教育创新成果公益博览会的研学旅行分论坛。8 月 22 日，第一届中国研学旅行论坛在北京师范大学英东学术会堂召开。

综上，从 2015 年创立至今，亲子猫从亲子徒步起家，到 2017 年正式转型并进行业务拓展，目前已经正式形成了"自然教育营地 + 科学教育课程（线上、线下）+ 研学旅行培训论坛"齐头并驱的三驾马车，是行业内认可的科学主题研学实践和在线科学教育知名教育机构。

（三）公司发展现状

1. 研学旅行大张旗鼓

自 2017 年 4 月开始，亲子猫由亲子游业务转型，转型后研学旅行成为其核心业务。尽管起步不算早，但亲子猫发展十分迅速，也凭借其特色性的产品和优质的服务，受到了行业内外的一致好评。

（1）产品定位精准、特色突出

研学旅行看似一个新兴行业，但其实行业内已经是人满为患。行业里有研学旅行业务的上市公司，有在教育圈做春秋游的大鳄，几乎所有的大旅行社都设立研学事业部，教育培训公司、教育信息化公司、教辅教材企业等都一拥而上。研学项目更是五花八门：红色研学、国学研学、乡土研学、农业研学、科学研学、基地营地研学等等，不一而足。

亲子猫作为一个创业公司，对研学旅行这个新的领域心存敬畏，认为全域研学应该是更适合大公司做的事情，对亲子猫来说，更适合的是单点突破。回望来时路，在亲子活动中，无论在沙漠还是在西藏和东非，亲子猫突出的都是徒步科学考察，以科学教育和自然教育为特色展现在客户面前。这与创始人在中科院从事科学传播近 20 年的经历有关。因此，亲子猫把研学的主题定位在了他们团队最为擅长的科学教育和自然教育领域，突出科学特色，致力于产品的高端化、专业化。

（2）团队和师资配备一流

亲子猫最初的亲子游业务与研学旅行有共通之处，通过亲子游业务积累的丰富经验仍可以应用到研学旅行业务中；加上亲子游活动过程中孩子的家长全程参与，家长对活动的课程、服务以及整体行程安排等有最直观的感受，也有更高的要求，这些使亲子猫历练出了一支能力和素质一流的团队，也为现在的研学旅行业务打下了良好的团队基础。

因为行业特性，亲子猫和大多数机构一样，采取的是核心团队全职 + 部分领队兼职的模式。全职老师为亲子猫员工，主要负责活动的总统筹，兼职老师包括讲解老师和带队老师。讲解老师多为来自中科院、北师大和首师大，与教育学、心理学、体育学以及地理学、生物科学等偏科学类专业的授课教师，保证了活动的"研学"特色；亲子猫对带队老师有严格的培训，提高导师的专业性，严格制定团队标准，培养高素质、更专业的研学导师团队。而且与其他机构招募普通大学生作为带队老师的情况不同，亲子猫的带队老师以亲和力强、有丰富经验的职业导游为主，比起普通大学生，职业导游的社会阅历更广，责任心和服务意识更强，对应急事件的处理更有经验，能最大限度地保障孩子的安全、满足家长的需求。再加上，亲子猫有中国教育学会名誉会长、北京师范大学资深教授、国家教育咨询委员会委员顾明远先生和国际欧亚科学院院士、中国科学院原党组副书记、国家教育咨询委员会委员郭传杰先生作为总顾问，这使亲子猫在团队和师资上比很多同类机构更加优越。

（3）服务规模不断扩大

亲子猫的研学产品推出后在市场上引发了强烈反响，只在2017年9～12月，单次100人以上的研学活动就超过30场。到目前为止，"走进中国科学院，播下科学的种子"系列研学课程和线路服务约3万人次，其他线路也有2万人次左右，合作的学校180余所，接下来还会不断扩展，亲子猫的发展还有很大的潜力。

2.研学论坛、培训热火朝天

从2017年6月底开始，亲子猫开始做全国研学旅行指导培训，培训为期两天半，主讲老师为来自北京市教科院、北京大学、北京师范大学、台湾师范大学的教育界人士以及专业的律师和心理学专家。截至2018年9月，培训已经在国内外进行了30期，有近2000人接受过培训，包括来自全国各地的教育局领导、校长、旅行社负责人、营地教育负责人、综合实践相关人员以及国外的同行。亲子猫作为目前国内最专业的研学旅行培训机构之一，为研学旅行行业的专业化、科学化做出了重大贡献，是行业培训的领航者。

由亲子猫主办的中国研学旅行论坛创办于2017年，到目前已经举办了三届。2017年8月22日，亲子猫在北京师范大学英东学术会堂举办了中国首届研学旅行公益论坛,400 余人参与了这次论坛。同年 11 月 12 日,第二届"一带一路"研学旅行公益论坛在哈尔滨市成功召开,来自全国各地 300 多位专家、校长、机构负责人、家长参加了论坛。2018 年 8 月 22~23 日,由亲子猫(北京)国际教育科技有限公司和北京青少年儿童户外联盟联合承办的以"聚焦核心素养,发展素质教育"为主题的第三届中国研学旅行论坛在国家体育场和国家会议中心召开,800 多名研学旅行相关从业者参与了此次活动。在为期两天的活动中,围绕论坛主题共进行了 6 个主题演讲,论坛还首次进行了研学行业上下游系统探讨,设置 9 个主题沙龙,每个主题沙龙由代表专家、中小学校、教育机构、旅行社、营地及互联网平台的从业者构成。还有涉及科学、海洋、营地、国际游学、研学操作实践 5 大主题的分论坛落地实操。与此同时,在论坛上中国研学旅行论坛组委会还联合北京师范大学学业规划研究中心、北京第二外国语学院旅游管理学院,共同发布了 2018 年《中国研学旅行行业发展报告》。中国研学旅行论坛作为致力于搭建研学行业高端交流平台,推动研学旅行行业健康发展的国内研学旅行行业的权威论坛,在业内具有重要影响。

3. "三驾马车"齐头并驱

亲子猫的业务趋向多样化,目前形成了"自然教育营地 + 科学教育课程(线上、线下)+研学旅行培训论坛"三驾马车齐头并驱的情况。亲子猫在 2017 年 1 月成为北京最大的自然教育体验基地发起单位,拥有位于北京顺义的自然教育营地和国内首家库不齐沙漠研学营地;在科学教育课程方面,除了线下的研学旅行课程外,亲子猫还与中科院合作进行线上课程建设,截至目前拥有 76 个中科院院士、专家发布的共 115 个与学科相关的视频并在持续更新中,并探讨如何将中国科学院科学教育资源和青少年核心素养融合发展,通过线上中国科学院在线科学教育课程"求真云课堂"和线下中国科学院研学旅行"求真科学营"实现;亲子猫主办的研学旅行培训和论坛自 2017 年 7 月开始稳步发展,目前已成为亲子猫业务中的重要一环。三驾马车齐头并驱,亲子猫的发展未来可期。

二 "科学教育"研学提升学生核心素养

科学教育是亲子猫研学旅行的特色，亲子猫在科学教育研学领域优势突出且在行业内大受好评。在国家大力提倡研学教育、科学教育的时代，亲子猫凭借丰富的经验、一流的团队和师资以及独特的商业模式成为科学教育研学领域内的标杆性企业。

（一）背景

亲子猫作为目前科学教育研学领域内的标杆性企业，探索和发展科学主题研学主要受以下因素的驱动。

1. 前期经验的积累

在正式转型研学旅行之前，亲子猫的主要业务是亲子徒步旅行，亲子猫成功组织了亲子徒步沙漠、雨林、雪山和草原，创始人魏巴德被媒体称为"中国首发亲子徒步沙漠"第一人。无论在沙漠还是在西藏和东非，亲子猫突出的都是徒步科学考察，以科学教育和自然教育为特色展现在客户面前。因此，科学教育主题是亲子猫团队最为熟悉和擅长的领域，作为新进入研学旅行行业的创业公司，亲子猫经过慎重考虑后选择了从最擅长的科学主题入手，围绕科学教育开展研学旅行活动。

2. 迎合国家提升学生发展核心素养的需要

2014 年，教育部研制印发《关于全面深化课程改革落实立德树人根本任务的意见》，提出"教育部将组织研究提出各学段学生发展核心素养体系，明确学生应具备的适应终身发展和社会发展需要的必备品格和关键能力"。2016 年 9 月，核心素养课题组历时近 3 年集中攻关，并经教育部基础教育课程教材专家工作委员会审议，最终形成研究成果，确立了人文底蕴、科学精神、学会学习、健康生活、责任担当、实践创新六大学生核心素养。其中科学精神是国家提出的立德树人根本任务的重要组成部分，是提升全民科学素质、建设创新型国家的基础。科学教育越来越受到重视，从 2017 年

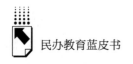

1月起，科学课程成为一年级开始的必修课程，而科学素养不仅仅是科学知识，更重要的是科学方法、科学思想、科学精神，科学教育是研学旅行里面非常重要的元素，研学旅行也应成为科学教育的重要载体。因此，以科学教育作为研学旅行的主题，迎合了国家提升学生发展核心素养的需要。

（二）特点

1.产品

（1）以中科院为依托，产品系列化

为了满足学校科学特色研学需求，亲子猫在中国科学院和北京师范大学专家的指导下，研发了"走进中国科学院，播下科学的种子"系列研学课程和线路。目前，亲子猫与中国科学院及其遍布全国的102个研究所、300多个野外台站开展了全面合作，由中科院的在职研究人员做讲师，将中科院的办公场所当作课堂，通过科普参观、科普讲座或者STEAM动手课程等方式让孩子们进行研学。而这102个研究所涉及范围非常广泛，包括计算机网络信息中心、文献中心、力学所、心理学所、光电所、高能物理所、化学所、数学所等科学研究所。因为中科院定期会做一些科研项目，300多个野外台站有近80%的时间都有人值守。在硬件资源、师资上，中科院为亲子猫的全国业务拓展提供了很大的支持也保障了亲子猫课程的科学性和专业性。

另外，"走进中科院"还有其他衍生产品，像"科学之旅"就是针对外地来北京的学生。考虑到很多孩子是第一次来北京，该产品将游览故宫、天安门等名胜古迹加入进来，达到"研学"＋"旅行"两不误，充分照顾到趣味性。目前，"走进中科院"系列业务占亲子猫业务的50%以上。

（2）满足个性化需求，产品多样化

在内容上，除了北京"走进中科院"的8条科学研学产品外，亲子猫在成都、西安、武汉、南京和青岛开辟了多条以科学为主题的课程和线路，带学生走进科研院所、标本馆、科学馆和野外台站。如成都大熊猫与生态研学、武汉科学探秘研学旅行、西安科学探秘研学旅行、踏访六朝古都南京科学探秘研学旅行、青岛海洋生物深度科考、内蒙古沙漠动植物天文研学、西藏青藏高原垂直带生物多样性研学旅行、甘肃航天研学之旅、神农架野外科考、游猎研学东非大草原、老北京文化探源行走胡同等。

在时间上，亲子猫产品也具有多样化。有专为北京中小学班级定制的半天到一天的产品，如老北京文化探源行走胡同即为半天的产品。带学生进中科院参观，并与中科院的科学家交流的"科学翅膀"产品也属于此类；有3~5天的节假日产品，像接待外地学生的"走进中科院"系列产品、内蒙古沙漠动植物天文研学和成都大熊猫与生态研学等都是3~5天的研学产品；也有在寒暑假开设的7~9天的西藏青藏高原垂直带生物多样性研学旅行和游猎研学东非大草原。产品的多样化，能够满足不同客户的个性化需求。

2.课程科学化、体系化、安全化

亲子猫的课程经过团队的精心设计，并在实践中反复打磨。亲子猫的讲解老师均为该领域的专业老师，保障了课程的科学性。像成都大熊猫与生态研学，聘请的是中科院成都生物所的博士生导师、国家熊猫公园的首席科学家参与讲解。3天时间内，孩子们对熊猫相关的科学知识，研究熊猫的方法、思维以及科学家研究熊猫的精神有了比较全面的了解，过程中培养学生独立发现问题、分析问题、解决问题的能力。

在研学旅行出发前，亲子猫的人员会先进课堂对同学们进行初步讲解，播放科普视频，提前给孩子布置任务，让他们查资料做好简单储备并了解行程安排和注意事项。在过程中，注重"知识＋能力＋精神"三方面的体验；行程结束后，有成果展示环节，帮助孩子们巩固几天的所见所想。整个流程成体系，行前、行中、行后面面俱到。

"走进中科院"系列之所以能站到全部业务的一半以上，跟受到众多校长的青睐有很大关系。因为，"安全"二字在中小学校长的眼里是重中之重。而"走进中科院"系列的主要特点就是既有安全性，又能学到知识。"这样就无疑很受中小学校长的认同。一般来说，面向中小学校的研学旅行活动，每次活动少则几个班级、多则几个年级，数量庞大，为了做好这样的大活动，保证所有孩子"高高兴兴去、安安全全回"，亲子猫也是事无巨细、

力求完美，安全永远是第一位。

3. 商业模式不可复制

（1）论坛—培训—市场。与同行业其他机构相比，亲子猫的商业模式具有不可复制的独特性。作为国内研学旅行行业权威论坛——中国研学旅行论坛的主办方，亲子猫已经举办过三届大型的研学旅行论坛。凭借论坛的影响力和专业的培训，亲子猫的研学旅行培训也得到了人社部的授权，目前已进行 30 期国内外的研学旅行培训，由于参加论坛和培训的人员有来自全国 34 个省、自治区、直辖市的教育局领导、中小学校长、旅行社负责人、营地教育负责人、综合实践相关人员以及来自美国、英国、加拿大、新加坡和日本的国外同行，亲子猫在论坛和培训结束后，就会收到与会人员的合作邀请，而不需要到各地跟一个个的客户谈合作，销售模式简单快捷，节省了流程上的时间消耗。作为研学旅行行业的论坛和培训领航者，亲子猫拥有巨大的渠道资源，机构合作业内第一，这是其他机构不能超越的。

（2）B 端为主，C 端为辅。亲子猫创业初期的亲子游业务主打 C 端，转型研学旅行后，亲子猫采取以 B 端为主，B 端、C 端并行的模式。一方面积极与各地中小学开展合作，接受学校或者班级定制的研学旅行，另一方面在内蒙古沙漠研学、东非大草原徒步等产品上仍延续了以往的 C 端模式，保留了部分亲子游业务。

总的来说，亲子猫在产品、服务和商业模式方面具有绝对优势，这些是绝大多数同类型公司很难做到的。很多公司的产品科学化、体系化程度低，只是照搬传统的旅行社模式应用到中小学生身上，而且服务管理混乱，吃住条件差，只能依靠打低价盈利；再加上，其他机构不具备亲子猫的论坛和培训资源，也没有像中科院这样的科学研究院作为依托。亲子猫在科学教育研学领域具有无可比拟的发展优势。

（三）机遇

1. 国家对科学素养的重视

2018 年 9 月 17～19 日，世界公众科学素质促进大会首次在北京举行。

习近平总书记向大会致贺信强调，中国高度重视科学普及，不断提高广大人民科学文化素质。早在 2016 年，习近平总书记就在"科技三会"上指出，科技创新、科学普及是实现创新发展的两翼，要把科学普及放在与科技创新同等重要的位置。没有全民科学素质普遍提高，就难以建立起宏大的高素质创新大军，难以实现科技成果快速转化。我国政府历来对公众科学素质提升高度重视。"十三五"规划中写道，到 2020 年中国公民的科学素质要达到 10% 以上这个目标。习近平总书记的多次讲话对普及科学知识和提高科学素质提出明确要求。

2. 研学旅行市场的热度持续上升

随着我国国民收入的不断增长和对休闲消费观念接受度的提高，加上教育改革带来的素质教育观念的深入和我国 2015 年开始实施的二胎政策，在自上而下的政策催化以及旅游业与教育跨界融合的浪潮下，研学旅行市场需求不断释放。在市场迅猛增长的需求驱动下，研学旅行行业内部出现了更为丰富的市场主体，在消费多元化与升级提质需求的驱动下，研学旅行产品的丰富化、标准化、立体化、创新化等方面都存在极大的提升空间。而这些正好是亲子猫的优势所在。

据调查，约 3/4 的受访者表示了解研学旅行，80% 左右的人表示对研学旅行很感兴趣，六成左右受访者参加过研学旅行。在参加过研学旅行的受访者中，70% 左右通过学校和教育机构参与研学旅行，90% 左右对研学旅行表示基本达到 8 分满意水平。从参加研学旅行的意愿调查来看，70% 的人期望旅行时长是 6 ~ 10 天，人均花费能接受在 3000 ~ 10000 元的所占比例达88%，64% 的人认为目前市场上的研学旅行产品能满足需求。各区域主要热门旅游城市如北京、上海、广州、深圳、成都、沈阳、武汉、西安等愿意参与研学旅行的比例基本达到 70% 以上。[①]

随着政策的推进和人们观念的进步，研学旅行逐渐成为中小学生的硬性需求，未来几年内研学旅行市场总体规模将超千亿元，加上高校学生和相关

---

① 《研学旅行市场报告：研学旅行市场未来超千亿》。

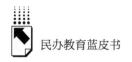
从业人员的研学旅行需求，市场前景一片大好。未来，学校、留学中介和培训机构、旅行社等相关企业跨界融合将成为研学旅行发展的主打方向，这也将带来研学市场集中度的提升。[①] 与此同时，研学教育由于在旅游中融入了教育元素，寓教于乐并具有体系化，因此在产品质量方面比普通旅游产品更具竞争力，加上消费者对研学旅行产品的价格敏感度较低，较好的保障了研学旅行行业的利润率，也将吸引更多人和资本涌入。

（四）挑战

1. 大众对研学旅行安全问题的关注

研学旅行被纳入中小学教育教学计划，势必会带来广泛的参与需求，促使研学人次爆发性的增长，迅速打开行业发展的向上空间。但目前研学旅行这个模式越来越被接受的同时也带来许多不容小觑的安全问题，诸如学生的交通安全、研学活动中意外事件等。由于研学旅行是我国刚刚兴起的行业体系，关于各类的安全管理，安全管理细则，都没有系统的、具体的标准和内容。因此，研学旅行的安全问题既是家长和学校的重点关注方面，也是悬在研学旅行从业者头上的一把刀。为保障学生的出行安全，研学机构及基地要逐步细化研学旅行预案及应急方案，形成一个安全体系化的规范，给学生提供更多的安全保障，创造一个安全的研学旅行环境。

2. 课程标准化与学校需求个性化之间的矛盾

亲子猫的研学课程经过反复打磨，行程安排紧凑合理，拥有标准化的研学旅行线路，科学性和安全性都有保障，老师更有掌控力，学生也能学习到更多。但由于亲子猫目前的研学业务多为学校和班级定制，不同学校有不同的个性化需求。许多学校会提出明确要求，不能跟其他学校的线路完全一样，至少要有 1/3 的安排是这个学校独特的。这就要求亲子猫需要再花费时间和精力在特定的主题上设计不同的线路来满足不同学校的需求，还要保证每一条线路的科学性和安全性，这给亲子猫出

---

① 《研学旅行市场报告：研学旅行市场未来超千亿》。

了个难题。

3. 新兴行业的弊端

研学旅行作为新兴的行业，目前相关国家部委还没有出台研学旅行的正式规定，因此对于产品、服务以实施后的效果仍无权威的评估与指导，基本上仍停留在从业机构内部对于整体运营的评估、调整与完善，缺乏统一客观的评价体系，也导致行业准入门槛较低。就目前的市场而言，不少机构或旅行社仍穿着研学旅行的外衣，行"走马观花"游学之事。也因为缺乏行业标准，打价格战成为行业内的常见竞争模式，这对于整个研学旅行市场的发展是很不利的。

三 公司未来发展趋势

亲子猫成立至今不到 4 年，已经发展的颇具规模，虽然体量不够大但知名度高，业内评价好。亲子猫目前已经有了新的战略规划与调整，创始人魏巴德有信心在 2 年内让亲子猫在行业内站上更高的位置。

（一）打造两大铁军

亲子猫的课程已经受到了业内外的广泛认可，接下来，亲子猫立志打造销售和落地执行两大铁军。在销售方面，通过培训提升销售员工的素质和工作能力，将与学校和各地机构的合作流程规范化、简洁化，减少繁杂的流程带来的时间和金钱浪费；在落地执行上，加强对流程的整体把控和细节处理，对员工和兼职带队老师进行严格的定期培训，提高他们对课程和流程的把控能力以及应急处理能力。通过打造销售和落地执行两大铁军，助力亲子猫在行业内站得更高。

（二）加强课程和营地建设

亲子猫计划进一步完善研学旅行核心产品体系、优化目的地和示范基地建设、提升研学旅行运营质量。除了目前的科学主题产品外，亲子猫计划开

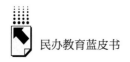

发科学教育主题不同领域的课程，比如天文、航空航天等。教育营地作为亲子猫的三驾马车之一，是亲子猫接下来的建设重点。除了目前的沙漠研学营地和自然教育营地外，亲子猫计划以科学院为核心，打造一系列科技主题的营地。比如，亲子猫计划在重庆、成都、武汉等地建立类似于小型馆的科学体验营地。目前计划建设中的营地有 6 个，有 3 个营地已经处于建设中，不久的将来就能投入使用。

（三）扩展服务形式

因为创立时间较短，目前亲子猫主打周末产品和节假日产品，夏冬令营产品较少。随着知名度的扩大和合作方的增加，2018 年暑假从各地来北京进行研学旅行的 C 端客户量约 6000 人次，预计 2019 年有 3 万人左右。亲子猫计划拓展夏冬令营业务，增加夏冬令营产品，打造覆盖面更广的产品体系，进一步增强在行业内的竞争力。

对于主办的中国研学旅行论坛，创始人魏巴德表示计划将论坛做成"商业＋公益"相结合的模式，倡导去中心化，致力于促进整个研学旅行行业的持续、健康发展。

参考文献

张涛、周涛：《基于生活德育理念培养五年制高职校学生职业核心素质的实践研究》，《课程教育研究》2018 年第 50 期。

刘延革、耿子文：《基于核心素养培育下的拓展型课程概述》，《小学教学研究》2018 年第 34 期。

郝杰：《基于建构主义视角的研学旅行研究》，《中国现代教育装备》2018 年第 20 期。

知识付费篇

Knowledge Payment

B.14
2018年知识付费产业发展报告

袁连生*

摘　要： 自 2016 年以来，知识付费行业发展迅猛，据阿里应用分发
Q2 报告统计，知识付费用户已经达到 5000 万，2017 年知识
付费的总体规模可以达到 500 亿元，在这种情景下对知识付
费的原因、前景及典型案例的探究，将有助于帮助知识付费
产业创造更加优良的行业氛围，以造福有学习需求的人。本
文对知识付费与线上教育的区别、发展过程和现状特点进行
了梗概，并对知识付费行业的分类和商业模式做出了详细介
绍，从平台运营模式的改变、三四线城市的拓展、定价规律
的显现等方面分析了知识付费行业的发展趋势，提出学习体
验仍需提高、侵权现象频发、优质内容不足等行业挑战。同

---

* 袁连生，北京师范大学首都教育经济研究基地主任，《教育经济评论》主编，教授，主要研
究方向：教育财政。

时，本章还选取了网易有道和录趣科技两家典型的知识付费
行业进行案例分析，从微观和宏观层面让大众对知识付费行
业获得进一步的了解。

关键词： 知识付费　教育　网易有道　录趣

第二次世界大战之后开始的第三次工业革命又称为计算机及信息技术革
命，随着信息技术革命的日益兴起，互联网从诞生起，就以飞速发展的速度
对各行各业产生着剧烈的影响。随着移动终端的快速普及，移动互联网流量
在整体互联网流量中所占的比重越来越大，移动和互联网消费持续增长。
《中国互联网发展报告 2018》显示，截止到 2017 年年底，中国网民规模达
到 7.72 亿，其中手机网民规模达到 7.53 亿①。在移动互联网时代，用户对
信息和教育的海量获取逐渐从线下转上了成本较低的线上，并逐渐转向对优
质内容的追求，再加之全社会版权保护意识的提高，新的文化和教育消费习
惯悄然形成，于是"内容付费"与"知识变现"成为内容产业在互联网浪
潮中的新风口。人们获取知识的途径逐渐从传统的课堂转向互联网，媒体的
功能逐渐呈现由信息传播向知识服务转变的趋势②。

近年来免费且丰富的互联网内容为用户提供了便捷获取信息的途径，
同时也提升了用户对内容筛选的难度。伴随着付费视频、会员制度、在线
教育付费等产品的推出，网民逐步养成了对优质付费内容的习惯。在信息
大爆炸和人们对信息内容筛选的需求之上，知识付费行业得到了蓬勃的发
展，并且随着国民素质的整体提高，知识付费的渗透率和市场的发展潜力
空间巨大。

---

① http：//news. hexun. com/2018 - 07 - 30/193608971. html.
② 《知识经济时代媒介的内容付费模式研究——以"罗辑思维"为例》。

一 知识付费行业相关概述

（一）知识付费行业整体概述

2016 年是知识付费起步发展的一年，在这一年，知乎、分答、喜马拉雅 FM、得到、罗辑思维等其他知识付费平台相继出现，知识付费用户迅速增长。2016 年，有知识付费意愿的用户大幅度增长，其用户达到近 5000 万人，截止到 2017 年 3 月，用户知识付费（不包括在线教育）可估算的总体经济规模为 100 亿~150 亿元。2017 年，随着用户需求提升、市场下沉及产业链拓展，这一数字将有望达到 300 亿~500 亿元，知识付费也因此成为新一个"风口"①。目前知识付费的快速发展也加速推动着国内教育的升级，利用互联网对整个教育行业进行重构，从而形成新的知识传播体系。知识付费的形式多样，可表现为人们从线下逐渐转变为线上购买相关的回答以及音频产品，但最终代表的是消费市场在移动互联网状态下的迁移。值得注意的是，之所以知识付费能够得到兴起，其原因更多是人们对于知识的需求所导致的，而非是其平台或者技术的演进。具体来说，知识付费基于整个付费市场和 APP 付费方式的演进和提升，也源于中产阶层对学历教育的需求和对提升自我的需要。知识付费的核心是通过市场的规律和便利的互联网使得更多的人共享自己的知识积累。在不久的未来，知识付费很有可能变成信息服务业互联网的一部分，可以将人们的信息生产、获取方式转到线上来，或是线下与线上相结合的方式②。

现如今，知识付费行业发展迅猛，据阿里应用分发 Q2 报告统计，知识付费用户已经达到 5000 万，2017 年知识付费的总体规模可以达到 500 亿

---

① 冯尚钺：《我们研究了 28 家平台，为你揭开知识付费的现状与未来》，https：//www. sohu. com/a/139450737_ 313170，2017 - 05 - 10。

② 冯尚钺：《我们研究了 28 家平台，为你揭开知识付费的现状与未来》，https：//www. sohu. com/a/139450737_ 313170，2017 - 05 - 10。

元,在这种情景下对知识付费的原因、前景及典型案例的探究,将有助于帮助知识付费产业创造更加优良的行业氛围,以造福有学习需求的人①。本文主要从知识付费行业的整体概况、知识付费行业的应用,知识付费行业的发展趋势与挑战这四个方面对整个行业进行一个大致的介绍,并选取网易有道和录趣两家典型的知识付费行业进行案例分析,从微观和宏观层面让大众对知识付费行业获得进一步的了解。

(二)知识付费与线上教育的区别

知识付费的本质是通过交易手段使得更多的人愿意共享自己的知识积累和认知盈余,是通过市场规律和便利的互联网传播达到信息的优化配置。知识付费不仅仅只存在于教育行业,在出版业、广告业、咨询服务业甚至各个产业都能够得以实现。知识付费严格来说不是知识,也不是消费品,众多用户购买付费产品是为了从长远时间角度来提升自我的能力,而非是为了当下,因此知识付费是用户对自己的一种投资。因此,知识付费可能会改变用户的一些行为决策,并带来很多其他方面商业的可能性。

在线教育具有较强的体系,这是在线教育与知识付费不同的地方。在线教育由长期负责相关教育的专业人士来制定教育内容、对线上的学生进行定期辅导、并对学生进行考试;但是知识付费的相关辅导内容是由创作者和平台制定的,其灵活性较大。因此,知识付费能够刺激普通人贡献出自己的知识与认知盈余,相比较在线教育,知识付费也增加了内容删选的难度。

知识付费较为符合移动生产和消费的模式。相对于线上教育,知识付费的内容更为丰富,已经从学校的知识拓展到一般的知识。同时知识付费的市场更加及时,可以集中不同的老师进行授课,相比较于线上教育,知识付费的形式更加多样,如视频的形式、文本的形式、语音问答形式,多种形式供消费者选择,因此更加适合移动生产与消费,这也是造成知识付费的自媒体在 2016 年后爆发的原因之一。

---

① 秦洁:《知识付费兴起原因探析及前景展望》》,《新媒体研究》2017 年第 20 期。

面对传统意义上的在线教育，知识付费又与内容变现、教育产生交叉，更强调社交化和互动化。社交化是指在知识付费中，对于内容创造者个人的塑造与内容同样重要，因为内容创造者在社交媒体中的粉丝是转化为知识付费订阅者的主力军。互动性是指，在知识付费平台上伴随着除了有内容的普及，也有用户之间即时、高频的互动，这种互动能够让用户获得更加良好的学习体验。但是在内容上，知识付费相较于在线教育不足的是，知识付费的知识内容特征比较碎片化，因此向在线教育方向发展，建立较为系统的授课模式也是知识付费平台目前探索的一个趋势。

（三）知识付费行业发展过程及现状

知识付费行业在中国互联网的发展主要分为三个阶段，分别是探索期、重新起步期和快速发展期。

1. 探索期（2013年以前）

教育行业、出版业和咨询行业等是知识付费的前身。对于早期的教育行业来说，其内容相对来说较为成熟且比较固定，并且有一套较为成熟的体系，能够保证用户获得相应的知识；对于出版行业来说，其内容较为明确和固定，但是受众并不是特别明确，并且因为缺乏交流的平台，因此其内容缺少受众的反馈。但是其优点是能够适应内容创作者的时间，并且容易传播的复制；对于咨询行业来说，其内容相对于教育和出版行业较为自由并且有即时的互动，但是普遍价格较为昂贵。

随着互联网的出现，这三者都有所发展：例如教育行业渐渐从线下转移到了线上，并逐渐演变成通过网页或者社交平台进行教育。出版行业开始出现了在移动平台上可以观看的电子书；像百度知道、新浪爱问等早期问答平台，较之于教育出版行业更为动态，且一对一模式互动性更强。

早期知识付费产业化的发展步履维艰，主要有三个原因——用户缺乏付费意愿、版权保护不利、缺乏内容的筛查和监管等。因此在早期阶段，除了在线教育以外其他知识付费都发展的较为缓慢。对于生产者方面，更多的生产者着眼于扩大其影响力吸引更多的付费用户，因此这种方式可以被看作是

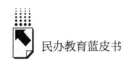

知识变现的前身。但是这种方式并不适合兼职的人士，尤其是一些小而专的领域。基于此，类似果壳或者知乎这类问答型网站开始兴起，使得一部分用户拥有"知识共同体"的生产意识。

2. 知识付费的重新起步期（2013~2016年）

随着移动支付的普及、打赏制度和微信自媒体的出现，2013~2016年知识付费行业发生了较大的变化。罗振宇推出的《罗辑思维》会员制可以说是知识变现的雏形，2014年付费打赏和付费阅读模式开始出现，这些模式的相继出现进一步加强了用户对于内容和付费的直接连接的意识，有助于一些知识付费 APP 的出现。在这一阶段，知识付费的意识逐渐开始成型且出现了具有足够付费意愿的受众。

3. 知识付费的快速发展期（2016年至今）

随着分答、喜马拉雅 FM、知乎 Live 等一批知识付费平台的上线，知识付费的体系和规模逐渐走向正轨，开始变得更加正规。知识付费平台的用户数量变得壮大，知识付费平台开始进入发展期。2016 年，知乎先后推出了值乎、"知乎 Live"，这标志着知乎出现了真正意义上的付费产品。随后，在行团队的"分答"上线，在上线的 42 天就获得了超过 1000 人的用户。2016 年 6 月，喜马拉雅 FM 也开始了知识付费的尝试，其中《好好说话》作为喜马拉雅 FM 的第一个知识付费产品上线，在上线当日，就突破了 500 万人的付费量。随着知识付费平台的不断完善，其他典型的知识付费产品相继出现，其产品和内容也涉及多个领域，大大丰富了原有知识付费的市场，满足了不同年龄段订阅者的需求。

（四）知识付费行业发展特点

现阶段知识付费行业仍在火热的发展，艾瑞咨询在《2018 年中国在线知识付费市场及发展趋势分析》报告中指出，目前在线付费产业发展主要有以下特点。

1. 内容的丰富性

知识付费行业的内容呈现出丰富性和层次性，其内容不再是目的性极强的课程，如雅思、考研授课或者是财富和职场教程等类别，会有更多的艺术类、文化类，也有化妆、养花、烹饪等更贴近生活方面的知识。

2. 内容生产者的丰富性

知识付费的内容生产者慢慢不再是流量大 V、业界知名人士或是在某个领域的专家。每个人在生活中都有独到且值得分享的生活方式，这些生活方式或者是对事物的某方面看法，可以带给受众不一样的感受和知识。

3. 知识付费消费者的转移

目前知识付费的主要消费者，正在从一二线城市向三四五线城市转化，人们对于花钱购买知识的行为越来越认同，并越来越有意愿去购买知识付费产品[①]。

4. 知识付费产品的产品形态多样，付费模式多元

知识付费产品的产品形态开始变得日益多样化，目前市场上的产品形态有音频录播形式、图文分享形式、在线问答形式、视频转播形式、视频录播形式和一对一咨询形式等。在付费模式方面更是多种多样，比如有订阅合辑付费形式、打赏或者单次付费形式、授权转载付费形式等多种多样的付费形式和方式提供给内容的生产者和消费者[②]。

二　知识付费行业应用

（一）知识付费行业主要分类

据统计，目前涉及知识付费的平台主要分为以下几类。

1. 在线教育类：猿辅导、新东方、好未来、腾讯课堂、网易云课堂等

在线教育与知识付费的联合不仅是互联网知识经济中重要的一环，也是各种教育创新的孵化器。在线教育类型的付费平台能够依托网络，利用手机

---

① 《2018 年知识付费行业分析报告：产品以及用户人群的变化》，短书平台，http：//m. sohu. com/a/242362793_ 100177591，2018 - 07 - 20。

② 《2017 中国知识付费行业发展白皮书》，易观，2017。

或者电脑等移动终端来为学生提供内容，让学生在这个过程中收获到更多的知识，学生足不出户就可以享受到优质的教育资源，大大提高了其学习的效率。大多数在线教育平台提供有免费的课程，同时如果用户想要系统深入地学习某类课程，可以购买付费课程。艾瑞咨询发布的《数据发布——在线教育 2017 年》显示，2017 年中国在线教育市场规模预计达 2002.6 亿元，同比增长 27.9%。未来几年，中国在线教育的市场规模同比增长增幅持续降低但增长势头稳健，预计在 2022 年其市场规模将达到 5433.5 亿元。用户对在线教育的接受度不断提升，付费意识的觉醒以及线上学习丰富度的完善等是在线教育市场规模持续增长的主要原因，中国在线教育市场逐渐步入成熟期，市场开始慢慢回归教育的本质①。国内在线教育平台中，比较知名的平台主要有沪江网校、新东方网校、网易云课堂、腾讯课堂以及百度传课等。这类行业涵盖教育的方方面面，从早教到职业教育甚至是高等教育都纷纷涉及，能满足各类人群增长知识的需求。

2. 咨询问答类知识付费：知乎、在行、分答、得到、百度问咖等

咨询问答类产品是知识付费的一个新兴且极具分量的重点开发项目。所谓咨询问答类的知识付费是指用户就自身想咨询的问题选择一个相关领域的目标答主，用网络支付的方式支付答主所设定的价格，支付之后，答主会用语音或者文字等方式来回答这个问题。现代社会人们工作和学习的节奏非常快，当人们的时间有限无法系统地学习某一类知识的时候，这类碎片化的知识付费平台就应运而生。这类平台非常适合用户在碎片化的时间中进行学习，每个人在这段时间中可以利用它回答几个问题，也可以提出几个问题，通过把用户零碎的时间利用起来，使其拥有独特的价值。咨询问答类的知识付费平台不仅让用户更好地利用其闲暇时间，也能给知识生产者提供一个展示自身形象的平台，咨询问答类知识付费平台已经成为代表性的付费产业形态。

---

① 《年度数据发布 - 在线教育 2017 年》，艾瑞咨询系列研究报告（2018 年第 1 期），上海艾瑞市场咨询有限公司，2018 年 5 月。

3. 专业类知识付费：丁香医生、Keep、果壳、36氪等

专业性的知识付费平台的指向性更加明确，是针对某一类或者特定需求的用户的专业知识付费平台。如专门针对医学类问题的丁香医生、注重科学方面问题科普的果壳等。这类平台因为其专业的水准和内容生产者的权威和专业性受到了很多目标群体的欢迎。以丁香医生为例，其平台致力于提供可信赖的医疗信息和服务，是一款面向大众的药品、信息查询和日常安全用药的平台。每个人都有生病的时候，面对越来越繁杂的医院挂号程序，很多用户会先在平台上对自己的病情进行一些评估和科普，然后选择下一步的治疗。这类专业类的知识付费平台更容易受到人们的欢迎，因为其专注与特定的领域，较其他知识付费平台更加的权威和有科学性而让用户青睐和信服。

4. 社群化学习的知识付费：微博付费问答、付费阅读、薄荷阅读等①。

社群化学习是指由一群具有共同兴趣、任务和价值观的人组成，彼此之间有组织、有交互地进行社群学习的一种学习模式。移动互联网给社会带来的显著变化就是由共同兴趣和需求的人容易被组织起来，彼此之间进行相互的分享、交流和协作。社群化学习经常以在社交媒体上发起的形式出现，发起人通过发布学习某一内容的相关信息吸引志同道合的人，形成一个社群化的学习圈子，相互督促相互交流。这类模式以近来兴起的薄荷阅读和扇贝打卡最为典型。薄荷阅读社群通过用户在平台上购买英文书，然后每天利用10分钟时间阅读、在朋友圈打卡的形式出现，这类形式可以让朋友监督自己每天进行阅读以提高自己的英文水平。扇贝打卡是一类背单词的软件，用户可以组建学习小组，每天在小组内打卡学习，以起到监督和交流的作用。除了这两类，典型社群化学习的知识付费平台还有微博付费问题、付费阅读等形式。在这个社群中，社群参与者可以围绕主讲人做讲的内容，参与互动和主播，这对于普通的参与者而言，是一个非常灵活的平台，若用户想要加入这个社群

---

① 巩恩伟：《互联网知识付费平台的兴起与商业模式分析》》，《现代营销》（下旬刊）2017年第12期。

只需要支付一定的费用，若是想退出也可以随时放弃。这类平台的本质在于利用群体的力量激发学习的动力，增强用户学习的交互的体验感①。

（二）知识付费行业主要商业模式

目前市场上的知识付费平台主要有三种商业模式——以内容创造者为主的商业模式、以学习和订阅者为主的模式、围绕二次学习及消费者的模式。下面将分别对这三种商业模式进行介绍和分析。

1. 以内容创造者为主的商业模式

以内容创造者为主的商业模式有四种主要类型：对内容生产者的费用抽成，通过代理或者培训获得一定的回报，对生产者进行包装和营销，为生产者提供内容生产的后续服务。对内容生产者费用抽成主要是对产生内容的人进行平台的抽成并收取一定的管理费用和运营费用；通过代理或培训获得回报的类型，是对内容创作者进行培训以增加内容创作者的授课经验或者创作经验。平台会组建相应的团队，为内容生产者进行培训或者对其内容进行加工。对生产者进行保障和营销的类型源于很多的知识付费的订阅者来自于微博大 V，或者在某一领域具有一定发言权的人。因此平台会对内容生产生产者进行包装，以吸引更多的粉丝和稳固现有的内容订阅者。对内容生产提供后续服务，有助于提高内容生产者的效率。平台帮助内容生产者给用户提供后续服务，从中收取一定的管理费用，大大节省了内容创作者的时间和 力

2. 以学习和订阅者为主的模式

围绕学习和订阅者的模式主要产品形态有三种：付费一对一的问答、阅读的付费和下载、个体的咨询服务。

付费的一对一问答即用户或者向知识生产者提问，知识生产者可以从中获得一定的报酬，同时平台会从报酬中进行一定的费用抽成。这种模式的好处是用户可以直接与某一领域的专家进行对话，同时价格又非常低廉。但缺点是，这种模式很难获得较为成系统和深度的知识，同时优质的回答较少，

① 李苏阳：《移动互联网环境下知识付费的现状与发展》，兰州大学硕士毕业论文，2018。

用户较容易对所回答的质量产生质疑。这种一对一问答的商业模式的代表性平台有知乎和微博问答等，在形式上主要有文字类一对一问答和语音类一对一问答。

付费阅读或者下载类的商业模式，其典型的模式有《李翔商业内参》、《好好说话》等。用户可以根据自己的需求对内容进行长时间的订阅或者短期的订阅。这种商业模式的好处是，弥补了一对一问答不能获得系统性知识的缺陷，并且能够保证内容创作者稳定的进行优质内容的生产。但是该商业模式最大的缺点是对内容的质量要求极高，由于先付款模式，用户需要对内容生产者有足够的信任。

个体的咨询能够满足用户对某一领域知识的深入探究和定制化的需求。这种模式能够帮助用户高效获得所需信息。但是这种个体咨询的缺点是推广性较难、对于内容生产者耗费的时间和精力较多。

3. 围绕二次学习及消费者的模式

围绕二次学习和消费者的模式主要有三种类型：广告分成、内容的二次销售和版权转让、知识共享社群。

对于广告分成来说，在线付费类平台广告的分成是知识生产者的主要来源。例如喜马拉雅 FM 平台，其广告分成占据大量的比例。在线平台对广告的投放能够充分吸引消费者的眼球，并促使消费者对广告内容进行购买或者付费。

为了将优质的内容进行更广泛的传播并使平台和内容创作者获得最大限度收益，许多平台将内容生产进行二次的销售。其中分答的偷听功能和微博问答就是典型的对产品进行二次销售的平台。这类产品允许对同类问题感兴趣的用户，用极低廉的价格对内容进行付费并获得答案，这种模式能够促使生产者利益获得最大化，同时能够满足用户获得知识或者得到问题解答的需求。

付费社群是指用户通过支付一定的费用进入一个知识共享的社群，在进入社群之后，用户可以获得内容生产者一个时间段的服务。较为典型的付费社群是《罗辑思维》和录趣的圈子服务。这种类型的商业模式最大的优点

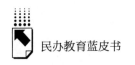

是内容生产者可以为用户提供长期的服务，同时社群有较强的沟通和服务性，用户除了可以在社群接受知识外，也可以与其他用户进行交流。但是该商业模式的缺点是，难以建立用户的信任并且无法保证付费之后内容是否优质。

三　知识付费类行业的发展趋势

（一）知识付费平台运营模式从"平面化"向"垂直化"纵深

随着用户对于知识付费平台的内容和体验要求的不断提升，知识付费平台在完成平台内容生态布局之后，将重点构建服务于用户学习全过程的服务链条，为用户提供深度的知识吸收场景，全面提升用户的满意度和复购率。因此为了提升用户的满意度和复购率，知识付费平台运营模式有从"平台化"向"垂直化"纵深的趋势，现主要表现在不断提升和满足用户深度学习的需求和不断完善平台尾端的服务。

1.提升和满足用户深度学习需求方面的"平台化"向"垂直化"发展

随着知识付费产业的不断发展，用户对于获得知识的目的渐渐发生了转变，开始由"了解知识"转向更加深入的"掌握知识"，并且用户对于与内容生产者之间的交流的需求也在提升。因此这要求内容创作者和知识付费平台基于用户的需求，为用户提供更有深度和更为系统的内容，并且在平台上加入更多交流的方式。

2.在不断完善平台尾端服务方面的"平面化"向"垂直化"的纵深

对于平台尾端的服务是留住用户的重要手段。随着知识付费逐渐扩展其内容的类型和范围，保证用户体验和学习效果的"垂直化"服务开始加深。平台和内容生产者可以通过精心准备付费的专业内容，积极的对社群进行维护以保证良好的用户体验。

（二）三四线城市的拓展潜力巨大，差异化需求洞察成在线知识付费产业的核心

不同发展程度的城市对于知识付费具有不同的态度和偏好。例如，一二线

城市的人群生活节奏较快,对知识和内容的追求是知识付费产品产生初期的主力军。但是三四线城市的人群其阶层的焦虑程度较低,生活节奏相对较慢,因此在知识付费产品发展的初期,对其接受程度较低。随着文化知识的普及,在线知识付费产品逐渐开始向三四五线城市渗透。但是由于目的和动机不同,三四五线城市的人群对于知识付费内容的侧重点也不同。具体来说,三四五线城市的人群更乐于为贴近生活、应用门槛较低的产品付费,因此根据特定的人群设计不同的内容,成为目前知识付费行业发展的重要趋势。

(三)知识付费用户为优质付费付高价的意愿提升,定价规律逐渐显现

在知识付费产品发展的早期,大多数的产品的定价在 200 元以内。近年来伴随着知识付费行业产业竞争和透明度提升,知识付费产品的定价逻辑开始逐渐清晰和呈现一定规律。首先,高竞争的环境下,同类产品的服务价格可能会下降。其次,随着生活水平的提高,用户可能倾向于贴合生活和能够带给用户价值感的产品,因此,在未来知识付费产品的"高阶"产品不一定能够获得最大的收益。因此对于不同类型的产品,综合知识付费市场各方面建立模型,将成为最大收益方式①。

四 知识付费行业面临的障碍和问题

(一)学习体验仍需提高

知识付费产品在内容的系统化和平台使用体验方面应需要加强。首先在内容的系统化上,大多数的知识付费产品的特征是内容较为碎片化。随着知识付费产品的发展,越来越多的用户倾向于选择知识内容更系统的付费产品,因此对碎片化知识的收纳和整理及后续服务是未来知识付费行业发展的

---

① 《2018 年中国在线知识付费市场研究报告》,艾瑞咨询。

重要方向。其次在平台的用户体验方面，对于授课者的使用体验需要引起重视，其主要核心问题有两个：降低非专业授课者授课的技术门槛；帮助授课者推广自己优质的内容①。

（二）付费是"原罪"：互联网时代的价值定位

随着"互联网＋"时代的来临，用户得以借助各种信息技术手段迅速获取有价值的信息知识。这使得用户知识内容的获取在时间成本和经济成本两个维度上都获得了极大的提升。但是随着互联网边界的日益扩张，信息逐渐过载，随之而来的是信息价值密度的降低。获取高价值，有针对性知识所要付出的时间成本也逐渐上升，人们对于优质内容的需求被进一步放大。知识付费虽然为降低时间成本，提升知识获取效率提供了全新路径，但所要付出的经济成本却容易让用户在效率和金钱成本的选择间犹豫不决。

更重要的是，对于选择了付费内容的用户来说，"功利性"知识的付费意愿远高于"非功利"知识，但是当付费内容所得价值未能超过自己搜寻所带来的一般价值时，用户对于知识付费的心理预期无疑会大打折扣。根据企鹅智库《知识付费经济报告》，有偿知识的消费渗透率在网民中超过一半，达到了55.3%。但在有过知识付费行为的消费者中，用户满意度较低且二次消费意愿弱，仅有38%表示体验满意，还会尝试，12.3%表示不满意，认为对于付费得到的内容可以找到免费的途径获取。虽然超过四成网友认为"是趋势，有价值的内容本来就应该付费"，但持消极态度和观望态度的网友更多。换而言之，在信息无限，注意力有限的时代，习惯了在免费网络环境下获取信息的大多数用户，尚未完全养成付费阅读的习惯。对于"知识"和"付费"两个维度的价值尚不能做出明确选择。

---

① 冯尚钺：《我们研究了28家平台，为你揭开知识付费的现状与未来》，https://www.sohu.com/a/139450737_ 313170，2017－05－10。

（三）购买焦虑与情绪化购买

当前中国正处于转型期，城市中产阶层迫切需要明确和固化自身的社会阶层。以付费的方式获取知识，了解精英人群的思维状态是城市白领人群缓解信息焦虑的一剂良药。因此不少付费生产者看准此点，开始大肆贩卖焦虑。如在 2017 年 11 月底，自媒体人咪蒙的《咪蒙教你月薪五万》节目正式上线，并承诺"三年后加薪不超过 50%，则可申请全额退款"，这门课程在短短 4 天内全网订阅量就超过 10 万人次，应收超过 500 万人次。根据华映资本相关研究，各大知识付费销售量最高的产品大多采用"急功近利"型的课程名称，比如"0～6 岁全脑潜能开发""60 天引爆你的学习力"等。此类爆款课程多是对关键词进行营销包装，同时针对用户期望获得快速提升的心理诉求进行引导，从而引发用户的情绪化购买。

（四）侵权现象频发

知识付费火爆的同时，抄袭之风日渐盛行。很多产品同质化特征明显，导致抄袭现象严重，甚至不少大 V 都被扒出曾有盗窃、侵权行为。2017 年 6 月，知名营养专家顾中一，在微博上揭发健康领域大 V "白衣山猫"抄袭其他专家已经发表过的科普文章，甚至有多个问题是其团队找专科医生回答后转售给网友的。多年来，网络知识产权的保护一直是版权保护的薄弱点，原创知识频繁被转载、盗版、侵权。而知识付费作为一项新兴产业，其产品主要采取语音问答、直播、视频等形式，十分重视买卖双方的互动性和及时性，为版权保护带来了一定难度，且当下知识付费尚无明确的监管条例，这也为知识付费行业中侵权现象的频发埋下了祸根。

（五）优质内容建设力不足

现阶段各大知识付费平台均拥有丰富的知识内容，但质量参差不齐，尤其是在垂直领域深度发展的过程中，部分平台后劲不足，缺乏优质产品，于

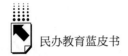
是利用网红大 V 进行引流，通过粉丝效应和用户的猎奇心理提升平台的市场占有度，从而挤占了优质答主的生存空间，导致平台高质量用户外逃，用户复购率低。同时优质内容的匮乏还表现为一些产品与外包严重不符，导致用户在购买之后对内容不满意，但是处于时间、精力等因素的考量对产品也未必会进行深究，缺乏有效的投诉渠道①。

参考文献

秦洁：《知识付费兴起原因探析及前景展望》，《新媒体研究》2017 年第 20 期。

牛禄青：《从免费到付费：知识新经济崛起》，《新经济导刊》2018 年第 Z1 期。

---

① 暨南大学新闻与传播学院传播大数据创新实验室：《2018 年知识付费研究报告》，南方财经全媒体集团官方客户端 – 21 财经 App，2018。

B.15
在线教育的精品课堂：网易有道

孟大虎　严梓洛*

摘　要： 网易有道是网易旗下利用大数据提供移动互联网应用的子公司。网易有道成立于2006年，以搜索产品和技术为起点并在此基础上衍生出语言翻译应用、个人云应用和电子商务导购服务等三个核心业务方向。自网易有道成立至今其公司的在线付费教育平台和语言服务平台已经跃居行业的领先地位，获得了众多用户的支持。本文将从网易有道的发展背景、愿景使命、运营策略、发展特点、受众分析等方面对网易有道进行分析和介绍，探讨网易有道在发展过程中所面临的问题与挑战，希望通过对网易有道的分析让公众对在线知识付费平台有更深一步的了解。

关键词： 在线付费　网易有道　运营模式

一　网易有道公司创办背景

（一）公司发展背景

有道是网易旗下利用大数据技术提供移动互联网应用的子公司。有道

---

* 孟大虎，北京师范大学首都教育经济研究院研究员，《北京师范大学学报》（社科版）编辑，主要研究方向：教育经济学。严梓洛，北京师范大学教育学部研究生。

以搜索产品和技术为起点，在大规模数据存储计算等领域具有深厚的技术积累，并在此基础上衍生出语言翻译应用与服务、个人云应用和电子商务导购服务等三个核心业务方向。目前网易有道公司已推出有道词典、有道翻译官、有道人工翻译、有道口语大师、有道学堂、有道云笔记、有道云协作、惠惠网、惠惠购物助手、有道易投、有道智选等产品，积累了大量的用户群体。其中有道翻译是目前应用最广的有道产品，截止到2016年4月，网易有道词典（桌面版＋手机版）的用户量已超过5.5亿，市场份额近80%，稳居同类产品第一，是网易第一大客户端和移动端产品。除了有道翻译，其他的产品如有道翻译官、有道云笔记等产品的用户量和活跃度也保持着惊人的增长速度。截止到2017年12月底，网易有道工具型APP已经形成了日均活跃用户超1700万的产品矩阵，其中有道在线教育的产品有道精品课同步驶入增长的快车道，2017年度用户付费收入规模较2016年增长530%。

作为一家专注于在线教育、语言服务的公司，网易有道的初心就是通过不断的产品更迭来提升用户体验，让用户的生活更便利、更加轻松有效。目前网易有道的用户群大多来自一二线城市的白领及学生人群，围绕这些群体的不同需求，如语言学习、商务办公、旅游翻译等，衍生出不同定位的产品，这些都为网易有道产品的商业化提供基础。通过多年精心打磨产品，网易有道不仅在产品上精心打磨，也吸引了一群忠实的用户，这些用户为有道产品的开发和推广提供了有力的基础。

（二）公司发展历程

2006年，取自"君子爱财，取之有道"的网易有道成立，同年网易旗下的有道搜索测试版上线。

2007年，有道搜索正式推出。当时网易将搜索定位为网易的核心业务板块之一，希望它能成为基础技术，与网易门户、邮箱、游戏等几大优质业务融合。同年，网易版有道词典的用户猛增，于是有道词典桌面版正式上线，有道词典是由网易有道出品的全球首款基于搜索引擎技术的全能免费语言翻译软件，为全学段的学习人群提供优质顺畅的查词翻译服务，其中有道词典首创网络释义、PDF 取词功能。

2009 年，有道词典手机客户端上线，到 2009 年底有道词典的用户数量已经超过 2500 万，之后更是取得了强劲的增长。

2011 年 6 月，有道云笔记推出；有道词典于 2011 年底宣布用户量突破 1 亿大关，意味着词典工具产品的发展已经基本完成了从盒装词典软件到互联网词典的阶段性转变。

2012 年，有道翻译官 iOS 客户端上线，上线当日即取得了 App Store 总榜第二、效率类排行榜第一的骄人成绩。有道人工翻译服务上线，采用去中介化"众包"模式即用户自主下单、译员自主接单，并针对用户对时间和专业性等的不同要求，提供了快速翻译和文档翻译两种服务方式。

2013 年，有道词典借助移动互联网红利，迅速占领市场，同年用户量突破 3 亿。7 月，有道翻译官上线安卓客户端；有道推出旗下 DSP 广告服务产品——"有道智选"。

2014 年，有道对外宣布正式进军在线教育领域，有道学堂推出；上线口语练习应用有道口语大师；11 月，正式发布有道云协作，进入企业级应用市场；有道词典推出全球发音功能，用户量突破 4 亿。

2015 年，有道云笔记推出"文档扫描"功能，将纸质文档秒变电子版，并在《互联网周刊》APP 分类排行榜（Q1）当中，有道云笔记高居办公类 APP 榜首，成为国内最受欢迎的移动办公应用。

2016 年 3 月，U-Dictionary 正式在印度上线，迈出有道全球在线教育事业版图中出海的第一步，同年该产品被评为 Google Play 年度最佳应用。10 月，有道学堂更名有道精品课，同时推出"同道计划"宣布投入 5 亿元与老师一起打造 20 个教育工作室；有道词典用户量破 6 亿，并发布了全新品牌 slogan – "陪你看世界"（word to world）。

2017 年 5 月，有道智云开放平台正式上线，作为国内领先的 AI 开放平台提供一站式智能场景解决方案，翻译日均请求超过 1.5 亿次；10 月，推出首款智能硬件——有道翻译蛋，延续网易产品模式高品质与高性价比，一

经推出口碑持续走高；有道精品课营收增长 5.3 倍，涌现四大爆款课程 IP；有道人工翻译服务平台人工翻译订单量突破 100 万单①。

二　网易有道的愿景与使命

（一）发展目标：服务用户，不断通过技术驱动产品让用户生活更便利

网易有道始终把打磨产品、服务用户作为其发展的首要目标，并通过不断提升产品的技术让产品做得更加便利用户。例如网易通过不断提升其神经网络技术，不断完善和发展其语言服务平台，除了 AI 技术，有道在语言服务上还推出了有道翻译笔，这种翻译笔小巧轻便、随身翻译，同时支持十几种语言互译，其不仅翻译精准度在市场上数一数二，价格也非常便宜。在教育培训的平台上，网易有道也是致力于打造高质量的精品课程，提供优质原创的学习内容，为用户创造良好的用户体验。同时在教育产品上，网易有道在保证内容质量的基础上也积极研发各种促进学习的功能软件与智能软件，提升学习者的满意度，方便用户的生活和学习。

（二）使命

1. 解决教育资源的不公平

网易有道大多知识付费产品都是针对学习及教育行业所开设的，其核心理念有很大一部分是为了解决教育资源的不平衡性，能够让所有的用户接触到免费的学习产品和内容优质的教育产品。例如网易的有道精品课平台在创立初期，并不追求短期的经济效益。网易的 CEO 丁磊认为，目前中国的教育资源分配极其不平等，教育行业信息化不充分，优质的教学内容稀缺，尤其是在乡村和不发达的西部地区，优质的教师流失严重，学生无法接受优质

---

① 《网易有道发展历程》，http://hr.youdao.com/walk_in/intro.php? t1 = walkin。

内容的教育，从而导致其教育水平落后。目前中国的教育环境需要进一步的改进，提供优质内容和优质师资的在线教育可以解决这一问题。当学生有需求的时候，随时点开有道精品课的界面，选择自己想要学习的内容，只需要花费一些金钱，就可以购买到最优质和最前沿的知识内容。

2. 取之有道，做匠心产品，坚持诚信与原创

网易有道取自"君子爱财，取之有道"。从名字就可以看出，网易有道自诞生的伊始就坚持用原创和独具匠心的产品打动和吸引用户，在网易有道发展的 12 年中，有道所有产品的根基都是以内容为出发点，延续有道"有态度"、"网易出品，必属精品"的品牌文化，精耕细作，把每款产品内容都做到最佳。除此之外，网易所有产品都以诚信与原创为准则，在不断打磨产品的基础上不断提升技术水平。创新和诚信是网易有道做产品的初衷。正是因为网易有道坚持这种核心的价值，才能使其产品在市场上能够得到众多用户的青睐，从而为网易有道的付费产品打下坚实的基础。

3. 坚持以用户为导向，注重产品的体验

网易有道是一家以产品出名的公司，用户的产品体验是公司存在的基础，在网易有道做任何一个产品之前，都需要经过大量的调研，探究用户的真正需求是什么。在产品成型之后，也注重用户的使用体验和评价，在用户不断评价和反馈的基础上对产品进行一次次的打磨，相比于更注重产品的投入与产出的公司来说，网易有道更注重的是对产品细节的优化。基于多年来网易有道对产品的打磨，以用户的需求和导向作为产品的基础，网易有道的产品得到了市面上用户的认可与欢迎。

三 网易有道的运营策略

网易有道的运营包含了"TEACH"战略，这个战略包括五个方面。

（一）Tools：学习型工具 APP 带来的用户基础

网易有道旗下设有多个产品，例如网易有道词典、有道精品课、有道翻

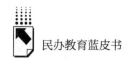

译官、有道云笔记等教育类的工具型在线学习类产品和工具 App，其中每个 App 都符合特定用户的需求。高质量的产品和 App 为网易有道带来了大量潜在的用户和忠实的粉丝。

（二）Educator：与优秀老师、工作室共赢

在有道的在线教育产品中，例如有道精品课，目前已经孵化出了很多明星教师。许多明星教师在加入有道之前就已经设立有自己的工作室。有道将名师吸引过来之后，与工作室进行分工协作、实现与优秀教师和工作室共赢的局面。截止到 2017 年，有道精品课年收入过百万的教师有 23 位。

（三）AI：以 AI 为代表的技术科技

2018 年 4 月 26 日，有道发布最新的实景 AR 翻译技术，这是国内首个真正的实景 AR 翻译解决方案。有道实景 AR 翻译的整个过程是完全动态的，和出国旅行、购物等场景十分契合，并且有道翻译接入了有道离线神经网络翻译技术（YNMT），其翻译质量堪比专业八级，速度极快，比起以往的拍照翻译，体验上实现了跨越式升级①。

（四）Content：对高质量精品内容的极致追求

网易有道的理念就是对每一位用户负责，对每一个产品负责，将产品的内容做到极致。目前仅有道词典的用户规模已经突破 7 个亿，成为有道在线教育产品矩阵中的基石型产品，对有道全面发展在线教育业务起到重要的作用。其中对于精品内容的极致追求与精心打磨产品体验，是有道词典以及有道精品课等在线教育产品获得用户口碑与行业影响力的关键因素之一②。

---

① 《有道推出国内首个实景 AR 翻译，集结 4 大顶尖 AI 科技》，http：//tech. ifeng. com/a/ 20180426/44969906_ 0. shtml。
② 《专注打造精品内容有道与牛津大学出版社达成版权合作》，http：//www. sohu. com/a/ 229508560_ 665896。

（五）Hardware：以智能硬件辅助教育

在硬件方面，有道相继发布了有道翻译笔、智能答题版之后，还即将推出有道词典笔、有道翻译蛋2代、有道答题笔等硬件科技产品。尤其是有道精品课在2018年上半年发布了首款教育硬件产品——有道智能答题版，将纸质的作业本变成了"智能作业本"，用人工智能搭建全新的师生互动方式，同时还原书写的体验，大大减轻了学生与教师的沟通成本，减轻了教师的负担，提升教学效率[①]。

四　网易有道的运营模式

（一）产品矩阵为有道精品课提供潜在用户

有道自成立以来，一直重视产品的质量和创新，形成了一整套的产品矩阵，有道的每一个产品都有一群忠实的粉丝支持。以有道翻译来说，目前有道翻译是国内做得最优秀和翻译最精确的翻译产品，受到了众多用户的追捧。在有道翻译的界面就有有道精品课的广告页面，通过点击可以直接进入有道精品课的页面，简单快捷。类似于有道词典、有道云笔记、有道翻译官等这些拥有1500万日活跃用户的产品就为有道精品课提供了潜在的用户，并且为有道精品课做了重组的宣传。此外现有精品课的用户都建立专门的QQ群，形成同类课程互相推荐的平台。

（二）明星教师包装

网易有道的"同道计划"为老师提供了优质的服务，其中一项服务就是对教师进行人格化和明星化的包装。纵观国内知名的考研教师和中高考辅

---

① 《有道精品课发布智能答题板在线教育的硬件时代也许要来了》新华网，http：//www. xinhuanet. com/itown/2018－01/11/c_ 136887514. htm，2018－01－11。

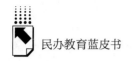

导老师，老师的性格特点鲜明，讲课风格风趣幽默，必然会吸引一大群学生的关注和追随。有道精品课看到了这一点，于是在同道计划中加入对老师进行包装的服务，包括对教师公众形象的包装、媒体宣传、综艺节目曝光等。这些包装不仅可以帮助老师巩固和提升自己课程的点击率，也能帮助有道精品课课程在线付费量的增长，是一举两得的举措。目前有道精品课已经推出众多明星教师，例如高中牛师团的钟平、董腾和包易正老师，这都是得到家长和学生认可的明星老师。这些老师最为"网师"的代表，曾受邀参加湖南卫视《天天向上·教师节特辑》的录制。此外，有道还有帮助教师做新媒体运营和线下粉丝活动，比如举办开放日活动等。

（三）成立工作室帮助教师成长，并分成运营

随着网易有道的日渐发展，在有道精品课的平台中，运营者不断挖掘明星教师入驻平台，这些教师可能本身就有自身的名师工作室，这些经过筛选的名师团队都会被纳入教育工作室中，和有道精品课进行分工合作，由名师牵头制作教育，有道精品课负责产品的设计、内容策划、课程营销和公司资源分配。

在传统和线下的教育机构中，很多名师都纷纷离职。原因是很多教师觉得自己付出的经历和回报不成正比，因此很多教师宁愿自己出来成立工作室进行教育教学的工作。网易有道在考虑到用户的流量之外，同时也关注到做在线教育应该与老师简历更深切的黏性，因此有道精品课采取与工作室分成运营的方式，使得工作室的收益能够得到长期扩张，分成运营不仅能够节省教师的精力和时间，同时也考虑到教师的收益，这种分成运营的方式受到了众多名师的欢迎。目前有道精品课的平台上，已经有超过 20 位教师的月收入超过 6 位数①。

---

① 《有道精品课调研分析报告》，http：//www.docin.com/p－2108210556.html。

五 网易有道发展特点

（一）注重产品的质量与创新，形成了产品体系的商业化矩阵

网易有道是以搜索起家，以教育类产品和语言类产品出名。在语言学习领域，网易有道的多款产品都已占据各大教育类排行榜的前列，通过对产品不断完善和创新，在巩固着原有用户的基础上吸引新的用户。通过多年网易有道对产品的精心打磨，现在网易有道已拥有一大批忠实的用户，这些忠实的用户为网易有道的付费类产品打下了良好的基础。在目前的互联网营销环境中，任何一个产品的单打独斗都比较艰难，因而网易有道不仅对产品进行不断的创新升级，同时围绕自有产品形成了产品体系的商业化矩阵，从而打造具有协同运作能力的商业化平台。例如，网易有道围绕着语言服务，打造具有同频共振的6+1商业产品矩阵，其中"6"指的是有道词典、有道翻译官、有道云笔记、有道云写作、有道精品课、有道惠惠购物助手六个语言及办公购物类产品，而"1"指的是以技术为驱动，汇聚优质流量的营销平台——有道智选。通过产品矩阵，满足不同年龄段、不同需求的用户。截止到2017年底，网易有道的产品矩阵用户总量已经达到8亿的规模[1]。

（二）打磨和开放技术，利用技术的进步带动产品的进步

随着神经网络技术的发展，越来越多的公司开始研发神经网络以及AI技术。网易有道在研发技术方面一直在进步，2017年网易有道上线了自主研发的YNMT系统，这是以中文为中心、根据中文用户使用习惯定制的神经翻译系统，它主要用于服务6亿的有道翻译用户。在2017年7月，网易有道的开放日活动上，有道正式上线OCR技术、中日、中韩语言对神经及

---

[1] 田振兴：《营销创新需要从量变到质变的积累》，http：//money.163.com/17/1115/15/D39SEPM5002580S6.html。

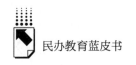

其翻译和有道智云平台。智云平台的上线让更多第三方的开发者和企业能够利用相应的技术，同时让企业用户能够通过平台，以多种方式将神经机器翻译、OCR等技术介入自己的应用，满足自己的需求，让技术可以转化成实际的产出，服务于更为广阔的用户群体。

有道不断探索技术，并将技术输出，从技术的提供者变成了技术的赋能者，不仅有利于技术的推广，也有助于用户的拓展。除了在神经翻译技术方面外，在教育产品方面，网易有道也在不断地更新技术水平，比如实体电子化系统的研发能够帮助老师进行自动的阅卷子和批改作业，极大地减轻了中小学老师的负担；有道智能答题板的研发，帮助学生自主地进行作业的判断和解读，提升了学生自主学习的能力。目前有道众多的产品和技术还在不断的研发和更新当中，有道不断用技术提升产品的质量，满足用户的需求。

（三）深度垂直的在线教育产品模式

网易有道认为在在线教育行业发展的过程中，不仅要关注在线教育平台的建设，也要挑选可以做出特色的领域去做有针对性的移动学习，以及提供有针对性的学习课程服务，这就是深度垂直，可以使得产品具有较强的竞争力，直接到达某个垂直领域中，而不是仅仅搭建一个泛泛的平台。例如网易有道曾经推出的移动教育产品、超级计算器、有道语文达人都是非常具有针对性的应用产品，能够满足用户特定需求的产品。在有道精品课中，有不同板块的课程，平台虽然涉及从早教到职业教育各个领域的在线教育的学习，但是这些学习并不是空泛的一个架子，每一个板块内容都非常精细、模块化，以满足不同人群的特定需求。例如作文不好的高中生，可以在有道精品课平台中由著名的作文老师带领下对其进行系统的作文学习，最大限度地提升学生的作文成绩。

（四）教育类产品覆盖领域广，课程评价体系独特，是可以进行终身学习的平台

作为网易有道主打教育的有道精品课平台，其因为课程种类齐全而受到

广大用户的欢迎。目前所包括的课程有 K12、英语四六级、实用英语、职业考试、兴趣爱好、留学、多语言课程等十几个课程门类，上千门课程。这些课程能够满足不同年龄段学习者的学习需求，是一个可以进行终身学习不断汲取知识养料的平台。

网易有道挑选和评价教师有几方面的考量维度：报名量、NPS（用户满意度的净推荐值）、五分率（用户打分）、学员主观细节评价、自带流量、合作打磨过程配合度。其中 NPS 和五分率是重要的考量维度。除了上述对教师课评价维度外，有道精品课还将课程的完成率和续报率作为评价课程的一种方法，同时相比较同类型的在线教育平台，有道精品课以其较高的课程完成率以及课程续报率称为在线教育付费行业的佼佼者。

（五）与付费课程相关的配套服务齐全

除了在线的课程之外，有道精品课还配备了教研团队、技术团队、运营团队与老师共同打造课程产品，为课程提供全方位的服务。例如有道精品课与知名机构合作研发权威的教辅资料、提供在线批改系统等等的技术支持。在课程的服务中配套的有交流社群，每一个社群里都有提供答疑的助教和老师，帮助学生答疑解惑减轻老师的教学负担。

（六）对优质原创内容的忠实

网易有道的知识付费平台本质上是内容驱动的产业，高质量的服务和内容是留住用户最有力的秘密武器，其中优质的教师则是产生优质内容重中之重的环节。自从网易有道诞生以来，就非常重视对内容的优化和发掘。以有道精品课为例，其平台非常重视优质师资的挖掘，有道精品课认为优质的师资是优质内容的关键。2016 年有道推出教育合作计划——"同道计划"，投入大资金与业内最优质的教师和机构合作创办工作室，并对这些工作室全面开放流量，打造原创优质的精品课程，对于教师来说，有道为有志于投身在线教育的教师创造一个在线教书育人的平台，对于追求优质教育内容的用户来说，网易有道汇集了大量业界的名师，是一个值得为之花钱购买课程追求知识的地方。

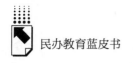

六　网易有道主要付费产品

（一）有道精品课

2016 年 10 月，网易有道在词典拥有 6 亿用户流量入口的基础上顺势推出了有道精品课在线教育品牌。2014 年 4 月，网易宣布推出"有道在线教育平台"，2016 年，网易有道的在线教育平台正式改名为有道精品课。有道精品课是网易有道在有道词典拥有六亿用户流量基础上顺势推出的在线教育频台。有道看准了在线教育市场的广大空间和潜力，投入 5 亿元，以"为你精选好课"为品牌标语，重金吸引名师坐镇，打造优质的在线教育课堂。有道精品课的课程品类齐全，包括 K12、英语四六级、职业考试、兴趣爱好、留学、考研、多语言学习等十几种课程的门类，上千门课程。随着有道精品课的发展，有道发现优质的教师是在线教育的重头戏，于是有道精品课开始花重金挖掘或者培养国内的在线教育优秀讲师。网易有道施行"同道计划"，组建多个名师工作室，全力支持和培养名师的工作，打造网红的教师团队。截止到 2018 年底，有道业务比 2017 年同比增长了 530%，实际用户使用时长将近 2000 万个小时，全年听课的学生人数达到 300 多万人，单门课程同时在线人数达到 4.8 万多人，有 21 位精英教师月收入达到 6 位数，一年的时间成为在线教育平台的重要力量。

（二）有道词典

有道词典是网易有道公司最为核心也是用户满意度和使用人数最高的产品，目前有道词典基本已经实现了全平台的覆盖。有道词典是一款基于搜索引擎技术进行网络释义且适合全年龄用户的学习翻译软件。有道词典通过独创的网络释义功能，轻松囊括互联网上的流行词汇与海量例句，并完整收录《科林斯高级英汉双解词典》、《21 世纪大英汉词典》等多部权威词典数据，词库大而全，查词快且准。目前结合丰富的原声音频例句，有道词典总共覆盖了 3700 万词条和 2300 万海量例句①。

（三）有道翻译官

有道翻译官是由网易有道公司出品的，首款支持离线翻译功能的翻译应用软件，在没有网络的情况下也能够顺畅使用。目前有道翻译官支持中、英、日、韩、法、俄、西七国语言翻译。同时配备强大的摄像头翻译和拍照翻译功能，无须手动输入便可快速获取翻译结果。翻译官主打的特色是"您的随身翻译专家"，有道翻译官在软件上线当天就跻身 APP Store 排行榜的前三名，连续三年获得"APP Store 精华"的称号。

七　受众分析

（一）用户规模分析

对于用户的分析，主要利用"百度指数"对"网易有道"进行搜索，其结果如下。

1. 在地区分布上

选取了近半年来网易有道的地区用户分布，结果显示北京地区的用户使用网易有道的人数最多，其次上海和广州等地。在省份上，使用人数最多的是北京、广东、上海这类一线城市。

2. 年龄分布上

网易有道使用人数最多的年龄段是 30～39 岁，占了总人数的 50% 左右。其次是 40～49 岁的人士占了总人数的 22% 左右，随后是 20～29 岁年龄段的用户，占了总人数的 25%。

---

① 《有道词典宣布用户数破 5 亿》，搜狐教育，2015 - 4 - 24 ［引用日期 2015 - 05 - 11］。

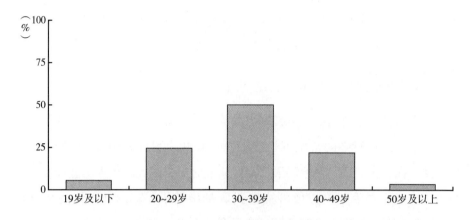

图1 网易有道使用人员的年龄分布

3. 在性别分布上

男性和女性的比例持平，男女比例各占50%。

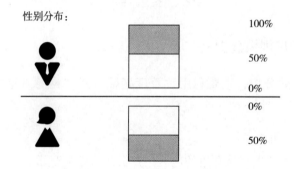

图2 网易有道使用人员的性别构成

（二）用户需求分析

根据上述的用户群像，可以推断出网易的主要用户通常有以下几种类型。

中小学家长。在网易有道众多的平台上，有很多针对学生的平台，例如有道公开课，同时因为网易有道上汇聚了众多优质的教育资源，家长想要通过该平台为孩子购买课程，以提升孩子的成绩。有部分学生家长的教育购买力较强，因此这部分用户成为有道的主要来源。

在校学生。20~29岁年龄段的用户是网易有道重要的用户群体。原因是这类群体有一部分用户是在校的学生，他们需要面临考四六级、考研、考资格证的考试需要，有要学习英文的需要，因此他们会较为经常使用有道词典、有道精品课、有道云笔记等产品。

职场人士，20~29岁的年龄群体，有很大一部分用户已经走上了工作岗位，在工作岗位他们本着提升自我的需要，学习一些职场知识，以提升自身的竞争力。同时处于商务或者出国的需求，需要学习外语或者传译重要的英文资料，需要随时记录信息。因此这群人会是有道翻译、有道云笔记、有道翻译官的重要用户群体。

八　网易有道面临的问题与挑战

（一）市场上开始出现大量雷同产品，具有大量有竞争力的对手

随着互联网的快速发展和创新类公司的不断涌现，与有道相关产品的竞争对手越来越多，且这类公司也越做越强。根据相关的统计数据，大约每天有9个在线教育的项目在发布。因此保持产品的独特性、内容的优质性，并在此基础上不断开拓新的领域，是有道发展的关键。

（二）线下用户扩展渠道较为单一

目前公司的用户拓展渠道仅局限于网络拓展和简单的线下拓展。在网络拓展方面，有道的相关用户大多是从网易其他平台导流，或者是有道其他明星产品的粉丝追随而来。在线下拓展方面，目前的线下拓展渠道是高校的活动和综艺节目。这两种拓展渠道类型有一定的局限性，我国在线教育和学习类平台仍处在发展阶段，线下的用户仍然占有很大一部分比例，能够挖掘到这部分线下用户是很多在线教育平台和互联网付费平台拓展的目标，然而有道恰恰缺乏这类用户的拓展渠道。相比较于新东方、好未来这类从线下平台

发展而来的，并且已经积累了大量线下用户口碑的平台而言，有道在其用户的占有率方面，仍然处于劣势地位。

（三）与精准定位人群的公司抗衡

网易有道产品的一个突出特点就是所针对的用户涵盖面较广，例如有道精品课的课程内容从早教、K12 到职场教育均有涉猎。但是相比较精准定位某一特定人群的公司和产品来说，由于有道精品课所涉及范围太广，因此没办法将每一个课程板块的内容都做到尽善尽美。例如在针对 K12 的付费教育中，大多数的用户会选择学而思、好未来这类平台，因为这类平台在线下已经有多年探索的历史，其课程的质量和内容受到家长的好评，已有较好的口碑。相比较这类平台，网易有道缺少其用户的肯定及其课程质量上的保证。在有道的翻译产品中，目前国内很多翻译类公司也在大规模崛起，并且各大公司都开始积极研发技术，将翻译内容做到极致的精准化，例如科大讯飞在做同声传译、人工智能翻译等方面就得到了众多用户的肯定和支持。因此，正确把握与精准定位人群公司的抗衡，在产品内容上精益求精以保持和继续吸收用户，是网易有道面临的一个重要的挑战。

参考文献

刘洪泉：《科技翻译助推器—翻译工具》，《中国科技翻译》2015 年第 1 期。

崔晓林：《网易有道 CEO 周枫："掘金"在线教育产业千亿市场》，《中国经济周刊》2016 年第 20 期。

B.16
引领社群付费的平台：录趣

孟大虎　严梓洛*

摘　要： 录趣科技是一家专注于互联网考试服务的新型企业，是一个专注于考试领域的知识分享平台。录趣科技成立于 2017 年，通过连接各领域专家为学生和家长提供包括高考志愿、出国留学等几十种考试类型的知识服务，同时为各种高考志愿专家、留学专家、职业规划师、学科和就业导师、心理咨询师等专家导师提供知识变现的机会。本文将从录趣的发展背景、运营模式、愿景与使命、发展特点等方面对录趣进行分析和介绍，并探讨了录趣在发展过程中所面临的问题与挑战，希望通过对录趣的案例分析让公众对在线知识付费平台有更深一步的了解。

关键词： 知识付费　分答　地推式运营

一　录趣科技创办背景

（一）公司发展背景

1. 新高考改革带给学生和家长的困扰

2014 年 9 月国务院颁布了《关于深化考试招生制度改革的实际意义》

---

* 孟大虎，北京师范大首都教育经济研究院研究员，《北京师范大学学报》（社科版）编辑，主要研究方向：教育经济学。严梓洛，北京师范大学教育学部研究生。

后，各省市和地区开始出台新的高考改革方案，拉开了高考改革的序幕。同年12月，教育部发布了《关于普通高中学业水平考试的实施意见》，在该文件中，明确指出各高校要加强对学生生涯规划的指导。自2017年起各地区开始实行新的高考改革方案，新一轮的高考改革改变了以往的高考计分方式和高校录取方式，将学生的综合素质作为重要的考察标准。具体来说，高考取消了文理分科，由过去选科的"3 + 3"模式变为了"3 + X"模式；学校从高一开始实施普通高中学业水平考试，考试成绩将作为毕业和升学的重要依据；除了将学业水平测试成绩纳入高考录取之外，学生的综合素质也将作为高考进行招生的重要参考。新的高考改革要求学生从高一开始就要思考未来选科、选考、选专业等一系列问题，因此学生很早就要开始思考其生涯规划问题。新的高考改革方案刚刚实行，不同于以往一刀切的高考改革和报考形势，新的高考改革方案给了学生众多的选择，学生和家长在选专业和选大学的过程中，面临纷杂的报考和选择信息很容易产生困惑，因此正确的指导是学生进行生涯规划的催化剂，录趣科技在这种大背景下应运而生。

2. 长久以来普遍存在的报错志愿现象

高中学生常常因为忙于考试和学习，对未来的职业规划缺乏有效的认知。互联网数据显示，在高中生中已有明确的目标专业的考生仅占15.6%；知道不想学什么专业，但不知道想学什么专业的考生占36.3%；没有目标的学生占比36.3%；在学生填报志愿的时候，有40%的学生根本不了解所选择的专业，上了大学之后才开始后悔；有37%的大学生毕业之后所从事的工作跟自己所学的专业不挂钩；有70%的大学生后悔所选择的专业。上述数据表明，大多数的学生在高中生涯中很少思考自己的生涯问题，以至于在报考志愿的时候，常常因为对自我未来规划不明晰和对自身喜好不明确而产生报错志愿等现象。

3. 网络上高考志愿报考信息杂乱无章，家长学生咨询无门

目前互联网上关于如何选择高校、如何进行高考报考的信息十分杂乱，且这些信息大多存在缺乏校验、信息滞后等问题。若家长和学生参考这些没有根据、没有准确来源的信息，很容易导致其高考报考志愿的不准确性，从

而导致志愿填报错误的惨剧发生。目前家长在面临高考志愿填报选择的时候，80%的家长和学生会选择咨询班主任、其他教师或者亲朋好友中已经参加过高考的"过来人"。但是受制于"过来人"的认知局限、部分教师没有接受过高考志愿报考的培训等限制性因素，这些家长和学生很难获得专业、准确的回答。

4. 国内兴起的高考志愿报考机构天价收费、咨询质量参差不齐

当前国内涌现了很多的高考志愿报考平台。这些高考志愿报考公司或者平台，利用家长和学生焦急的心理，引导家长学生和机构的人员进行线下一对一咨询，以大数据报考填报志愿的名义，兜售动辄5000～10000元不等的咨询费用。这些机构实际上利用的是家长和学生对高考报考信息的不对等性进行收费，其准确性以及权威性无从考证，模式的单一很容易在造成一竿子买卖的交易。这种天价收费的状况导致目前高考报考市场的参差不齐的行业乱象。

（二）公司发展历程

2017年3月录趣开始进入筹备阶段。

2017年4月，录趣科技成立。录趣采用了"知识变现"的模式，从高考服务切入，逐步深入到各类考试服务领域，欲重新定义"互联网＋考试服务"行业。

2017年5月，录趣正式上线。产品上线初期，录趣开发了选志愿查分"工具"和针对高考答疑的"问答"两个功能，并且只在江西省进行试点运营。在短短的半个月内录趣吸引到了2000多名导师，1万多种子用户入驻平台，期中约2000多位用户为录趣的内容付费，其线上的付费转化率为20%[①]。

2017年6月5日，录趣科技宣布完成1500万元的A轮投资，投资方为中国教育研修网。同月，录趣获得由华盛一泓投资的300万元人民币的天使轮投资。拿到融资后，录趣增加了订阅栏目"专家圈"、课程"小课"和高端咨询"一对一"等功能，并邀请了洪傲、晨雾气、网明祥等高考报考志

① 《知识付费引发热潮，录趣获300万元天使轮融资》。

愿名家入驻平台。

目前录趣主要开发出"专家圈"、"问答"、"小课"和"数据工具"四大模块。在短短的一年时间里其用户和导师数量发展迅速，且城市合伙人模式已经开启，未来"录趣"将积极拓展种类，将知识付费咨询领域覆盖至所有的考试、各关键节点、有刚性需求的节点，例如小升初、初升高、高考、留学、托福、雅思、司法考试等领域。

（三）公司创始人介绍

朱小刚，录趣科技创始人兼 CEO，高考小秘书 APP 的创始人，南昌大学软件学院教授。从事高考招生工作将近 15 年的时间，曾借调国务院学院办、教育部研究生司、教育厅、省级教育考试院等机构进行高考招生录取工作，是 2003 年至今教育部全国网上统一招生录取系统的核心研发人员，曾面向各大院校进行录取系统的培训，对高考业务非常熟悉，被圈内人士称为"高考第一人"。

孙彦波，联合创始人，曾任用友软件市场部负责人，此后创业的同时也做投资人，主要负责录趣的战略和品牌传播。

桑国勇，联合创始人，前会玩旅行产品 VP，E 代驾首席产品架构师，折 800 产品及运营总监，运营过三款过亿用户规模的移动互联网 C 端产品。目前主要负责公司的产品技术和业务运营。

二 公司商业与运营模式

（一）采用"分答"的知识付费模式以获取收入

作为一家专注于线上的高考报考咨询分享平台，录趣的产品具有交易频次较低、交易弹性较大、个性化服务较高的特点。因此，录趣以高考为切入点，稳定高考的各项咨询服务后，逐步渗透到其他考试服务市场，例如学科教学、留学、考研、资格证的考试等。录趣的问答功能基本采取的模式与分答 APP 的模式类似，学生和家长针对高考志愿、学习方法、心理辅导、职业规划、留学计划等方面向相应的问题进行付费提问，同时其他对这个问题感兴趣的用户，可以付低价的费用偷听该回答，偷听的费用可作为专家的分成。采用类似"分答"的知识付费模式，不仅能够满足提问者向专家寻求解答的需求，同时也能满足相同问题的人以优惠的价格听取类似回答和解答疑惑的需求。

（二）地推模式运营，与省级运营商合作，用户群体精准

目前"录趣"的运营模式主要依托地推的模式进行用户规模的扩展，所谓地推模式即录趣与学校进行合作精准的获取用户。录趣创始之初在江西省进行了地推模式运营，获得了江西省一些学校的支持。通过举办大型与高考选报志愿相关的讲座，录趣将线下的用户转移至了线上。数据显示，2017年录趣进行了三场讲座，每一场讲座都接近450人的规模，线下用户的转化率分别为30%、60%和85%。由于高考报考本身的特殊性，以及家长和学生对平台所请专家的认可，用户在线付费的接受程度逐渐提高。通过地推的模式，将用户的群体精准到高中的学生以及家长这个比较特殊且关键的群体上。

除了地推模式以外，目前在全国推广的渠道上，录趣将会与地方升级三大运营商达成合作，全面覆盖高考群体，促进线下的高考用户群体向线上用户群体的转化。

目前录趣进行推广的重点关注领域为浙江、江西、安徽、广东、山东和山西省。未来随着录趣的发展将会拓展到其他的地域。

三 录趣的愿景与使命：让所有用户平价共享优质资源

目前中国教育由于不同地区发展水平不同，其优质的教育资源也不均衡，因此对于优质教育内容和优质师资的追求成为众多家长和学生的关注点。录趣抓住了移动互联网知识付费和知识变量的东风，运用大数据的模式

让更多的高中家庭能够享受到真正的高考专家的服务，从而改变高考行业信息不对称并且高考咨询市场参差不齐的混乱局面，让更多的家庭和学生更加从容地面对新高考的改革。

录趣的一个口号是"人生关键时刻，你需要高人指点。高考问录趣，高考专家都在录趣"。通过该口号可以发现，录趣平台所开发的各种功能的目的是为考生答疑，让普通家庭享受到平价的高考咨询服务。同时为老师赋能，为老师提供大数据工具和一个省时省力的互联网答疑平台。基于家长和学生的疑惑，为教师提供更好的平台和工具以发挥教师和专家的最大价值。这两方面的追求正是录趣存在的价值。

四 录趣发展特点

（一）阶梯式分层答疑服务的产品体系

目前在产品形式上，录趣主要采用在线答疑的方式进行知识的答疑解惑。在专家答疑的过程中衍生出了三种不同的产品形态。

1. 问答

录趣把问答做成了一个完整的订单流。即在录趣上一旦发起一个问题就是一个下单的过程。这个过程包括了以下几个步骤：问题已发出—问题已到达—老师已接单—老师已分配好事件—老师正在准备资料—查询资料准备方案—老师完成了回答—完成录音—提交—用户评价。此问答的流程符合当下互联网的思维操作模式，即让用户时时刻刻掌握老师回答的动向，并且通过老师的回答可以就其内容的质量进行用户评价，是一个单次高效流程化的操作。

2. 圈子

该产品形态类似于社群，具有相同问题的人组成一个群组，教师可在群里解答学生的疑惑，其答疑方式是一对多，即一位老师回答多位学生的疑惑，学生可以在圈子里面相互交流，答疑互动。该圈子是付费进入，用户可根据自己的需要进入相应主题的圈子，只需要付几百元的年费，就可以享受到专家一年的答疑和与相关主题配套的知识付费服务。

3. 名家对接

录趣邀请行业内著名的专家入驻录趣平台，通过专家一对一沟通的方式，为用户解决问题。该产品形态，专家会在用户付费后为用户设计专属的方案。例如有学生因为高考报考的问题咨询专家，专家会根据学生的个人情况与意愿，从数据库中选择适合该学生的专业和学校，通过分析和整合生成一份属于学生自己的志愿报考方案。这种高考志愿报考和咨询形式相比市面上天价的高考咨询，其优点在于价格低廉且具有很强的权威性和可信性。

这三种不同的产品形态满足了考生和家长在不同情境下对不同层次深度的答疑的需求。同时该三种产品形态不仅适用于高考的咨询，同时可以深入到生涯咨询、家庭教育、学习方法解答、学科问题解答。是一个阶梯式不断递进的产品形态，致力于服务不同需求和不同层次的学生和家长。根据层次的深入程度不同，其价格也不同，但相较于市面上的天价咨询，无论是录取的问答功能还是专家对接功能，都是用户经济又可靠的选择。

（二）整合资源，实现高端服务平价化

录趣以高考咨询和报考起家，由于高考报考所服务用户的独特性，在产品的核心竞争力上，录趣明确平台的目标就是稳定老师的资源。录趣平台致力于帮助老师实现知识的变现，除了利用老师本身的号召力之外，录趣还给教师赋能，即将平台研发的高考报考工具和数据提供给教师，让教师解答用户咨询的时候不仅能够提供给学生丰富的经验，也可以利用各种测评软件更合理和科学的对学生进行测试，从而提供给用户更加精准和可靠的方案。例如在进行高考咨询的同时，平台给教师提供生涯规划及测评的工具，以帮助学生和老师更加了解自己的性格、爱好和特长，更好地帮助学生进行生涯的探索和规划。

为了提高教师的公信力与满意度，录趣通过各种咨询的整合，使过去一对一的高端服务逐渐平价化，不仅能够解决在新高考环境下家长的焦虑，同时帮助用户通过平台受益，以普通的价格实现高端的服务。

（三）资源与资本双重支持，以保证平台资源优势

2017 年，录趣接受了中国教师研修网 A 轮的投资。这份投资不仅给录趣带来了资金的支持，同时还拓展了其教师的资源与渠道。中国教师研修网在全国三十多个省份设有分公司，在全国范围内培训超过了 200 万的老师，凭借丰富的教师资源的优势，未来录趣在开发产品方面都能享受到丰富的教师资源。

（四）服务对象主要是家长

录趣所服务的对象有 80% 的比例都是家长。这源于录趣主打产品——高考报考、生涯咨询客户的特殊性。在每年高考来临之际，众多学生的家长都对学生如何进行报考、如何能上一所更好的大学而忧心忡忡，很多家长表示在高考期间针对孩子报考的问题非常着急，经常在报考完之后后悔没有早点准备，导致孩子没有上一个好学校或者好专业，并且在面对市面上动辄上万的咨询费用，很多家长因为经济问题无力负担，或者担心金钱的投入无法收到应有的回报。基于家长在报考季焦急的心理，因而在高考前后时期，学生的家长常常是高考咨询知识付费的主力。除了在报考季节以外，学生家长也常常在圈子和问答里询问学习方法、提高学生注意力与学业成绩等一系列问题。因此录趣主要针对家长进行知识付费，这在互联网的教育行业是一个比较特殊的方向。

五　录趣主要付费产品介绍

（一）专家圈

录趣专家圈是一个连接业界权威专家与普通用户的桥梁，很多时候家长有很多问题但是不知道该向谁提问也不知道谁能解答疑问。专家圈提供给家长一个平台，在圈子中，用户可搜索订阅自己感兴趣的内容（例如照片、小课、语音、链接），专家可以随时回答家长的问题，并发布优质的教育内容。目前录趣的专家圈大概有 100 个左右，覆盖 1000 多位老师，每一个知识圈里面有 1000 多名用户。用户只需要支付几百元，就可以进入知识圈，享受为期一年的高考服务。在该知识圈里，学生可就自己个性化的问题向教师提问，教师在线回答学生的疑惑。同时社群式的圈子给用户提供了一个相互交流的平台，在这个平台中用户可以分享自己的经验，同时也可以就一个相同的问题进行探讨。

除了教师的问答之外，订阅圈子还可以拥有一年的志愿填报工具的测评工具免费试用版。每周圈主或者嘉宾会在圈子内发布 1～2 条优质的内容，全年至少 48 条内容，家长能够通过圈主或者导师发布的课件或者咨询学习高考相关的知识，通过数据来分析了解学业与高考的关系，帮助孩子明确高考的目标，并能了解更多家庭教育的情况，帮助家长拥有更加正确的教育观，帮助用户看清大学、看透学业、看透职业。除了线上的交流以外，一年的圈子服务中还包括不定期的与专家面对面、线下授课、抽奖等小型家长圈活动。

（二）问答

该功能与"分答"的付费语音问答类似，学生或者家长可针对高考志愿、心理辅导、职业规划、出国留学等问题向专家或者教师进行付费咨询。学生在付费向专家提问后，专家进行解答。如果有相同兴趣或者相同问题的用户，可以付几元钱的费用进行"偷听"。在用户听完回答之后，若用户对回答不够满意，而可以追加回答，若回答完问题，用户可根据专家回答的内容进行评价。

六　录趣面临的困难与挑战

（一）业务拓展的困难

目前录趣的用户群体比较固定和精准，即面向国内高考的高中学生。因为其用户的特殊性，主要拓展用户资源的方式就是实地进行学校之间的宣传。利用已有的人脉跟高中进行接触，售卖自己的圈子；或者是与专家合

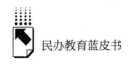

作,利用专家的知名度吸引粉丝和用户到平台上来。但是用这种方式获得客户的成本较高,同时可能会面对有很多学校不愿意和平台合作以及家长和学生对平台不信任的问题。因此合理拓展业务宣传的渠道,吸引更多的用户到平台上进行付费是录趣目前面临的一个主要的困难和挑战。

(二)增加用户在高考之后对平台的使用率下降

在高考之后,由于高考升学服务属于低频次的消费,线上获取的用户可能会如同线下一样,咨询完就不再二次使用该软件或者平台。明显,在高考之后学生和家长在录趣平台上进行问答的次数减少了很多。因此在高考季后,需要保持用户付费的比率,延长用户使用周期和增加用户的使用频次是录趣目前面临的一个主要的挑战。

(三)圈子内容较为单一

由于录趣成立时间并不长,因此其知识圈主打的业务是针对高中生的生涯咨询、高考报考服务、部分学科的学科指导。其知识圈的内容大多围绕这几个方面展开,内容比较单一。目前平台开始录趣招募其他领域的导师,例如心理辅导、健康营养、出国留学等领域的老师,但是在未来录趣扩充这些领域的内容后,如何与同领域的付费问答平台相竞争,如何在这些领域提升竞争率,吸引更多的用户,是目前录趣面临的重要挑战。

七　录趣未来发展趋势

(一)扩大圈子,扩展平台的教师资源和付费内容的种类

目前录趣主打的领域还是针对高中生进行生涯的规划和对高考后的学生进行高考的报考指导。未来录趣将利用教研网海量的教师资源,加大力度招募更多优秀和专业的导师入驻平台。平台在招募的同时,也将培育更多的优秀老师,为老师进行包装和设计,给专家和老师赋能。这样不仅能够通过教

师自身的影响力招募到更多的用户，同时对于教师也是一个提升自我竞争力的绝佳途径。

除了招募更多的教师以外，未来录趣将拓展自身平台内容的业务范围。将目前平台的生涯咨询做大做强之后拓展到学科教学、留学、考研和各类教师资格证培训等领域。目前平台已经开始对学科的教学进行了试水，并受到了学生和家长的欢迎。未来录趣除了将会在问答、专家一对一和圈子有付费产品以外，还会继续开发更多付费内容的种类，让各种类型的用户都能够享受到细致的服务和咨询。

（二）开发数据库和测评工具与系统

更加科学地对学生进行测评，从而帮助学生更好地了解自己、了解所学的学科，是录趣目前对生涯和高考咨询的一个探索。目前录趣正在积极研发高考报考模拟系统，该系统预计有两个端口，一个是用户端，一个是导师端。该系统包含实时、各地的高考咨询以及相关专业和大学的信息。导师利用导师端口，可以随时打开系统以查看大学的报名信息和专业信息，并为学生和家长提供一整套基于大数据、科学、实时且符合考生自身特点的高考报名方案。

除了在高考数据系统的开发以外，目前录趣也在积极的开发和引进各种测评工具，例如学生生涯兴趣、生涯决策类型等方面的测试工具和问卷。通过开发测评工具，不仅能够让学生更加了解自己，也能帮助学生更好地做出生涯的决策、做好高考选择。

（三）针对专业教师进行培训与服务体系的建立

随着录趣的发展，录趣不仅仅将服务的对象集中在学生和家长这个群体中，录趣未来将引进更多的专家名师，同时也将在线培养高质量的教师，给现有的教师赋予更多的能量。既帮助教师进行自我的提升，也能够提升平台进行问答和服务的质量。

例如录趣将联合中国教研网共同打造教师互联网商学院"老师成长营"。不同于专家圈，针对学生和家长进行答疑，"老师成长营"更像一个教师的圈子。

该成长营主要依托教研网海量的优质教研资源，以及录趣提供的整套知识变现的工具，共同提供和维护教师专项的学习基地、资源中心和知识变现交流地。在这个圈子中未来将上线四大功能：政策分享、教学校验、互联网科技应用分享、录趣平台赚钱经验分享。通过进入圈子学习，教师可以获得最新的政策咨询、获得更优质的教学内容。从而帮助教师进一步服务其学生。

未来录趣不仅要扩大学生和家长这个用户群体，也将为教师群体提供更多和更细致的服务。

（四）增加用户黏性，保证平台的营收与长远发展

在每年高考前后的阶段是录趣进行战略定位、产品升级、招募城市合伙人的关键期。为了保证平台的运营，录趣针对高考和非高考阶段运用了不同的推广和运营策略。

在高考期间，录趣将陆续简约更多的专家教师，在高考出分的阶段对学生的报考问题进行收集直播课程的讲解，同时圈子和专家咨询也将陆续开放给学生和家长，以便用户能够随时随地的就自己不明白的政策和报考疑惑进行咨询，并得到专家的解答。

在非高考期间，未来录趣将推出和开启城市合伙人招募计划。在高考结束后，凡是在某个城市由中学校园资源的机构或者个体，都可以申请作为录趣的城市合伙人。城市合伙人只需要负责维护当地的专家和教师，即能够持续获得平台收益分成。城市合伙人计划的目的，是为了让录趣可以把高考的数据和方案能力、运营能力、产品能力、渠道资源能力均赋能给专家、教师和合作伙伴，从而建立一种稳定且长期的体系。这样能够避免每半年高考后都需要重新招募教师的负担。未来录趣将把线上的运营和服务，与线下的渠道、专家形成一个有机的整体，共同把教育答疑这个领域的产品做大做强，以便更好地服务高中的家长与学生①。

---

① 张乘辅：《"高考知识变现平台"录趣完成 1500 万元 A 轮融资，为考生答疑，为老师赋能》，http://www.iheima.com/article - 168473.html，2018 - 06 - 04。

教育资本篇

Education Capital

B.17
教育资本领域发展报告

曹淑江　刘春阳*

摘　要：　如果说早期连锁是驱动上一个十年教育产业的发展，未来科技可能就是驱动教育行业下一个十年发展的重要因素。但不管是哪一个驱动教育行业的规模化发展，资本在里面的作用都不容小觑。① 2015 年左右，中国 A 股允许上市公司跨界并购，跨界并购进入教育领域的股票增值飞速，老教育资产加速证券化，一级市场投资增加，二级市场证券化通路打开，互联网人才涌入，技术进入了一个和教育密切结合的新的周期，这些所有的要素，使得传统教育巨头的人才都陆续出来

---

*　曹淑江，中国人民大学教育学院教授，主要研究方向：教育财政。刘春阳，人民大学财政金融学院博士生。

① 岳丽丽：《"教育产业经历了"变化莫测"的 2016 年，未来走向如何？》，https：//www.iyiou.com/p/46934.html，2017－06－02。

创业，资本、人才等要素的积累使行业发生了剧变。①教育资本的运作在我国起步虽较晚，但近年呈现出高速发展的势头，成为教育产业发展中非常重要的组成部分。本文主要从教育资本领域概述、教育资本行业应用、教育资本行业发展趋势及未来投资主线、教育资本行业面临的问题和挑战这四个方面对整个行业进行介绍。

关键词： "教育＋资本" 教育产业化 教育行业投融资

一 教育资本领域概述

（一）整体概述

《2018上半年教育行业融资并购报告》显示，截至2018年5月20日，2018年上半年融资数量高于2017年同期，已完成了182起，中后期融资热度强劲，大额融资数量增加，优质项目受到追捧，披露金额的融资总额已达152.73亿元人民币，与2017年全年180亿元融资总额相当接近。在细分赛道中，2017年开始，素质教育成为关注重点，2018年上半年该赛道的融资数已经跟2017年全年总数持平。

在教育行业一级市场，好未来、新东方两大教育行业巨头持续布局，蓝象资本、真格基金、创新工场活跃度占据TOP3，清科集团、头头是道、涌铧投资等新晋入榜。

政策开放以后，教育行业经过泡沫期、平稳期，一级市场和二级市场将先后迎来持续很长的增长期。上市公司通过并购整合向教育行业转型，教育行业企业通过并购退出仍然是有效路径。2017年、2018年A股并购活跃度

① 宁柏宇：《企业如何在教育慢行业抓住风口，跑通闭环？》，搜狐网，2018年1月9日。

保持基本稳定，2018 年上半年已公告 14 起 A 股并购案例，并购资产所属子行业主要为教育信息化、K12、职业培训及国际教育领域。A 股之外，2018年上半年港股上市公司加快并购教育资产。

除了并购退出的路径，部分优质教育公司寻求独立 IPO，A 股、港股、美股多元渠道并行。在过去一个自然年度里，有 12 家以教育为核心产业的公司去港股和美股上市，这些公司基本上 100% 以教育为核心产业。目前仍有多家正在排队的拟上市公司，到 2019 年 5 月 28 号，教育行业上市公司会远远超过这 12 家。这个行业将真正迎来它规模化和资产证券化的最好周期。[①]

（二）教育资本行业投融资发展过程

1. 教育行业一级市场投资

《桃李资本关于教育行业 2017 年投融资分析》显示，从一级市场的角度看资本与教育的结合情况，从 2014 年开始，教育的投融资到了一个爆发期。2014 年有 213 起，2014 ~ 2015 年达到顶峰 492 起，这主要是因为自2014 年开始，美元机构开始投资教育行业，如红杉、VIP，特别在 2015 年股灾前上涨特别多，他们认为教育类资产是比较优质的资产。

2014 年以前大部分一级市场投入的钱跟现在不太一样，他们想投资高增长（即几年 300 倍增速）行业，但是教育行业有其天然规律，它像植物有自己的生长规律，所以大部分 VC 是不投教育行业的。2014 年一级市场教育投资的爆发主要由美元机构或者五年以上老牌的人民币机构为主导，他们对教育市场跟踪时间比较长，并且有了一定的积淀，所以敢在一级市场出手。

2016 ~ 2017 年上半年，融资数量明显减少。从投资额度来说，所有的机构投放到教育行业一级市场的钱并没有减少太多，这是由投资早期向中后期发展的过渡造成的，投资轮次越往后，投资人越看重退出路径是否清晰，

---

① 桃李资本发布《2018 上半年教育行业融资并购报告》，并推出"双百计划"。

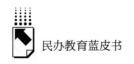

更看重投资风险的大小。①

从融资金额来看，2014 年教育一级市场融资激增，2015 年达到高峰，2016 年市场趋冷。② 近三年 1~6 月的融资事件数和披露金额的事件总额都呈上升趋势。2016 年总融资事件 332 起，披露金额的事件总额约 157 亿元人民币。截至 2017 年底公开披露的数据情况统计，2017 年教育行业一级市场全年共发生 412 起融资事件，总金额达 282.86 亿元人民币。根据企业名片及公开资料，2017 年第四季度教育行业一级市场共发生 119 起投融资事件，2017 年第一季度、第二季度、第三季度的投资事件分别为 82 起、88起、123 起。可以看出，2017 下半年是教育行业一级市场的投融资高峰时期，总融资额为上半年的 3 倍多，下半年，教育行业平均每天都有 1.3 起投融资事件发生，而第三季度、第四季度的融资金额均超过 100 亿元人民币，是第一季度、第二季度的 3 倍之多。2018 年 1~6 月的总融资事件为 270 起，披露金额的事件总额约 217 亿元人民币。

从融资轮次来看，2016 年上半年和 2017 年上半年，早期轮次（种子轮、天使轮、Pre-A、A、A+轮）的融资额相差不大，差额在 1 亿元人民币之间；中期轮次（Pre-B、B、B+轮、C、C+轮）的融资额相差约 10 亿元人民币。从 2017 年全年看，处于早期阶段的融资事件依然占大头，达 285起，占全年总融资数量近 70%；融资阶段处于中期的公司有 47 家，占比11.41%。融资阶段处于后期（D 轮、E 轮）的公司共 7 家，分别是VIPKID、掌门 1 对 1、猿辅导、轻轻家教、爱乐奇、辣妈帮、蜻蜓 FM，其中猿辅导获得 1.2 亿美元的 E 轮融资、蜻蜓 FM 获得了近 10 亿元人民币的E 轮融资；此外，2017 年发生的教育机构被上市公司收购全部或部分股权的投融资事件同样不容小觑，2017 年共发生 34 起（拟）收并购事件，其中以第三季度发生的数量居多，达 18 起，包括朴新教育以 8000 万美元并购留学考试培训机构环球天下（即环球教育）、A 股上市公司文化长城以 15.75

① 《桃李资本关于教育行业 2017 年投融资分析》。
② 桃李资本：《2017 年教育行业融资并购报告》，2017。

亿元收购职业 IT 教育机构翡翠教育等等。2018 年 1～6 月，早期轮次的融资金额为 40.6 亿元人民币；中期轮次的金额为 105.06 亿元人民币；后期轮次的金额为 49 亿元人民币；战略融资金额为 1.46 亿元人民币；并购涉及金额为 18 亿元人民币；未披露轮次的融资金额为 2.96 亿元人民币。

从细分领域来看，2016 年上半年融资事件最多的细分赛道是 K12 和语培留学，紧随其后的是职业教育赛道；但从金额上看，职业教育赛道的金额是最大的。2017 年占据最多的两个领域是 K12 和素质教育。2017 年上半年，素质教育是最火的细分领域，K12 领域战略调整，投钱都是最多的，天花板较高，从案例数来看，其他领域数据都是下降趋势，唯有素质教育是上升的。① 2017 年全年，除素质教育"吸金"热度最大外，K12 培训、为教育企业提供管理及服务的 To B 类企业，以及早教、幼教服务的企业也不可小觑。不过，2017 年对于亲子、母婴/育儿平台与服务的企业来说似乎步入了一个低谷期，获投公司数量仅为 16 起，家庭教育赛道的公司相对来说也较为冷清。2018 年 1～6 月早幼教领域融资金额为 13.48 亿元人民币；K12 领域融资金额为 31.27 亿元人民币；素质教育领域融资金额为 74.36 亿元人民币；语培留学领域融资金额为 65.15 亿元人民币；职业教育领域融资金额为 7.71 亿元人民币；教育信息化领域融资金额为 7.15 亿元人民币；泛教育领域融资金额为 14.14 亿元人民币；其他领域融资金额为 3.83 亿元人民币。

从地域分布情况看，2017 年全年，北、上、广地区的获投公司数量依然占据了全国大部分份额，在全年教育行业一级市场所有融资事件中占比超过 76%。浙江紧跟广东、上海之后，位居第四，获得融资的公司集中在杭州地区，如音乐培训机构麦德魔方在第四季度获得了千万美元的 Pre-A 轮融资，美术培训机构君岭（Dreamlink Edu）、在线外教平台 abc360 均获得了亿元人民币级别的融资。与一线城市和东部地区相比，位于中西部地区同样有多家公司获得了资本的青睐，例如安徽的少儿艺术教育机构艺朝艺夕获得 1.6 亿元人民币 B 轮融资，内蒙古幼教机构鼎奇幼教在 2017 年 7 月被跨界

---

① 《桃李资本关于教育行业 2017 年投融资分析》。

教育的威创股份拟以 1.059 亿元人民币收购 70% 的股权。在 2018 年上半年的 270 起融资事件中，北京地区的公司发生融资事件有 129 起；上海、广东的公司紧随其后；四川、江苏两个省份的公司获得融资事件分别有 6 起、5 起；其他每个省份或地区的融资事件数各少于 5 起。①

从获投公司历史来看，在 2017 年全年获得融资的企业中，成立 2 ~ 4 年，即在 2013 ~ 2015 年期间成立的公司数量达到 189 家，占比超过 45%。随着时间的积累，成立两年以下的初创公司获得的融资也逐渐增多，于 2017 年成立的公司有 16 家，公司类型包括在线英语学习平台，如美班英语、维思学科英语等，STEAM 教育、托管、金融领域的在线教育平台以及 VR 领域的机构等，融资轮次多为种子轮和天使轮，金额以数百万级别为主。2018 年上半年，超 75% 的获投公司是成立 5 年以下的，具体来说，有超过一半获得融资的公司成立时间在 2 ~ 4 年，还有超过 23% 的公司是在成立 1 年左右获得并公布融资。

从 2017 年全年的获投公司融资历史可以看出，此前未获得融资或者未披露融资信息的公司达 239 家，占总数的 58%；在已披露融资信息的公司中，获得 3 轮及以下融资的公司占比 39%。

从投资方的情况来看，2017 年第四季度，财务投资人（含产业基金）的投资事件有 73 起，占比超 61%，与第三季度的占比基本持平，但高于第一季度、第二季度的比重。②

2. 教育行业二级市场投资

桃李资本《2017 ~ 2018 教育行业融资并购报告》显示，教育二级市场 A 股并购案例数量自 2014 年增多，2015 年激增，2016 年达到顶峰，2017 年有所回落，但仍是热点。

从并购金额来看，2015 年开始并购金额成倍增加，2017 年并购金额达到顶峰，总金额为历年最高，高达 137.67 亿元；平均单起金额近三年呈现

---

① 《217 亿、270 起！2018 上半年教育行业投融资再掀热潮，但下半年或剧情反转？》，鲸媒体，https://36kr.com/p/5143074，2018 - 07 - 13。

② 《412 起融资，近 300 亿元，2017 教育行业一级市场投资持续升温》，鲸媒体，https://36kr.com/p/5111998，2018 - 01 - 09。

缓慢增长态势，2017年平均单起金额达到峰值5.99亿元。

2017年并购资产所属子行业主要为教育信息化、K12、职业教育及早幼教领域；二级市场并购支付方式仍以现金收购为主；近三年并购PE倍数在14～15倍左右，2016年PE倍数达到高点15.26倍。[1]

2018年上半年发生二级市场拟投资/并购事件共36起，涉及总金额385.57亿元人民币。[2]

3. 细分领域投融资发展过程

素质教育行业投融资发展过程

素质教育行业投融资在2017年整体发生爆发式增长。在各细分赛道投融资中，传统艺术教育稳中求进，在线化、智能化项目倍受青睐。科创教育投融资总额增长近6倍，成为投资者追逐热点。

①投融资数量及资金量成倍增长，素质教育行业大环境利好

从2015～2017年，素质教育行业投融资热度持续上升，投融资案例数累计增长93%，投融资总额年复合增长率189%。这背后有两大因素，即国民消费升级和相关政策支持。消费升级的驱动，带来家庭对软实力、综合能力培养的需求，以及新修订的《民办教育促进法》在2017年颁布实施，促使资本更加活跃地进入到素质教育的各个细分领域。

②素质教育领域全赛道发展，在线化艺术教育和新兴科创教育是热点

各个赛道投融资案例数和资金量均有增长，素质教育领域全面发展。就近五年投融资案例数来看，传统艺术教育一直保持较高热度；近两年新兴科创教育融资案例数增长幅度更大；体育教育在2016年成为黑马，但在2017年稍有回落。科创教育赛道成为资本追逐的热点，不管是投融资案例数量还是投融资金额都远超其他赛道。艺术教育赛道仍保持稳定关注度，音乐教育机构投融资占比最高，其次是美术教育机构，其中近八成资金流入在线和智能领域。体育教育赛道中，球类融资案例数占比最高，但融资金额最高的是

---

[1] 桃李资本：《2017年教育行业融资并购报告》，2017。

[2] 《217亿、270起！2018上半年教育行业投融资再掀热潮，但下半年或剧情反转?》，鲸媒体，https：//36kr.com/p/5143074，2018－07－13。

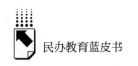
综合类体育教育机构，人们期待更加多样和优质的体育教育产品，体育教育拥有巨大创业和投资机会。①

在线教育投融资发展过程

2013 年是在线教育元年，在资本涌入的情况下，在线 K12 培训市场的竞争格局变得非常激烈，各类 K12 直播平台开始"异军突起"，例如掌门 1 对 1、海风教育等在线 1 对 1 平台的出现；猿辅导、疯狂老师等转型小班直播平台；好未来推海边直播、新东方推东方优播主打在线直播互动授课。不仅仅是校外市场，在校内市场中，北京市教委曾同意北京数字学校上线在线课程资源，以促进学生开展自主学习。由此可见，以 K12 为主的老牌网校面临着激烈的行业内竞争。②

2013 年在线教育投资主要集中于学前教育、语言培训和中小学教育阶段，三者占比达 80%，投资具有很强的跟风性质。③ 据艾瑞咨询报告，我国在线教育市场规模在 2016 年达到 1565.4 亿元，同比增长速度为 27.8%。预计市场规模在 2018 年将达 2517.6 亿元，在 2019 年有望突破 3000 亿元。

从用户规模来看，中国在线教育市场用户在 2017 年底达到了 1.55 亿人，约占中国总人口的 1/10。在线教育涵盖了多个年龄段和细分领域。在青少儿阶段，K12 在线教育、在线少儿英语都是较大的板块，素质教育行业在 2017 年全年实现爆发式增长，不少素质教育机构依托于线上平台开始实现新一轮增长。

从融资总额来看，2017 年，K12 在线教育融资总额达 58.96 亿元，在线少儿英语融资总额为 37 亿元，而在线素质教育融资总额相对较少，仅为 7.24 亿元。然而从融资总额的增长率看，2013～2017 年中国在线素质教育融资案例数逐年上升，2017 年在线素质教育融资总额增长率为 120%，远高于在线少儿英语 25.5% 的增长率。从融资占比看，2017 年，在线素质教育

---

① 《2017 年素质教育行业投融资报告》，蓝象年度报告，2017。
② 《传统网校插上资本翅膀之后，如何突围？》，鲸媒体，https：//wapbaike. baidu. com/tashuo/ browse/content? id = b35c4763242c280a423cc85a，2017 - 04 - 28。
③ 艾瑞咨询集团：《2013～2014 年中国在线教育行业发展报告简版》，2014。

机构融资案例数占素质教育机构融资案例数的 35%。

从融资轮次来看，2017 年 K12 在线教育和少儿英语的融资轮次已覆盖天使轮到 D 轮以上，而在线素质教育仍集中在天使轮和 A 轮，可见在线素质教育仍处于蓝海，值得资本关注。[①]

"教育 + AI"投融资发展过程

"教育 + AI"领域从 2014 年起进入火热期，2016 年融资次数到达一个小高峰，2017 年开始热度有所降低。"教育 + AI"类公司占整个 AI 领域公司不到 10% 的数量，但投融资事件及融资金额都超过 10%，分别占到 11% 与 16.3%，可以看出机构对"教育 + AI"赛道的高期待及强信心。

从融资轮次汇总来看，天使轮到 A 轮的转化率在 77%，再转化到 B 轮以上的项目有 28 家，转化率为 65%，融资次数 52 次。2017 年，在与人工智能相关的教育企业中，提供 To B 服务的企业占到 60%，究其原因，To B 企业适合从技术切入，而人工智能暂时较难打穿整个教、学、测、评、练的教育链条，主要是单点上提高效率，而单点突破能够为机构赋能，因而适合做 To B 领域的创业。[②]

（三）教育资本领域特点

1. 行业定位：教育和资本的连接者

当前，教育行业正处于转型发展期。中国教育行业规模很大，但资产证券化程度不高，中国的教育市场还有成倍的增长空间。随着未来资产证券化路径越来越开放，中国教育上市公司越来越多，吸引了众多资本进入教育行业来投资，不仅仅为"教育 + 资本"搭建一个桥梁，更是站在教育行业，用资本帮助教育产业发展，深度连接"教育 + 资本"，帮助教育行业提升，驱动教育整个产业发展。[③]

---

① 《2017 年素质教育行业投融资报告》，蓝象年度报告，2017。
② 桃李资本：《"教育 + AI"行业研究报告》，2019。
③ 《桃李资本张爱志：2020 年，中国教育市场规模应达到 3 万亿》，投中网，https://www.chinaventure.com.cn/cmsmodel/news/detail/314478.html，2017 - 06 - 03。

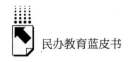

2. 多资本进入，市场活跃度高

在当前教育资本市场上，新型垂直资本、产业巨头和传统资本等均已重点布局教育行业，活跃于教育投资市场。

二 教育资本行业应用

（一）主要分类

垂直于教育行业的投资基金。主要代表为蓝象资本和桃李资本，蓝象资本已成为目前垂直基金中最活跃投资机构，其模式为投资+三个月加速营+50 位行业顾问；桃李资本则专注于做垂直于教育行业的 FA（财务顾问）。

教育产业巨头。最典型代表为好未来、新东方。

传统投资机构。代表机构如真格基金、创新工场、红杉资本等开始重点布局教育行业投资。

互联网行业巨头。活跃在教育行业一级市场的典型代表如腾讯、百度、阿里巴巴。①

（二）投资模式

一般而言，被投项目据其所处的阶段可划分为三个融资时期：Angels Invest 天使投资（也是种子期）、VC（Venture Capital）风险投资、PE（Private Equity）私募股权投资。

除了阶段，三者其实有明显的特征差异——天使轮或种子轮的项目，往往只有一个想法和创始团队，没有具体的商业模式，具有高度不确定性，唯一稳定的、可供投资者参考的因素就是团队（主要是创始人）。所以，天使轮的投资主要看人，基于对人的信任而投资，金额一般较小，多在 500 万元人民币以下。除了给予创业者启动资金，一些成熟的天使投资

---

① 蓝象资本：《深度融合：2018～2020 教育科技趋势报告》，2018。

人还会帮助创业者寻找方向、提供管理和产品等方面的指导、提供资源和渠道等。

而 VC 是在企业的早期/成长期，有比较成熟的商业计划、经营模式，是企业战略初步成型以后为支撑企业去实施战略而进行的投资，此时，创业团队发展较为齐全或已有一定业绩，VC 的投资额一般在千万量级。VC 可以帮助企业获得资本市场的认可，为后续融资奠定基础，也能让公司进一步开拓市场、获得更多渠道支持。

PE 则是对形成一定规模的、并产生稳定现金流的成熟企业所做的私募股权投资，一般是 Pre-IPO 时期，基本面上，公司已经有了上市的基础，达到了 PE 要求的收入或者盈利要求。PE 通常提供必要的资金和经验帮助完成 IPO 所需要的架构重组等工作，帮助公司在 1～3 年内上市。[1]

从投资风格上看，真格基金更偏向早中期投资，例如，它曾于 2016 年 4 月增资 VIPKID，当时 VIPKID 正处于 B 轮融资阶段；掌通家园从天使轮到 B 轮融资也一直参与其中，当然，碰到"有感觉"的标的，在后期也会积极投入。2017 年 8 月，真格基金牵手盛通股份成立"真格教育基金"，标志着真格基金对教育领域从天使走向全阶段投资。而红杉资本、IDG、君联资本等，更关注成长到中后期的公司，几笔大额融资的背后都会看到他们的身影。

以教育公司身份出现的战略投资人最常见的莫过于新东方和好未来，在 2017 年所投资/参投的项目中，新东方投资的公司有：莱特兄弟、凯叔讲故事、Unicareer、掌通家园、小小包麻麻、爱乐奇、异乡好居；好未来投资的公司有：校长邦、翼鸥教育、FaceThink、爱棋道、妈妈帮、画啦啦、咔哒故事、作业盒子、轻轻家教、上海易教。

互联网巨头们进军教育领域早已不是新鲜事，除了对各类细分赛道上的教育公司进行大手笔投资外，BAT 自身在教育业务上早就有所布局。

---

① 《好未来和 KOL 都在做天使投资，逻辑有何不同？》，鲸媒体，https：//www.sohu.com/a/121956571_361784，2016－12－19。

2016 年，BAT 里的腾讯进入大单投资人榜单，并参与投资多家教育公司，投资对象包括新东方在线，猿辅导等，而在 2017 年，百度也加入大单榜。①

（三）投资机构榜单

1. 截至2017年底各机构投资总数量情况

秉承"早期投资广撒网"的原则，风投机构喜欢对不同的项目进行早期投资，这也是获得早期融资阶段的机构数量较多的原因之一。

各家机构开始投资教育起至 2017 年 12 月，按投资总数由高到低排列，真格基金投资的教育公司的总数量为 49 家，蓝象资本为 28 家，创新工场 27 家，IDG 资本共投资教育公司 23 家，红杉资本中国、经纬中国、顺为资本的教育投资总数量分别为 16 家、16 家、15 家。

蓝象资本、创新工场在近两年的教育投资动作尤为活跃，而真格基金、IDG 资本、顺为资本 3 家投资机构在 2016 ~ 2017 年这两年间投资数量有所减缓，也许是因为这 3 家机构投资轮次朝中、后期靠拢，以挖掘教育领域"独角兽"作为蓝图所致。

2. 2017年投资教育最多的机构 TOP3

2017 年投资教育最多的机构——创新工场、蓝象资本、真格基金，这 3 家投资机构所投对象中获得早期融资（种子轮、天使轮、Pre-A、A、A + 轮）的公司较多。

按照总投资金额来看，截至 2018 年 2 月 4 日，有 3 家投资机构的总投资金额达 200 亿元人民币以上，分别是红杉资本中国、顺为资本、IDG 资本。其中，红杉资本中国的 24 起投资事件以 264.8 亿元人民币的总投资额，高于其他 6 家投资机构。此外，蓝象资本因为主要关注 A 轮等早期融资阶段，因此，投资金额与其他几家机构相比并不算高。

---

① 《2017 教育行业一级市场十大融资事件，谁是下一只"独角兽"？》，鲸媒体，https：// 36kr. com/p/5112461，2018 - 01 - 11。

创新工场 2017 年投资公司 13 家。创新工场在 2017 年教育领域的投资可谓在各个赛道均有涉猎：例如 K12 在线教育、STEM 教育、素质教育、留学语培、职业教育、幼教、知识付费；投资轮次既有种子轮、天使轮、Pre-A 轮、A 轮的早期轮次，也有偏中后期的 B、C 轮以及战略融资；从投资手笔上可看出，2017 年创新工场投资金额集中在数千万元人民币；值得注意的是，奇幻工房、顶上英语获得了创新工场的两轮投资，而知乎更是得到了三轮融资。

蓝象资本 2017 年投资公司 12 家。2015 年 5 月，蓝象资本发布"蓝象营基金"，主要关注早期创业者，模式为一笔天使投资加上三个月的加速营。2017 年 11 月，蓝象资本宣布成立"蓝象愿景基金"，关注投资泛 A 轮阶段的教育公司，投资素质体育、国际教育、直播互动、知识付费、智能信息化、教育综合体等方向。从蓝象资本的投资风格看，其 2017 年更偏爱于英语类产品以及素质教育机构，其中音乐笔记是唯一一家获得蓝象资本两轮融资的企业。从投资手笔上可看出，2017 年蓝象资本投资金额集中在数十万元人民币。

真格基金 2017 年投资公司 11 家。真格基金是由新东方联合创始人徐小平、王强和红杉资本中国在 2011 年联合创立的天使投资基金，2017 年 8 月，真格基金成立了教育专项基金"真格教育基金"，针对在线教育、早幼教、K12 培训、素质教育、教育技术平台等领域进行投资。从 2017 年全年的投资情况看，真格基金在素质教育领域加码颇多，投资的 11 家机构中有 5 家为素质教育类机构。①

三 教育资本行业发展趋势及未来投资主线

（一）教育行业产业化趋势

教育行业中一个明显的趋势是，在 2015 年教育行业特别热的时候，投

---

① 《谁是 2017 教育投资最强基金？谁是独角兽收割机？》，鲸媒体，https://36kr.com/p/5118144，2018－02－06。

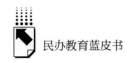
融资的金额也很多；2016 年是教育行业投融资转冷的一年，融资案件数也下降很多，总金额也变得很低。2017 年行业正在回暖，从数据上看回暖的幅度不是很大，处于冷静的状态。在 2017 年的融资阶段方面，呈现出较为明显的趋势是由分散慢慢变得集中，2017 年上半年，早期、中期、后期的融资金额比例接近于 1∶1∶1 的状态，这其实也是整个行业走向产业化、并且能力走向成熟的标志。

教育行业本身是一个周期性非常强的行业，所以导致过往行业的产业化能力比较低，但过去三年，有两个重要因素导致教育行业的产业化能力在变强：一是整个行业的头部企业脱颖而出。头部企业有非常强的产业化诉求、布局诉求，在整合的过程中，企业的产业化能力流动性变强；二是越来越多的操盘手新加入到教育领域中。上市公司、PE 基金等贡献了越来越多专业化的操作能力和流动性，因此促进了整个行业产业化能力的提高。从短期来看，整个教育行业发展的重要趋势之一就是快速的并购重组，而从长期来看，教育行业的产业化能力未来将持续增强并且成为推动行业继续发展的重要动力之一。①

如今，教育行业发展需要新的增长引擎和增长动力，资本的布局不断驱动教育行业迈入高速发展的轨道；科学技术迅猛发展给教育带来日新月异变化的同时，往往也会给资本带来强烈的冲击。教育行业在资本寒冬时期的逆流而上，是市场竞争和市场选择的必然结果。随着 2017 年资本赛道的扩张，可以预见在未来一段时间内，教育行业的战略并购将成为常态，A 股并购活跃度也将保持基本稳定，教育产业的布局将更加细分化，优质的教育项目依然受到人们追捧。在未来坚持产融结合的同时，还将注重教育与产业资源对接和整合，将海量的教育资源传递与分享，期待教育会以更好的形式展示在大众面前。②

---

① 彭盼盼：《从封闭到开放，解密 2017 教育行业新变化》，http：//www. sootoo. com/content/671977. shtml，2017 – 07 – 12。

② 《桃李资本张爱志：2020 年，中国教育市场规模应达到 3 万亿》，投中网，https：//www. chinaventure. com. cn/cmsmodel/news/detail/314478. html，2017 – 06 – 03。

（二）重点赛道投资趋势分析

1. 素质教育——热点词：在线陪练、冰雪类培训、信息学奥赛、素质教育综合体

2018年素质教育赛道延续2017年下半年的节奏，依然是资本关注的重点赛道之一，素质教育品类越来越多样化是上半年呈现出来的特征之一，除传统的音乐、美术、体育三大类之外，或许是借助冬奥会之东风，冰雪类体育项目浮出水面；此外，在线音乐陪练风向似乎减弱不少；渐渐增多的是伴随编程教育而生的信息学奥赛。素质教育综合体数量有了进一步增加，也许会为众多素质教育机构提供良性发展的生态环境。

2. K12——热点词：培训机构整改、赴美IPO、应试学科思维化

2018上半年，K12行业遭遇教育政策大整顿，行业格局或许会因此改变；同时K12课外辅导机构证券化的步伐加紧，迎来新一波赴美/港上市潮；新高考＋专项治理政策影响超纲、奥赛、超前进度等培优模式，倒逼机构在教研、产品等方面将关注点由应试转向综合能力的提高。

3. 语培留学——热点词：在线外教、小班课、低幼启蒙、流量

在线外教细分赛道在这两年深受资本追捧，传统线下青少儿英语培训、成人英语培训等机构纷纷涉足在线外教领域。当在线外教一对一融资金额远超预期、被市场验证之后，拥有巨大流量优势的互联网公司今日头条也想进来分一杯羹；与此同时，小班课的比拼开始激烈起来，但还未爆发的小班课市场仍需要创业者深耕挖掘，预计未来两年将是关键时期。2018年上半年，在线青少儿外教公司、四六级/公考等其他培训业务的教育公司延伸业务线，涌入0~6岁低幼启蒙英语的"蓝海"市场。

4. 职业教育——热点词：IPO、重组上市

2018上半年，中公拟与亚夏汽车进行重组进而实现上市，竞争对手华图也递交了赴港上市招股书，追逐资本市场。同时职业教育公司山香教育也挂牌新三板。走向公开资本市场是职业教育的一大趋势。

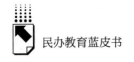

5. 早幼教——热点词：IPO、借壳上市、家庭教育

在 2018 上半年，家庭教育热度渐高，同时不少公司也开始奔赴公开资本市场，通过重组借壳等方式来实现 IPO。

6. 泛教育领域——热点词：知识付费、低龄化

在泛教育的知识付费领域，已经逐渐有向低龄化延伸的苗头。在这方面，得到推出了针对 7～15 岁青少年的"少年得到"，果壳也推出了"果壳少年"。

7. 教育信息化——热点词：高考改革、智慧校园

2018 上半年，面向公立校的教育信息化产品相对火热，表现为智慧课堂、智慧学校等产品项目的大量推出。2018 年 4 月，教育部印发《教育信息化 2.0 行动计划》通知，提出的发展目标是：到 2022 年基本实现"三全两高一大"。其中，"三全"指教学应用覆盖全体教师、学习应用覆盖全体适龄学生、数字校园建设覆盖全体学校；"两高"指信息化应用水平和师生信息素养普遍提高；"一大"指建成"互联网＋教育"大平台。教育信息化从 1.0 时代进入 2.0 时代。

8. 其他领域——热点词：民办高校、人工智能、区块链

民办高校涌现了一波赴港上市热潮，人工智能应用到教育的各个阶段，相比 2017 年对教育行业的渗透程度提高，同时区块链在教育领域呈现"虚火"状态，模式仍需验证。①

四　教育资本行业面临的问题和挑战

（一）资本逐利性下的投资选择

对于有投资权势的投资人而言，如果想让教育行业有好的发展，他们的

---

① 《217 亿、270 起！2018 上半年教育行业投融资再掀热潮，但下半年或剧情反转？》，鲸媒体，https://36kr.com/p/5143074，2018－07－13。

投资行为应该更严肃，在盈利的前提下还必须要考虑公德、甚至对创业者要有更苛刻的人品上的要求。媒体、投资人等第三方行业机构要更严肃地对待跑路事件，应该鼓励那些踏踏实实做教育，人品经得起考验的创业者和创业企业；对于那些投机取巧的人应该更严格的要求，免得在企业出现问题后做出跑路等不负责任的、对社会有伤害的事情。①

在教育资产重组时，收购方和被收购方都需要冷静、理性地看待中国当下的资本市场，整个中国资本市场正趋于理性，政府的监管也在加强，所以上市或重组对于企业的要求都会更高，价值投资、长期投资会是未来的主旋律。资本、上市跟一个企业本身的好坏有直接关系，真正好的教育资产可能不太缺钱，资本的力量也更容易调动和配合，但自身资产一旦出现问题，资本会无情抽离或自保。②

（二）双主业上市公司跨界教育面临风险

当前，出现了一些上市/挂牌公司将教育业务当做第二主业，这些双主业公司类型有三种，分别为竞争激烈的传统服务企业、产能过剩的传统制造企业、主营业务与文化传媒艺术技术产业相关的企业，这些将教育业务提升至主业地位的公司，其原有主营业务与教育业务几乎毫无瓜葛，二者之间不能形成互补。上市公司战略转型过程中将面临政策法律、行业市场变革、技术进步、投资并购重组、商誉减值等一系列的风险，而将教育业务提升至主业地位，缺乏教育基因的上市公司会面临风险。

教育行业是以人为本的知识密集型业务，核心管理人员和优秀的老师是保证教研能力持续发展、业务稳步增长的关键。上市公司收并购教育资产，一方面面临的问题在于如何降低人才流失率，留住核心管理人员和优秀的老师；另一方面，教育行业是一个高投入、长周期的行业。上市公司跨界教育

---

① 《圈钱跑路频频，教育行业走向成熟的必然？》，鲸媒体，http://dy.163.com/v2/article/detail/D53ADU330529QOQC.html，2017-02-17。

② 《教育资产重大重组终止的背后折射为何谁最受伤？》，鲸媒体，http://www.sohu.com/a/126085592_361784，2017-02-13。

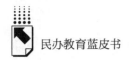
少则上千万元，多则上亿元的收并购后，后期还需要继续投入布局，而这些资金回流速度慢，这就考验上市公司是否能够有耐心在教育领域精耕细作。同时，两种毫无交集的业务，考验双主业公司的整合、管理能力。随着公司业务范围和经营规模的不断扩大，公司组织结构、产品线的延伸等日益复杂，对公司管理的要求也越来越高，这些变化对公司的管理提出更高、更新的要求。①

（三）幼教行业投资领域机会与挑战并存

幼教行业面临最大的挑战是《民办教育促进法》实施之后新的行业格局，二八开的比例意味着一家营利性幼儿园有四个普惠幼儿园包夹，每一个幼儿园都会面临这样的挑战：选择普惠，面临没有发展前景的问题；选择盈利，面临更大的市场竞争压力。

很多偏实体学校的教育企业可能做教育不错，但是整个公司的管理、系统、战略、未来引进资本方面非常薄弱。资本的机会来自于谁有能力去补足他们的短板，如果能够给幼教小集团带来很好的管理、人才、发展战略、资源，投资估值不一定贵，也能够得到他们的欢迎。因此，呼吁在幼教和整个教育行业出现赋能式、主动式投资，好的资本应该给行业带来促进。②

参考文献

桑新民：《基础教育信息化与信息时代的教育领导力》，《中小学管理》2018 年第12 期。

王海燕：《努力建设公平而有质量的教育》，《中国教育报》2018 年 8 月 5 日（003）。

---

① 《13 家上市公司把教育作为第二主业资本撬动行得通》，鲸媒体，http：//www.sohu.com/a/124005623_361784，2017－01－11。
② 芥末堆：《教育资本论坛圆桌对话：2018 年教育投资并购的挑战和机会》，https：//www.jiemodui.com/N/86413.html，2017－11－22。

B.18
互联网 + 教育的孵化器
——记中关村互联网教育创新中心

徐　玲*

摘　要： 中关村互联网教育创新中心作为海淀区政府打造的支持教育创新创业的专业园区，将原来7万平方米电子市场彻底转型为"互联网 + 教育"的创新生态圈。转型四年来，以致力于教育的创新发展为使命，以成为教育创新的引领者为愿景，以"一个专注、两个优势、三大平台"为实现路径，着重提升服务能力、市场能力、创新能力，更加注重协同创新和链接服务，始终瞄准教育创新前沿，不断聚集教育创新要素，积极实施教育创新服务，扶持和发展出一批教育信息化创新创业先锋力量，探索和引领了教育创新发展的新途径和新模式，被业界誉为"中国教育创新硅谷"。本案例从中关村互联网教育创新中心概况、运营服务体系、入驻的创业团队案例、面临的挑战及未来发展趋势等方面进行分析介绍。

关键词： "互联网 + 教育"　教育创新　教育孵化器

一　中关村互联网教育创新中心概况

（一）建立背景

中关村互联网教育创新中心位于中关村大街与北四环交汇路口东南角，

---

* 徐玲，首都师范大学教育学院副教授，主要研究方向：教育经济学。

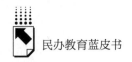

该大厦由海淀置业与北京海龙资产经营集团有限公司、中关村科技发展（控股）股份有限公司合作开发建设，2003 年底建成投入使用。大厦总建筑面积 20 万平方米，其中，海淀置业持有产权面积 7 万平方米，用于建设中关村数字物流港，并于 2004 年 4 月正式开港。

中关村互联网教育创新中心由海淀置业的全资子公司"北京中关村互联网教育科技服务有限责任公司"负责运营管理。前身为"北京中关村数字物流港有限责任公司"，是中关村地区传统的电子市场。这座坐落于中关村大街、曾负有盛名的电子商城，如今被立思辰互联网教育 CEO 黄威称为教育创业者们的"朝圣之地"。从 2014 年开始改造成互联网教育产业园区至今，中关村互联网教育创新中心已经累计引进 100 多个互联网教育企业和创业项目。在这栋 20 层的大楼里，来来往往、步履匆匆的教育创业者们每一声交流、每一个眼神都充满着对教育创业的渴望。①

2014 年，针对电子商务引起商业模式明显变化的趋势，中关村互联网教育创新中心公司提前谋划、主动求变，在海淀区政府的引导和支持下，果断清理了原有低端业态，立足海淀区功能定位和资源优势，将原来 7 万平方米电子市场彻底转型为"互联网 + 教育"的创新创业园区，实现了从传统服务业向科技服务业的产业转型。

（二）发展历程：红极一时的电子大卖场的转型之路

电子大卖场的房东是海淀置业集团。2013 年初，以往商铺、写字间的使用率从未低于 95%，然而在 2013 年电商发力，市场随即反应、很多店面租不出去。每年年初公司都按照市场做房租的上升调整，却在 2013 年初遭遇瓶颈，由于电子卖场只能维持现场经营，逐渐走向衰退，调价时发现店面出租已经成为难题，房租价格一直难以涨上去。整个市场催生企业转型，公司开始谋划转型变革之路。

---

① （中关村互联网教育中心）杨丹：《做教育，心离钱远一点》，蓝鲸教育，http：//www.sohu.com/a/141533428_ 457130，2017 - 05 - 18。

对于转型的选择，海淀置业认真听取了中关村科技园区海淀园管理委员会科技处的意见，当时，管委会为公司的转型升级提出了包括3D打印、手游、生物制药、互联网教育在内的六个转型方向。在考虑到3D打印如果没有研发最后的归途就是卖打印机，生物制药行业在建投前期就有排放标准等一系列因素之后做了一项项排除，经过一系列讨论之后，海淀置业决定将互联网教育作为转型方向。另外无法忽视的是，在海淀区做教育，具有得天独厚的优势。海淀区是教育大区，海淀区最大的优势资源就是教育资源，第二大资源是IT。2013年，海淀区做得最好的基本都是线下教育，因此政府、国企可以聚焦于互联网教育，将整个教育行业做深做广。

2013年8~9月，杨丹和同事就已提出关于中关村互联网教育创新中心的方案，但是直到隔年的5月28日，她才拿到批复。在等批复的时候，杨丹和她的同事们开始着手基础工作，要清退商户并非易事，电子商城投入多年，商户们各种关系盘根错节极其复杂。"当年有多少人买电脑手机上当，要把这些商家有序清退，就像打了一场硬仗。"公司想了很多办法，巧妙地完成了清退，提前完成清退任务，实现了"清退快、无上访、零赔偿"的突出业绩，成为周边电子卖场转型的典范。

在提出互联网教育中心方案之前，已有多年国企工作经验的杨丹和她的团队并没有教育行业的从业经验。她感慨，"2014年那会我们不懂，真的一点都不懂，一个是当时只会租房子，不懂如何孵化，就只有加速器这项功能，另一个是很多进来的项目不是完全做线上的企业。"在她看来，当时由于不懂互联网教育，只要是好的项目以及在线的项目，互联网教育中心都是欢迎的。

（三）发展现状

中关村互联网教育创新中心位于中关村核心区，是"互联网 + 教育"产业专业园区，致力于教育的创新发展，享有"中国教育硅谷"的美誉。

创新中心成立四年来，始终紧紧围绕"一个专注、两个优势、三大平台"的战略，实施深层次的转型升级。其中，"一个专注"指中心立足于"互联网 + 教育产业"；"两个优势"是指依靠海淀区教育和IT技术的两大

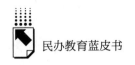
优势;"三大平台"即打造基础服务平台、创新创业平台和融资助飞平台,一体化的创业孵化链条(苗圃-孵化器-加速器)为企业全生命周期提供支持,致力于打造区域互联网教育资源整合及创新服务公司。中关村互联网教育创新中心被称为"互联网教育产业的聚合者"、"互联网教育产业的服务者"、"互联网教育孵化的领航者"。是互联网教育创业者的聚集地,中国教育创新策源地。

目前,中心累积孵化教育创新项目170余个,在孵教育科技企业近百家,产品和服务覆盖院校万余所,服务全国家庭和学生上亿次。目前,已引进创客总部、皮影客、新东方、跨考教育、好学教育、数据堂、爱智康、学大教育、轻舟教育、西普教育、墨加、有路、易校、极客营、博雅未来、幸福之星、芝视界、巧克英语、三芒世纪、亲子猫、伟思国际等互联网教育产业链企业和多个创业项目,初步形成互联网教育特色产业聚集地。

二 中关村互联网教育创新中心运营服务体系

中关村互联网教育创新中心建立了"苗圃-孵化器-加速器"一体化的创业孵化链条,为创业企业提供全生命周期服务。通过整合优质资源,搭建基础服务、创业创新、融资助飞三大平台,为成长迅速的互联网教育企业提供专业基础设施、创业支持和融资孵化服务,助力互联网教育企业快速成长,促进行业发展。

(一)基础服务平台

为入驻企业、入孵团队提供课件基地、会议室、健身俱乐部、网络机房、未来展厅、互联网接入、云服务(公有云、视频云、动画云)和人才服务等多项基础服务内容。

课件基地:基础服务平台重要的配套服务项目,一期设有3间录课室,配有完备的录播设备、专业的摄影光源及声学装修、高清双机位、专用控制室,一流的后期团队,舒适的环境空间。已服务数十家互联网教育企业,录课千余次，得到了多家企业的好评。课件基地现已成为多家互联网教育企业主要的课件内容供应单位，主要提供教育类课程的前期录制、后期剪辑包装等服务。

会议室：根据入孵团队、创业企业需要，提供多用途会议服务。会议室由多功能厅、贵宾厅和常规工作会议厅构成，专业级装修，均配备高端音响、投影等设备，录像和隔音效果良好，专门配备工作人员提供安全疏导及调试设备等服务。会议室提供弹性租赁时间，特别针对入孵团队的公益性活动、内部培训、内部会议等提供免费服务。

健身俱乐部：园区为创业企业、孵化团队创造运动空间，健身设施齐全。根据员工需要特别增设台球厅、乒乓球厅和专业体操训练房，鼓励创业企业员工加强身体锻炼，丰富文娱生活，以饱满的精神风貌迎接更高挑战，全面帮助创业企业做好团建服务。

网络机房：机房设有24小时监控及值班人员，保证数据服务器安全，并配有专业空调制冷，恒温恒湿环境，提供双路供电，保证服务器用电安全，为入驻、入孵企业提供服务器及机柜存放位置。

未来展厅：主要用于展示教育行业研究成果、展示创新成就、优秀企业的解决方案、前沿的课件设计、极致的未来教学体验。中心投资建设的未来展厅，从展望未来教育的角度提供了各类多功能大屏，不断展示教学成果，创新教学模式。目前，展厅正在进行扩大升级。

互联网接入：根据网络带宽使用需求，引入多家电信运营商，为入驻企业提供百兆宽带和相关接入服务，服务价格优惠。

云服务：为入驻企业和孵化团队提供大数据存储、计算和分享服务，中心与阿里云合作，为互联网教育搭建公有云服务平台。

人才服务：通过微信公号专栏、线下人才招聘会、院校宣讲会、院校战略合作等形式，为园区企业提供一系列的人才服务，帮助园区企业招聘专业人才。

（二）创新创业平台

中心为入驻团队及创业企业提供办公场地及政策对接、大佬私教等专项

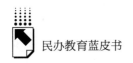

服务，并引入全国大学生创业基金、海淀区综合政务服务站，引荐投资人等服务，解决团队在创业过程中遇到的问题，助力发展。目前中关村互联网教育创新中心引入的团队和企业，从平台、产品到技术，从亲子早教、K12教育到成人职业教育、出国留学咨询服务，涵盖互联网教育产业链的各项内容。

"教育＋咖啡馆"（苗圃）：由60位教育行业精英众筹创立，是国内首家互联网教育主题创业咖啡馆，汇聚教育行业人才、思想、资本等方面资源，助力教育创业者的创新、创业。在这里定期开展一系列跟教育相关的活动，比如教育沙龙、初创项目路演，大咖分享会，行业交流等活动。

互联网教育未来工场国际孵化器：立足中关村，旨在打造国际视野下的科技创新中心、跨国创新创业的教育孵化器，从而为中国教育科技企业走向国际市场，引进国际先进教育产品和服务，以及促进跨国教育创新创业人才、资源互补，创造引领国际国内风向的教育科技孵化载体。

2016年11月，由中关村互联网教育创新中心与未来工场联合运营的互联网教育未来工场国际孵化器在京成立，旨在创造引领国际国内风向的教育科技孵化载体。

2017年4月，中关村互联网教育创新中心和蓝象资本运营的互联网教育未来工场国际孵化器，与美国纽约教育基金LearnStart合作授牌仪式，在纽约复星大厦举办。三方将利用各种优势资源为中美教育创业者提供资源对接、有针对性的创业辅导、海外活动及市场拓展等深入创业服务。中国互联网教育产业近年高速发展，特别是"互联网＋"行动计划、"双创"、教育信息化相关政策的出台、资本市场对教育行业的放开等方面对互联网教育起到了前所未有的促进作用。[①]

国际孵化器建立起合理的申请入驻条件和完备的互联网教育创业孵化流程。

申请条件

首先进行企业创始人资质审核；然后审核项目、团队和注册地。要求从

---

① 郑海鸥：《中关村"互联网＋教育"展开国际合作：为中美教育创业者提供深入创业服务》，http://world.people.com.cn/n1/2017/0501/c1002-29246447.html，2017-05-01。

事的行业必须是互联网教育项目，团队人数在 3 ~ 10 人之内，企业的注册地、税源地在海淀区。

孵化流程

入孵：创业团队通过项目评审，签订入孵协议。

在孵：与风投见面，与导师沟通，参加各类课程和活动。

毕业：完成规定项目，通过毕业答辩（路演），毕业出营。

中心聘请了行业专家、资深投资人担任专业导师；定期举办创业辅导、风险投资、在线招聘等系列活动，从创业团队的需求出发，帮助他们梳理思路，提供指导，助力发展。国际孵化器定期举办主题活动，为入驻企业提供智力支持和创业指导。其中日常进行的特色活动有："和高手一对一""创业充电站"和项目评审。

"和高手一对一"活动

"和高手一对一"为互联网教育未来工场国际孵化器的品牌活动，每月举办 2 期，每期邀请互联网教育行业大佬、业界精英、创业导师、知名投资人等，一对一、面对面帮助互联网教育全赛道的创业项目，梳理思路、分析问题，提出解决方案。至今已成功举办了 100 期，累计邀请百位创业导师，指导 200 余个创业项目。

"创业充电站"活动

邀请专家进行政策解读，开展工商、税务、法务、财务等专业知识讲座。在公司初创期对创业团队进行基础培训，对企业创业进行充电答疑。

项目评审

由中心领导及行业专家对入驻互联网教育未来工场国际孵化器提交的项目进行筛选，拥有强大创业导师阵容。项目评审中，不仅要求创业团队所提交的项目符合中心互联网教育的业态，还要观察项目是否有未来发展的潜力。通过专业评审，对项目进行分析升华，以助企业发展；并致力于将国际孵化器打造成精品云集的专业孵化器。

此外，中心为入驻的创业者提供相关项目申报、政策咨询和资金申请的政策服务。并为创业团队、企业设立驻场风投机制，引入天使投资、VC 等

投融资中介服务；定期举办投资人活动，为入驻的创业者推荐投资人，提供全面风险投资咨询、指导等服务。

创业加速器：是满足互联网教育企业研发、展示、交流、推广等整体需求的办公空间。向入驻企业提供政策、辅导、融资、人才和市场等关键资源，坚持"支持创新，鼓励创新"的运营思路，持续优化理念创新、技术创新、模式创新、品类创新的教育全领域创新创业生态环境，为入驻企业提供专业化、精准化的高品质服务。

中关村互联网教育创新中心作为互联网教育产业专业园区，具备"孵化"和"加速"功能，中心积极帮助项目孵化成企业，并助力其发展壮大。国际孵化器中的教育创业项目经过为期一年的孵化期，中心领导及行业专家会对其进行严格、审慎地评价，从该项目是否在互联网教育行业具有新模式、新内容、新技术和新品类等特征作为重要的评选依据之一，进而帮助一些具有相对广阔创业前景的，对推动教育事业发展有一定贡献的成规模的企业进入创业加速器，助推企业进一步蓬勃发展。中心在产业链资源、管理服务、人才推荐、投融资等方面对加速器企业进行专属服务，积极培育教育创新企业与项目，打造"互联网＋教育"名牌创业企业。

为满足加速器企业的需求，中心提供了精准服务。

创业私董会：在互联网教育行业顶级创业教练启迪下，创始人聚首讨论、解决经营过程中的共性问题及就未知领域进行深度对话。以头脑风暴的方式提供具有可操作性的解决方案，并持续跟踪，适时修正。中心定期组织召开"创业私董会"，会议主题聚焦"互联网＋教育"事业，邀请互联网转型实践者分享实战经验与心得，为创业者免费诊断企业发展中的疑惑，对公司经营进行模拟推演，为企业经营管理、战略发展提供了指导性建议和帮助，得到私董会会员的高度认可。

互联网教育CEO创享会：由中关村互联网教育创新中心主办，每月举办1期，活动旨在为互联网教育企业搭建沟通交流、资源对接的平台，以此促进互联网教育产业链合作。中心通过创享会打造最具影响力的互联网教育行业的高层次交流平台，加强企业高管之间的沟通交流，共享成功经验，解决了创业难题，提供了发展机遇，达到互联网教育行业资源共享的目的，增强"育"见未来品牌的影响力，促进互联网教育产业的发展。

（三）融资助飞平台

中关村互联网教育创新中心搭建的融资助飞平台，旨在通过平台建设，建构互联网教育产业的良好投资环境，助力创业团队做大做强，促进产业发展进步。为创业企业提供金融支持、助推孵化、股权投资、营销推广和上市辅导等服务。

金融支持：引入天使投资和风险投资机构，为创业者提供全方位的金融支持服务，解决创业者在资金方面遇到的问题。

助推孵化：成立基金，为具有市场潜力的创业者提供专项资金支持。

股权投资：为已经形成一定规模、产生稳定现金流的成熟企业引荐股权投资基金、PE、股权投资公司，使所投项目接受事前、事中、事后的专业管理。

营销推广：统筹调动资源，面向入驻企业，以整合营销为手段，运用品牌诊断、深度营销、精准传播三大品牌工具，催生企业内部新的核心竞争力，构建企业外部更具优势的系统竞争力，陪伴企业共同发展。

上市辅导：中心与万联证券、平安证券合作，定期为园区互联网教育企业举行上市辅导活动。

除搭建教育创业项目的三大特色服务平台，中关村互联网教育创新中心还为企业、院校、互联网教育行业提供了全方位的服务，构建了互联、互通、共享的教育创新生态环境，鼓励创新、支持创新。

为企业服务：中关村互联网教育创新中心累计举办创业辅导，行业论坛，沙龙交流，项目路演等方面活动 400 余次，累计为企业申请补贴近1100 万元。

为院校服务：中关村互联网教育创新中心充分发挥产业聚合者、服务者、领航者的作用，为院校提供教育信息化解决方案、人才服务、实习基地、现场教学等服务。

为行业服务：中关村互联网教育创新中心积极参与互联网教育行业标准制定，规范互联网教育行业发展；关注行业的发展趋势，搜集行业及互联网教育企业信息，开展行业研究；聚合行业优质资源，发起成立互联网教育商会；每年举办"互联网＋教育"创新周大会、互联网教育人才交流会等行业活动，促进行业交流，推动行业发展。

此外，中心还以强烈的使命感，主动接轨雄安新区"千年大计、教育先行"战略，服务雄安新区建设。2018 年 1 月 16～18 日，中关村互联网教育创新中心、北京方宇博业科技有限公司携"千日成长计划"项目落地雄安新区，与雄县职业技术教育中心合作，开展职业综合能力虚拟仿真实验课程试点。项目涵盖了职业核心能力微实训、职业综合能力虚拟仿真实训、学生成长护照、职业核心能力竞赛、大数据服务等众多模块。该项目主要以"互联网＋"技术为依托，目的在于提高雄安新区职业院校学生的全面素养，培养多样化人才，帮助量化人才素质、提升对口升学率、提高学生综合素质。①

（四）中关村互联网教育创新中心运营模式中的亮点

1. 本土化的专业特色园区运营模式

中心本土化的专业特色园区运营模式对海淀区的产业升级有很大的促进作用。目前国内也陆续建立起一些与互联网教育相关的大厦、产业园，效果却未达到预期。在领域内，国内聚焦细分领域的专业孵化器是非常少的，专做教育行业的孵化器还做得如此成功的更少，况且是这种大规模和大体量的园区，在全国的教育孵化器中走在了时代前列。中心的运营模式也没有照搬照抄国外的经验，而是适应本土化的专业特色的发展模式，为教育企业的孵化与加速开辟了一条新路。

2. 一心做好服务，房租租金反哺企业

对于跨界转型做教育，中心做的更多是教育服务。不仅提供低租金，而

---

① 互联网教育中心：《中关村互联网教育创新中心：集聚资源协同创新，助力雄安教育提速》，http://www.sohu.com/a/217702771_99950984，2018－01－19。

且将租金反哺企业。目前房租为带窗户的房间 6.5 元/平方米，无窗的 5.5
元/平方米，这样的低房租可以吸引到教育企业，刚起步的教育企业只有中
等偏下房租承受能力，因此中心的总经理杨丹坚持在年初不做房租的价格上
调，标准就是选择好项目、为企业服好务，尽量降低企业运营成本。中心每
年还将收到房租租金的 10% ~20% 拿出来用于楼宇的服务改造和环境提升，
这部分资金通过举办活动，为活动提供场所、专家和人员的形式反哺给企
业，因此企业认为即使房租增加也愿意继续租用。

3. 高知名度的背后全靠企业口口相传

由于中心的运作和服务模式，入驻的企业在教育圈内自发为中心做宣
传，在信息时代，这种口碑宣传的方式使中心在整个互联网教育行业中很快
就有了很高的知名度，现在排队想入驻的企业越来越多。

三 面临的挑战及未来发展趋势

（一）面临的挑战

目前教育行业都面临人才短缺的问题，中心也不例外，未来发展面临的
最大问题就是人才短缺，虽然从数量上看缺口不大，但是在质量上面临专业
技术人才缺乏的困境。目前中心的发展及今后计划内的分中心业务需要高端
专业复合型人才，但目前来看还是远远不够的。

（二）未来发展趋势

中心未来发展在内容上不会有大的变动，会始终围绕教育创新，以致力
于教育的创新发展为使命，以成为教育创新的引领者为愿景，深耕互联网教
育行业，继续对"互联网 + 教育"企业提供全生命周期支持和帮助，推动
政产学研用结合。

1. 持续为园区内企业提供优质服务

坚持为企业提供人才、市场、政策、管理、资金等全方位服务。

在园区持续不断的帮助下，涌现出了一批行业潜在"独角兽"，例如云舒写、晓羊、三节课，都是从刚入孵时几个人的创业团队迅速成长为现在平均规模达到 3 亿元估值的创业企业。

营造鼓励创新的创业环境。

积极对园区环境进行装修改造，打造以"育见未来"为主题的展示教育创新产品和解决方案的平台。

利用各类基础服务设施，解决企业的后顾之忧。

中心自主运营的课件基地累计为数十家企业提供录课服务，录课时长达几千小时。健身俱乐部提供专业级健身设备，为客户提供优质的健身服务。

2. 着力为园区内外企业提供整合服务

中心将继续举办互联网教育企业家年会、借助商会平台为行业发展服务、组织"育"见未来互联网教育 CEO 创享会活动，希望打造最具影响力的互联网教育行业 CEO 的高层次交流平台，加强创业企业 CEO 之间的沟通交流，共享成功经验，达到互联网教育行业资源共享的目的，促进互联网教育产业的发展。

但在今后的发展路径上会随着市场需求有一些变化，包括会有更多分布点、去外地建分中心等，有许多地方政府也希望与中心进行合作。"互联网＋教育"业务的体量非常大，未来教育产业的规模也将有非常大的上升空间。

B.19
专注教育领域的资本：桃李资本

曹淑江　刘春阳*

摘　要： 桃李资本是首家专注于"教育+"的精品投行，业务包括教育机构并购与IPO的财务顾问、教育行业投融资服务、教育行业研究及上市公司战略梳理三个板块。桃李资本的发起人张爱志是知名教育投资人，跨考教育创始人，北京互联网教育商会会长，"教育+咖啡馆"发起人，另一位发起人郭西凡则具备8年投资银行和商业银行经验，擅长企业战略梳理和交易结构设计，主导多起教育行业兼并收购和私募股权融资项目。桃李资本旨在帮助教育创业者进行转型升级并找到匹配的投资者，实现价值提升。本案例将从公司概况、桃李"特色"、面临的问题及挑战、未来发展趋势四个方面对桃李资本进行分析介绍。

关键词： 教育　资本　专业FA

一　公司概况

（一）公司创办背景

2016年5月成立的桃李资本，一直以来专注于布局教育全产业链，它

---

* 曹淑江，中国人民大学教育学院教授，主要研究方向：教育财政。刘春阳，中国人民大学财政金融学院博士生。

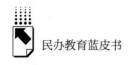

的定位是"专注于教育行业资本服务的精品投行"。

1. 行业背景：资本为教育行业插上"翅膀"

2016年，教育产业变化莫测。在"资本寒冬"的大背景下，不少投资人开始放缓脚步、愈发谨慎，教育行业投资趋势已逐渐趋于理性。在这种背景下，依然有不少企业逆势而上，千万级及以上的融资数额依然可观。《教育行业融资并购报告》数据显示，2017年1~4月，已有5家教育企业获得亿元人民币级别融资，其中不乏有ABC360、Makeblock、学霸君等少儿教育品牌，范围已覆盖K12教育、素质教育、职业培训、语言学习、教育信息化等多个领域多个方面。

与此同时，教育供给侧改革的重点在于促进教育资源均衡、注重增加教育投资上，可以看到新的行业机会仍在不断涌现。随着"互联网+"渗透到日常生活的各个领域，在线实时互动交流已不成问题。在教育产业广泛运用的今天，资本市场紧锣密鼓地进行着优质项目的遴选，并尽快对其进行大规模的并购、重组和战略整合，这显然符合当下的流行趋势。①

在桃李资本创始人张爱志看来，教育行业是一个值得长期耕耘的产业，相对其他产业来讲，它虽然慢一点，却是一个持续增长的行业，"科技（AI、互联网等）和资本是教育行业的两个'翅膀'，一定会帮助这个产业向更加良性、更加集中化的方向蓬勃发展。"

2. "教育+咖啡馆"开业，做教育行业的连接者

2016年5月28日，国内首家互联网教育主题的众筹咖啡馆EduCafe正式开业，众筹股东由教育培训、教育媒体和教育投资等领域的从业者组成，汇聚教育行业的人才、思想和资本，做教育行业的连接者。"教育+咖啡馆"，坐落于国内教育和IT聚合的核心区域——中关村。是国内首家互联网教育主题创业咖啡馆，由60位行业股东共同发起，众筹股东由美股上市公司新东方（NYSE：EDU）、好未来（NYSE：XRS）、ATA（NASDAQ：

---

① 《桃李资本张爱志：2020年，中国教育市场规模应达到3万亿》，投中网，https://www.chinaventure.com.cn/cmsmodel/news/detail/314478.html，2017-06-03。

ATAI）达内科技（NASDAQ：TEDU）、学大教育（NYSE：XUE）；A股上市公司洪涛股份（002325）、全通教育（300359）、立思辰（300010）等多家机构知名教育培训、教育媒体和教育投资等领域的上市公司董事长及高管组成。"教育+"的愿景是汇聚行业人才、整合行业资源、对接行业资本、孵育创业团队，对教育行业做全生命周期的生态化服务。

在开幕式现场，EduCafe的发起人张爱志感慨道，诞生在唯一的互联网教育产业园内，未来希望咖啡馆不仅仅是教育行业的入口，同时也成为教育思想的发源地。EduCafe的总经理郭西凡负责咖啡馆的总体运营，他更希望为从业者们提供一个实体空间，"如果想进入教育行业，欢迎先来'教育+'咖啡馆喝一杯咖啡，你离教育只有一杯咖啡的距离。"

3. 成立桃李资本：专注于教育行业资本服务的精品投行

2004年，张爱志白手起家，创办了考研培训机构跨考教育。2015年3月，跨考教育通过并购成为考研行业第一支A股上市企业。跨考教育A股上市一年之后，张爱志将目光转向了教育资本领域，联合15家上市公司及产业基金发起教育行业专业FA"桃李资本"，2016年5月28日，专注于教育行业资本服务的精品投行"桃李资本"在互联网教育创新中心亮相。

桃李已是张爱志的第二次创业，他也算是在教育行业创业并购上市之后成功转型投资人的第一人，从2017年服务数量和交易额上，桃李资本已经是教育行业最大投行了，但面对桃李的今天张爱志充满敬畏地说，"两年的努力让我们从0到1，做了很多努力和迭代，团队从2人成长为29人，但我们还是刚刚起步的小孩，我们还有许多地方需要完善和提升，未来希望能够为教育行业以及投资领域做更多有意义的事情。"①

关于为什么成立桃李资本，原因有以下三点。

第一，中国的教育行业规模很大，但资产证券化程度却不高。统计数据显示，2015年，中国教育行业市场规模是1.6万亿元；按照12%的自然增长率，

---

① 《桃李资本张爱志：教育真正的春天要到来了》，亿欧，https://www.iyiou.com/p/73154.html，2018-05-24。

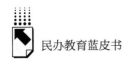

2020 年，中国教育行业市场规模应该达到 3 万亿元规模，但还未达到中国教育行业的顶峰。对比美国教育行业发展数据，美国教育行业规模占据 GDP 的 8%，但中国仅占 GDP 的 4%，中国的教育产业还有成倍增长的空间。

第二，对于任何行业，当科技因素进入时，头部企业的市场占有率会越来越高，单企的规模也会越来越大。当行业集中度较低时，资本化运作的需求也会较弱；当行业集中化程度越来越高时，规模化投资才有提升价值的空间。

第三，目前中国教育类企业的资产证券化程度还不高。目前中国美股上市企业只有 5 家左右，A 股上市企业约为 76 家。按照三万亿元市场规模来比较，如果是其他产业，A 股主流市场上市企业至少应该在 400 家以上。也就是说，在未来 5~10 年，教育上市企业的增长规模还有非常大的提升空间。

综上所述，教育头部企业如新东方、好未来的市值都已经突破一百亿美元。随着资产证券化程度的逐步开放，未来教育领域的 IPO 企业会越来越多，也会吸引越来越多的资本和人才涌入教育企业。同时，大家也会需要一个对接教育企业和资本的桥梁，桃李资本应运而生。[①]

（二）公司发展历程

桃李资本亲历了上市公司和跨行业的并购，后以财务顾问的方式帮助上市公司、基金对教育行业的优质资产进行了资本运作、投行服务。业务包括教育机构并购与 IPO 的财务顾问、教育行业投融资服务、教育行业研究及上市公司战略梳理三个板块。

2016 年 5 月，在 2016 中国"教育 + 资本"高峰论坛上，15 家国内上市公司投资大咖、11 家"券商·基金"、326 位教育创业者，共同在高峰论坛聚首、为桃李资本品牌发布站台、为桃李资本起航揭幕。刚刚成立的桃李资本只是为企业接触投资、接触并购、接触 IPO 提供一对一的服务、提供并购

---

① 彭盼盼：《桃李资本创始人张爱志：深耕教育链接"教育 + 资本"，驱动教育产业发展》，http://mini.eastday.com/mobile/170603020057433.html，2017 - 06 - 03。

的服务，主要是为创业者，尤其是中后期创业者提供资本服务的一个品牌和组织，为上市公司尤其是跨界的 A 股上市公司，包括一些在国内上市公司想去国外布局、国外上市公司想在国内资产布局的上市公司提供战略并购相关联的服务。

2017 年 6 月，由桃李资本主办的 2017 "教育 + 资本" 高峰论坛上，张爱志表示，"桃李资本希望基于教育行业深度链接'教育 + 资本'，驱动教育整个产业发展。如果说早期连锁是驱动上个十年教育产业的发展，未来科技则是驱动教育行业的发展因素。但不管是哪个因素驱动，无论是早期房地产、医学还是互联网，资本的作用都不容小觑。我们不仅仅为'教育 + 资本'搭建一个桥梁，更是站在教育行业，用资本帮助教育产业发展和提升。不仅做一个投资银行来帮助教育企业融资、并购、IPO，还可以从产业的角度帮助其做战略梳理，融资、IPO 之后再接着做产融结合。" 2017 年教育资本行业一年交易 200 亿元左右，桃李资本占据大约 15% 的市场份额，从 2017 年服务数量和交易额上，桃李资本已经是教育行业最大投行。

（三）公司主营业务

2016 ~ 2018 年两年时间里，桃李在北京、上海、波士顿三地设立办公室，为教育行业创业者服务；接触了 2000 多个创业项目，服务了 126 个项目，跟投了 2 家潜在的 "独角兽"；建立了 507 家行业投资联盟；每年组织私董会、沙漠戈壁之旅和桃李家宴……

1. 桃李资本投资

2016 年 11 月，新媒体营销公司壹见传媒获数千万元 Pre-A 轮融资，投资方为无穹创投、博派资本、桃李资本。壹见传媒是一家新媒体营销公司，专注新媒体营销服务，公司致力于口碑时代新媒体影响力挖掘，为客户提供包括营销策划、媒介执行、新媒体大数据分析及监控等新媒体全方位营销咨询服务。

2017 年 8 月，嗨课堂宣布完成 5000 万元人民币 A 轮融资，此轮融资是由头头是道领投，创新工场、桃李资本跟投的。嗨课堂是一个在线教学上课平台，依托上海交通大学资深教育平台所创办，基于互联网直播互动技术，

坚持从清华、北大、复旦、交大名师团队选经验丰富的老师在线授课，为初高中学生提供一对一教学服务。桃李资本创始人张爱志表示："看好在线 1 对 1 的模式，而供应链的集中化有利于教学研发、服务标准化和口碑的发展。我们坚信，随着互动技术、教研、大数据及 AI 技术的提升，在线 1 对 1 必定会接近乃至超越线下；同时，嗨课堂团队潜力巨大，他们兼具教育和互联网基因，卓越进取而富有激情。"①

2. 担任财务顾问

融资类项目

按融资轮次分为天使轮、A 轮、A + 轮、Pre-A 轮、B 轮融资项目，每一轮次的典型代表案例如下：①天使轮融资。2018 年 4 月，在线职业考试培训品牌课观教育完成千万级人民币天使轮融资，此轮融资由云天使基金领投，桃李资本担任本轮财务顾问。课观教育致力于通过科技提升用户体验和学习效率，帮助更多人实现职业理想。②Pre-A 轮融资。2018 年 1 月，SKT 思珂特教育集团宣布完成数千万元 Pre-A 轮融资，估值数亿元人民币。本轮融资由清科辰光教育基金领投，清科集团多支基金参投，桃李资本担任财务顾问。③A 轮融资。2018 年 4 月，少年商学院（YouthMBA. com）宣布获得近 3000 万元 A 轮融资，由华盖资本领投，桃李资本担任独家财务顾问。少年商学院成于 2013 年 11 月，定位为在线课外国际学校，目前扩展为商学院、设计学院、文学院、数理学院四大学院，是领先的在线国际素质教育平台，专注于提升 6 ~ 15 岁青少年的全球素养与核心竞争力。新一轮融资主要将用于课程开发、智能化学习系统升级、渠道开拓及师资与运营人才招募等。2018 年 8 月，力翰科学目前已完成数千万元 A 轮融资，估值 2 亿元人民币，投资方为中以智教，桃李资本担任本轮融资的独家财务顾问。这是支来自台湾的科学教育团队第一次融资。④A + 轮融资。2018 年 1 月，嗨课堂正式宣布完成 A + 轮融资，总融资额为 6000 万元，投资方为基因资本和亦

① 互联网教育中心：《K12 在线 1 对 1 辅导嗨课堂完成 5000 万人民币 A 轮融资》，http：// www. sohu. com/a/166150853_ 99950984，2017 - 08 - 21。

联资本，桃李资本担任独家财务顾问，嗨课堂是国内中小学在线一对一辅导品牌，采用互联网直播互动技术，专注中小学 1 对 1 在线教学。2018 年 1 月，SIA 国际艺术教育宣布完成 4000 万元人民币 A＋轮融资，此次融资由清科辰光和蓝湖资本共同投资，桃李资本担任独家财务顾问。SIA 同时宣布在服务和产品上完成全面升级，推出主打能力提升的"Radical Art"（"RA"）课程体系并发布了全新的音乐留学产品，实现艺术留学品类的全覆盖。⑤B 轮融资。2016 年 11 月，金英杰医学获 5000 万元 B 轮融资，估值 5 亿元，本轮由北京华软金宏资产管理有限公司领投，桃李资本为财务顾问。金英杰医学成立于 2009 年，面向全国医学领域提供卫生资格、医师资格、药师资格及职称晋升等医学培训项目。

并购类项目

2016 年 11 月，新东方宣布并购斯芬克国际艺术教育，交易金额未披露，本次并购由桃李资本担任独家财务顾问。斯芬克成立于 2012 年，是一家艺术留学机构，抓住"艺术培训＋留学"这个需求点，做国际艺术创新教育、艺术留学规划和作品集培训，为想去艺术院校留学的学生提供一站式服务。

2018 年 3 月，美国纳斯达克上市公司达内教育对青少儿机器人培训机构好小子的战略收购完成，进一步为青少儿编程和机器人编程培训市场加码，桃李资本担任此次收购的独家财务顾问。好小子机器人创办于 2009 年，是国内最早从事 3～12 岁青少儿机器人编程教育的培训机构，有 26 家直营校和 30 多家加盟校，是湖南、湖北地区最大的青少儿机器人培训机构。

三板定增项目

2017 年 7 月，新三板公司西普教育正式对外宣布已经完成 6000 万元人民币新一轮融资，由华图资本领投，由几何投资、中创红星、汇冠股份跟投，桃李资本担任独家财务顾问。本轮融资完成后，西普教育将进一步加快现有 IT 教育本科市场业务的发展，同时将加大高职 IT 教育业务的拓展力度，致力于为高等院校专注提供前沿 IT 教育解决方案。

3. 担任行业战略顾问

2018 年 6 月，三垒股份拟 33 亿元现金对价收购北京美杰姆教育科技股

335

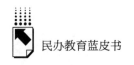

份有限公司 100% 股权，桃李资本担任本次交易的行业战略顾问。美吉姆儿童教育中心 1983 年成立于美国加州洛杉矶，2009 年初进入中国，致力于帮助初生至 6 岁的孩子进行体能、情感、认知及社交能力的发展。

二　桃李"特色"

桃李资本期待为教育行业的创业者，尤其是中后期创业者提供资本服务，为上市公司尤其是跨界的 A 股上市公司，提供战略并购相关联的服务，桃李资本期望做教育行业创业伙伴的陪伴者，服务者。①

（一）助力资本对接，服务教育创业者

2017 年，只有 27.5% 的教育行业从业者接触过资方，68.9% 还未接触过资本，对于投资机构而言，这其中有巨大的潜在机会，未来越来越多的教育投资者或将与资本对接。而在接触过资方的教育行业从业者中，已完成融资的仅占 13.21%，50.94% 的机构仍在洽谈中，另有 22.64% 不准备进行融资。这表示，教育投资者和教育从业者认知有一定偏差，也存在一定信息不对称，这对于教育投资的完成和达成一致是不利的。未来随着教育资本化的常态化，随着更专业的财务顾问的服务介入，这一信息不对称有望逐渐抹平，教育投资的成功率或将提高。②

桃李资本的核心业务包括教育机构并购、IPO 的财务顾问、教育行业投融资服务、教育行业研究以及上市公司战略梳理等，旨在帮助教育创业者进行转型升级并找到匹配的投资者，实现价值提升。

目前，桃李资本建立了自主研发的项目数据库和投资人数据库，利用数据沉淀跟踪项目的成长。一方面，桃李资本能为创业者筛选合适的投资人，

---

① 《桃李资本亮相 2016 中国"教育 + 资本"高峰论坛》，新浪教育，http://edu.sina.com.cn/l/2016 – 05 – 30/doc – ifxsqxxu4654459. shtml，2016 – 05 – 30。

② 《桃李资本张爱志：教育真正的春天要到来了》，亿欧，https://www.iyiou.com/p/73154.html，2018 – 05 – 24。

降低他们的时间成本；为投资方找到他感兴趣的项目，并且帮助他们做出判断，进而提高双方的匹配效率，加速合作进度。另一方面，桃李资本帮助创业者实现资本对接，并且帮助其进行战略梳理、过程管控和结果管控，对于十分看好的企业，还会在其完成融资后一直陪伴企业成长并参与后面的融资。

（二）提供层次化、定制化的整套融资服务

桃李资本的 FA（财务顾问）业务，往往被理解为只是给企业对接投资人资源和信息，但是真正的财务顾问所做的远远不止对接信息，在这背后会为企业提供层次化、定制化的整套融资方案，甚至会帮企业做战略、财务模型、估值模型、整个内部的梳理。财务顾问除了帮企业融资、梳理，还会在企业战略决策的时候提供一定的帮助，也有后续的服务。

桃李资本会先从行业角度、赛道是否有机会，再看团队结构是否合理来选择是否投资或合作，在做服务的时候会在看好的赛道、跟看好的创始人一起共建整个赛道的发展。2017 年桃李资本除了帮助企业做财务，还跟投了嗨课堂，它成立只有半年多的时间，桃李资本上海团队发掘它的时候还是一个大公司里面孵化出来的项目，桃李帮它从上市公司里面拆分出来，办成MBO 化，变成创始人控股，它便从一个小的事业部变成了一个独立的公司，成立半年月营收已经过千万元。[①]

（三）"一个焦点、两个初心与三个武器"的运营模式

对成立刚刚两年的桃李资本来说，在华兴、易凯等众多老牌投行的强劲表现之下突出重围，是一件极具挑战的事。但张爱志和他的创始团队决定做这件事，是从另一个逻辑出发的：一群有着十多年教育行业创业、从业经验的老兵，深知资本对于这个行业发展的重要意义，也看到了创业者对融资并购的强烈需求，遂决定将"教育"作为唯一关注的赛道，他们手握深厚的

---

① 芥末堆：《桃李资本张爱志：教育行业投融资今年仍是热点》，https：//www.jiemodui.com/N/86290.html，2017－11－22。

教育行业资源，致力于做"专注于教育行业资本服务的精品投行"。

确定了这一个焦点之后，桃李所做的每件事都围绕着两个不变的初心。一方面是资本初心，为创业者提供 FA 服务和投资支持，帮助创业者找到最聪明的钱；另一方面，钱的问题解决后，通过私董会等形式帮助创新型企业获得更好的资源整合，助力创业者成为教育行业未来商业领袖。这"两个初心"，是一切决策的基础，每一份初心，都有专业的团队去支撑。

而桃李手握的"三个武器"则进一步保证了"初心"落地，奠定了桃李在"教育＋投资"行业的地位。三个武器中，战略专注当然是最为核心的一个；除此之外，桃李团队深耕教育行业多年的专业度和资源先发优势，是另一个保证；第三点则是对人才和组织的重视，引进优秀人才并以有效的激励机制留住他们，是桃李最为骄傲的"战绩"之一。

战略与战术相互配合，桃李的目标是等到 20 周年庆，成为"教育＋投资"的代名词。

（四）强大团队下的绝对发言权

桃李资本在教育行业有其团队优势，20 多个伙伴一直根植在教育行业，帮企业看项目、挑项目，投资团队的 20 多人全是超级名校或者"四大"背景，招聘的实习生更是集中于清华、北大、复旦、上交等顶级高校。强大的投资顾问团队加之创始人的十几年教育工作的背景，使得桃李资本拥有在教育领域投融资的一手资源，即对行业及细分赛道格局的了解，一方面可以让他们先抓到机会，另一方面由于都是教育创业者，创业者对于桃李资本的认同与信任也让其比其他类别的投资公司更容易开展并购重组等业务。

三　面临的问题及挑战

（一）专业技术人才短缺是主要障碍

当前面对金融行业规模日益扩大，而专业人才供给缺乏的双重矛盾，人才短缺这已经成为制约行业快速发展的瓶颈。人才短缺包括人才难聘和人才流失两个方面。

与国企和外企等相比，中小企业，民营企业普遍存在招人难的困境，各类中小型金融机构在每年的应届生招聘会上开展"抢人大战"，但金融行业的快速发展需要更加专业和高端的人才，因此对人才门槛也较高，加上在招聘上还存在信息不对称的问题，这样一来，便陷入人才短缺的困境中。

金融行业发展日新月异，人才流动相对其他行业较快。人才培养是需要时间和耐心的，无法急于求成，需要有足够的时间让其接触实务，帮助新入职者从接触实际案例中不断成长进步，但是在金融行业中，也会经常出现新手刚学成就跳槽或者被猎头挖走的情况。因此吸引到顶尖人才并可以留得住人才是未来桃李资本面临的挑战。

（二）来自行业内竞争对手的压力

在"教育＋资本"领域中，除了近些年新兴的垂直于教育行业的投资基金之外，还有好未来、新东方为代表的教育产业巨头，有真格基金、创新工场、红杉资本等传统投资机构，还有活跃在教育行业一级市场的如腾讯、百度、阿里巴巴等行业巨头。整个行业呈现出多样化的结构，推动了整个行业发展的同时也存在着竞争，大资本、大产业及专注于财务顾问的机构在自身的资源、模式和能力上不可避免地会给桃李资本带来竞争压力。

四 未来发展趋势

（一）2018年下半年，"教育＋资本"热度依旧

桃李资本对2018年上半年教育行业投融资情况显示，2018年上半年一级市场的融资事件数量高于2017年同期。在细分赛道里，素质教育的吸睛

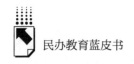

度尤其高，2018 年上半年的融资事件数量已几乎与 2017 年全年持平。①

谈及 2018 年下半年教育行业投融资趋势，张爱志认为：一是行业整合。在线外教 1V1 及班课赛道，即将迎来最后资本运作的终结版，比拼大额融资、IPO 乃至并购整合的时代到来。二是二级联动。例如精锐、伊顿等连锁培训机构及幼儿园集团登陆或拟登陆美股，将带来对 K12、早幼教及国际教育的持续关注。三是在线班课。素质教育、职业教育、高等教育领域中，在线大班、小班课将迎来变现规模化，成为新的教育资本关注点。②

（二）找到教育行业的潜在"独角兽"，陪伴它们成长

张爱志在 2017 年的桃李大会上曾经预言，到 2020 年，中国教育行业的市场规模可以达到 3 万亿元。"如此大的市场，至少应该有 100 家上市公司才正常，未来的'独角兽'就藏在现在这些创业者之中。"

为了更好地完成这个目标，桃李资本联合众多教育圈重量级企业，一起发起了"双百计划"，"双百计划"即联合 100 家行业上下游服务机构，服务 100 家潜在"独角兽"和上市公司。"双百计划"的首批发起人包括 G80 精英校长俱乐部、亚洲幼教年会、智来时代、君学中国、通商律师事务所、才鹿、一招、校长邦、芥末堆和未来之星，几乎都是行业最顶尖的企业。

桃李资本为此早在半年前就成立了由张爱志直接领导的客户服务部，他表示，我们要把个人的优势变成组织优势，未来的"独角兽"需要享受到最好的配套服务。2018 年，桃李资本的阶段性目标是寻找 20 家重点扶持企业；五年目标是服务 100 家潜在的"独角兽"，能与教育圈的核心投资人，一起去管理超过 10 亿元以上的资产。

---

① 芥末堆：《教育＋资本热度依旧，2018 年下半年发展趋势何如?》，https：//www.jiemodui. com/N/95681. html，2018 – 05 – 28。

② 《桃李资本高峰论坛：在线外教 1V1 及班课赛道，是资本运作的终结版》，鲸媒体，http：//www. sohu. com/a/233269209_ 361784，2018 – 05 – 29。

　　未来三年，桃李要做的事情，就是找到这些潜在的"独角兽"，帮助和陪伴它们成长。桃李资本的三年战略规划即与此密切相关，就连公司组织架构也围绕这一计划进行了一系列调整。

　　作为精品投行，桃李资本所做的事情却远不止帮助创业者融资并购这么简单，"我们为创业者提供了一系列关联配套服务，过去有私董会、戈壁行、品牌服务等等，之后会更加系统与专业。""双百计划"如果可以如期完成，将会是整个教育行业由"热"变"强"的重要转折。

❖ 皮书起源 ❖

"皮书"起源于十七、十八世纪的英国,主要指官方或社会组织正式发表的重要文件或报告,多以"白皮书"命名。在中国,"皮书"这一概念被社会广泛接受,并被成功运作、发展成为一种全新的出版形态,则源于中国社会科学院社会科学文献出版社。

❖ 皮书定义 ❖

皮书是对中国与世界发展状况和热点问题进行年度监测,以专业的角度、专家的视野和实证研究方法,针对某一领域或区域现状与发展态势展开分析和预测,具备原创性、实证性、专业性、连续性、前沿性、时效性等特点的公开出版物,由一系列权威研究报告组成。

❖ 皮书作者 ❖

皮书系列的作者以中国社会科学院、著名高校、地方社会科学院的研究人员为主,多为国内一流研究机构的权威专家学者,他们的看法和观点代表了学界对中国与世界的现实和未来最高水平的解读与分析。

❖ 皮书荣誉 ❖

皮书系列已成为社会科学文献出版社的著名图书品牌和中国社会科学院的知名学术品牌。2016年,皮书系列正式列入"十三五"国家重点出版规划项目;2013~2019年,重点皮书列入中国社会科学院承担的国家哲学社会科学创新工程项目;2019年,64种院外皮书使用"中国社会科学院创新工程学术出版项目"标识。

权威报告·一手数据·特色资源

皮书数据库
ANNUAL REPORT(YEARBOOK)
DATABASE

当代中国经济与社会发展高端智库平台

所获荣誉

● 2016年，入选"'十三五'国家重点电子出版物出版规划骨干工程"

● 2015年，荣获"搜索中国正能量 点赞2015""创新中国科技创新奖"

● 2013年，荣获"中国出版政府奖·网络出版物奖"提名奖

● 连续多年荣获中国数字出版博览会"数字出版·优秀品牌"奖

成为会员

通过网址www.pishu.com.cn访问皮书数据库网站或下载皮书数据库APP，进行手机号码验证或邮箱验证即可成为皮书数据库会员。

会员福利

● 已注册用户购书后可免费获赠100元皮书数据库充值卡。刮开充值卡涂层获取充值密码，登录并进入"会员中心"—"在线充值"—"充值卡充值"，充值成功即可购买和查看数据库内容。

● 会员福利最终解释权归社会科学文献出版社所有。

数据库服务热线：400-008-6695
数据库服务QQ：2475522410
数据库服务邮箱：database@ssap.cn
图书销售热线：010-59367070/7028
图书服务QQ：1265056568
图书服务邮箱：duzhe@ssap.cn

社会科学文献出版社 皮书系列
SOCIAL SCIENCES ACADEMIC PRESS (CHINA)
卡号：233974252235
密码：

基本子库
SUB DATABASE

中国社会发展数据库（下设 12 个子库）

全面整合国内外中国社会发展研究成果，汇聚独家统计数据、深度分析报告，涉及社会、人口、政治、教育、法律等 12 个领域，为了解中国社会发展动态、跟踪社会核心热点、分析社会发展趋势提供一站式资源搜索和数据分析与挖掘服务。

中国经济发展数据库（下设 12 个子库）

基于"皮书系列"中涉及中国经济发展的研究资料构建，内容涵盖宏观经济、农业经济、工业经济、产业经济等 12 个重点经济领域，为实时掌控经济运行态势、把握经济发展规律、洞察经济形势、进行经济决策提供参考和依据。

中国行业发展数据库（下设 17 个子库）

以中国国民经济行业分类为依据，覆盖金融业、旅游、医疗卫生、交通运输、能源矿产等 100 多个行业，跟踪分析国民经济相关行业市场运行状况和政策导向，汇集行业发展前沿资讯，为投资、从业及各种经济决策提供理论基础和实践指导。

中国区域发展数据库（下设 6 个子库）

对中国特定区域内的经济、社会、文化等领域现状与发展情况进行深度分析和预测，研究层级至县及县以下行政区，涉及地区、区域经济体、城市、农村等不同维度。为地方经济社会宏观态势研究、发展经验研究、案例分析提供数据服务。

中国文化传媒数据库（下设 18 个子库）

汇聚文化传媒领域专家观点、热点资讯，梳理国内外中国文化发展相关学术研究成果、一手统计数据，涵盖文化产业、新闻传播、电影娱乐、文学艺术、群众文化等 18 个重点研究领域。为文化传媒研究提供相关数据、研究报告和综合分析服务。

世界经济与国际关系数据库（下设 6 个子库）

立足"皮书系列"世界经济、国际关系相关学术资源，整合世界经济、国际政治、世界文化与科技、全球性问题、国际组织与国际法、区域研究 6 大领域研究成果，为世界经济与国际关系研究提供全方位数据分析，为决策和形势研判提供参考。

法律声明

"皮书系列"（含蓝皮书、绿皮书、黄皮书）之品牌由社会科学文献出版社最早使用并持续至今，现已被中国图书市场所熟知。"皮书系列"的相关商标已在中华人民共和国国家工商行政管理总局商标局注册，如 LOGO（ ）、皮书、Pishu、经济蓝皮书、社会蓝皮书等。"皮书系列"图书的注册商标专用权及封面设计、版式设计的著作权均为社会科学文献出版社所有。未经社会科学文献出版社书面授权许可，任何使用与"皮书系列"图书注册商标、封面设计、版式设计相同或者近似的文字、图形或其组合的行为均系侵权行为。

经作者授权，本书的专有出版权及信息网络传播权等为社会科学文献出版社享有。未经社会科学文献出版社书面授权许可，任何就本书内容的复制、发行或以数字形式进行网络传播的行为均系侵权行为。

社会科学文献出版社将通过法律途径追究上述侵权行为的法律责任，维护自身合法权益。

欢迎社会各界人士对侵犯社会科学文献出版社上述权利的侵权行为进行举报。电话：010-59367121，电子邮箱：fawubu@ssap.cn。

社会科学文献出版社